Bierhoff
Einführung in die Sozialpsychologie

W0056549

Die Reihe »Beltz Studium« wird herausgegeben
von Jürgen Oelkers und Klaus Hurrelmann

Wissenschaftliche Redaktion: Christian Palentien

Hans-Werner Bierhoff

Einführung in die Sozialpsychologie

Beltz Verlag · Weinheim und Basel

Hans W. Bierhoff, seit 1992 Professor am Lehrstuhl
Sozialpsychologie an der Ruhr-Universität Bochum.

Meiner Mutter zum 80. Geburtstag gewidmet

Lektorat: Peter E. Kalb

© 2002 Beltz Verlag · Weinheim und Basel
www.beltz.de
Herstellung: Klaus Kaltenberg
Satz: Media Partner GmbH, Hemsbach
Druck: Druckhaus Beltz, Hemsbach
Umschlaggestaltung: Federico Luci, Köln
Umschlagfoto: Photonica, Hamburg
Printed in Germany

ISBN 3-407-25251-X

Inhaltsverzeichnis

Vorwort

Diese Einführung in die Sozialpsychologie verfolgt das Ziel, wichtige und interessante Themen darzustellen und gleichzeitig das methodische Bewusstsein für Fehler und Fallen in sozialwissenschaftlichen Untersuchungen zu fördern. Darüber hinaus liegt ein Schwerpunkt auf Fragestellungen, die für die pädagogische Psychologie von Bedeutung sind, wie sich selbst erfüllende Prophezeiungen, Einstellungsänderung, Vertrauen und Solidarität.

Nach einem einleitenden Kapitel, in dem die Forschungsmethoden der Sozialpsychologie kurz vorgestellt werden, folgen mehrere Kapitel, die sich mit Einstellungen und sozialen Urteilsprozessen befassen. Ein wichtiger Gesichtspunkt dabei ist, die Bedeutung unbewusster Prozesse zu verdeutlichen, über die man sich keine Rechenschaft abgibt, obwohl sie das Denken und Handeln beeinflussen können. Diese Einflüsse werden besonders für Stereotype und Vorurteile bedeutsam, deren Bekämpfung zu den wichtigsten Aufgaben, die Lehre und Unterricht haben, zählt.

Im zweiten Teil geht es um Gruppenprozesse, die ganz unterschiedlich verlaufen können. Diese Verläufe lassen sich durch die Endpole Aggression und prosoziales Verhalten eingrenzen. Während das Thema der Aggression im Kontext mit Autoritätsgehorsam diskutiert wird, schließt das Thema des prosozialen Verhaltens ehrenamtliche Arbeit und Solidarität ein, denen jeweils ein eigenes Kapitel gewidmet ist.

Die Logik der Organisation des Textes liegt darin, dass vier Grundlagenkapitel (Forschungsmethoden, Einstellungen, Stimmung und Eindrucksbildung sowie Urteilsbildung) am Anfang stehen, auf denen aufbauend verschiedene Anwendungen der Sozialpsychologie auf wichtige Themen des gesellschaftlichen und sozialen Lebens dargestellt werden. Unter die Anwendungen fallen sich selbst erfüllende Prophezeiungen, Stereotype und soziale Diskriminierung, Zusammenhalt in Gruppen, Konformität und Missbrauch der Stellung von Autoritäten sowie die Psychologie des Vertrauens und prosoziales Verhalten.

An dieser Stelle möchte ich Frau Gabriele Croitoru danken, die den vorliegenden Text nicht nur mit großer Geschwindigkeit geschrieben hat, sondern auch editiert hat. Ohne ihr Engagement wäre das Manuskript sicher nicht in dem angestrebten Zeitrahmen entstanden. Dem Verlag möchte ich für die sorgfältige Betreuung des Projekts danken und Herrn Klaus Hurrelmann und Herrn Christian Palentien für die Unterstützung, die sie mir gegeben haben.

Bochum, im September 2001 *Hans-Werner Bierhoff*

Forschungsmethoden der Sozialpsychologie

Wissenschaft ist nicht so erhaben, wie sie in der Vergangenheit manchmal dargestellt wurde. Diese Feststellung gilt gerade auch für die Sozialwissenschaft, die seit ihrer Entwicklung auf der Suche nach einem Konsens im Hinblick auf ihr Forschungsverständnis ist. Während sich Wissenschaften wie die Physik und die Chemie für die Öffentlichkeit überzeugend etabliert haben, ist die Sozialwissenschaft einschließlich der Psychologie eher uneinheitlich und widersprüchlich in ihren Leitlinien. Trotzdem lässt sich feststellen, dass sich die Forschungsmethoden in den letzten 50 Jahren beeindruckend entwickelt haben und dass sich wissenschaftliche Kriterien von guter Forschung weitgehend durchgesetzt haben.

Der sozialwissenschaftliche Forschungsprozess besteht aus drei Fassetten, die miteinander verbunden sind und die sich durch spezifische Fragen kennzeichnen lassen (von Alemann 1977):

- *Entdeckungszusammenhang:* Wie kommt es zu der Formulierung einer wissenschaftlichen Hypothese?
- *Begründungszusammenhang:* Wie kann die empirische Gültigkeit der Hypothese überprüft werden?
- *Verwendungszusammenhang:* Wie können die Ergebnisse der Hypothesenprüfung praktisch verwendet werden?

Jeder dieser Forschungszusammenhänge beinhaltet unterschiedliche Techniken und Strategien (vgl. Erdfelder u.a. 1996; Roth 1993). An dieser Stelle ist es nicht möglich, eine umfassende Betrachtung über den sozialwissenschaftlichen Forschungsprozess anzustellen. Wir können uns aber stattdessen den Forschungsprozess veranschaulichen, indem wir gezielt bestimmte Themen und Probleme herausgreifen, die von allgemeinem Interesse sind. Dafür ist es wichtig, sich die Zielsetzung der sozialwissenschaftlichen Forschung zu verdeutlichen. Es geht darum, objektives Wissen über das Verhalten und Erleben von Menschen in ihrer Beziehung zu anderen Menschen zu gewinnen. Dieses Wissen lässt sich nach allgemeineren und spezielleren Aussagen strukturieren und in einem Bezugssystem von Ursachen und Wirkungen darstellen. Als »*objektiv*« lässt sich Wissen dann kennzeichnen, wenn es auf Daten beruht, die intersubjektiv nachprüfbar sind, und wenn es diese Daten angemessen repräsentiert. Unter *Daten* versteht man Merkmalsausprägungen auf bestimmten Merkmalsdimensionen, die einer Untersuchungseinheit zugeordnet sind (Mayntz u.a. 1969). Beispiel: Stunden pro Woche, die eine Person ehrenamtlich tätig ist (vgl. Kapitel »Prosoziales Verhalten«). Untersuchungseinheiten sind häufig Personen, können aber auch Gruppen sein oder Wochen eines Jahres.

Warum wird überhaupt nach objektivem Wissen über das soziale Denken, Fühlen und Handeln von Menschen gesucht? Zum einen spielt die Neugier eine Rolle, also der Wunsch, mehr über die Menschen und die Welt, in der sie leben, zu erfahren. Dem liegt häufig eine *Warum-Frage* zu Grunde: Warum misstrauen sich Menschen? Warum benachteiligen Mitglieder einer Gruppe Mitglieder einer anderen Gruppe? Warum engagieren sich Menschen freiwillig für einen guten Zweck? *Warum-Fragen* beziehen sich auf den Zusammenhang zwischen Ursachen und erklärungsbedürftigen Phänomenen.

Zum anderen spielt aber auch eine Rolle, dass sozialwissenschaftliche Erklärungen, die Ursachen von sozialen Phänomen (wie Autoritätsgehorsam, Diskriminierung oder Hilfsbereitschaft) benennen, Prognosen ermöglichen und damit die Anwendung sozialwissenschaftlichen Wissens in der Praxis (z.B. Vorschläge zur Reduktion von Autoritätsgehorsam und Diskriminierung oder zur Förderung des freiwilligen Engagements für andere).

Im Folgenden wenden wir uns den wichtigsten Schritten des wissenschaftlichen Forschungsprozesses zu. Gleichzeitig werden einige häufig verwandte methodische Begriffe wie Messung, Operationalisierung, Validität, Erklärung und Prognose definiert. In einem zweiten methodischen Teil wenden wir uns ausgewählten Verfahren der Datenerhebung zu, wobei die Betonung auf Experimenten und quasi-experimentellen Ansätzen liegt. Darauf Bezug nehmend, werden auch Forschungsprobleme diskutiert wie die Themen Versuchsleitereffekte und Aufforderungscharakteristika. Neben quantitativen Verfahren gehen wir auch kurz auf qualitative Forschungsmethoden der Sozialwissenschaft ein.

Sozialwissenschaft als Forschungsprozess

Alltagserfahrung und Hypothesenbildung

Die Frage danach, wie sozialwissenschaftliche Hypothesen gebildet werden, bezieht sich auf den Entstehungszusammenhang sozialpsychologischer Forschung. Wissenschaftliche Arbeit kommt nicht ohne Hypothese aus. Es reicht nicht aus, für die Erfahrung offen zu sein und Beobachtungen anstellen zu wollen oder ziellos Wissenselemente zu sammeln wie jener Mann in einem Roman von Sartre, der in der Bibliothek die Bände von Autoren mit den Anfangsbuchstaben A, B usw. bis Z nacheinander liest. Eysenck (2000) berichtet darüber, dass der Philosoph Popper in seinen Vorlesungen die Aufforderung gab: »Beobachten Sie«, worauf sofort die Rückfrage der Studierenden kam: »Was denn?« Diese Anekdote verdeutlicht, dass Beobachtung immer gerichtet ist.

In der Bibliotheksszene in Sartres Roman wird ein Beispiel für gerichtete Beobachtung gegeben: Der Romanheld beobachtet den Mann, der Tag für Tag in der Bibliothek sitzt und unterschiedliche Bücher liest, weil er Vermutungen darüber angestellt hat, nach welchem Schema der Mann bei der Auswahl der Bücher vorgeht, bis er schließlich die Lösung findet. Nachdem der Romanheld eine Hypothese aufgestellt hat, eröffnet sich die Möglichkeit der Prognose, welches Buch der Mann als Nächstes lesen wird. Ein anderer Punkt ist ebenfalls von großer Bedeutung, der sich an diesem Beispiel verdeutlichen lässt: Die Prognose bezieht sich zwar auf konkretes Verhalten, das durch eine Videokamera dokumentiert werden kann; sie basiert aber auf einem kognitiven Schema bzw. einem Plan, der dem Leser unterstellt wird und der so ohne weiteres nicht aus dem Gehirn abgelesen werden kann (wenn auch manchmal in Sciencefiction-Filmen so getan wird, als ginge das).

Während sich dieses Beispiel auf eine Einzelfallbeobachtung bezieht (eine einzige Person wird mehrfach beobachtet), sind viele Alltagserfahrungen breiter angelegt. Das wird im Folgenden an einem Beispiel veranschaulicht, das unmittelbar für die Erklärung von sozialer Diskriminierung (vgl. Kapitel »Über Stereotype«) relevant ist. Das Thema der gemeinsamen Beschulung von schwarzen und weißen Kindern hat in der amerikanischen Öffentlichkeit der 70er Jahre zu heftigen Auseinandersetzungen geführt. Der gemeinsame Unterricht von deutschen und ausländischen Kindern hat auch in Deutschland zunehmend an Bedeutung gewonnen. Daher ist es nicht ganz uninteressant, die Reaktionen der amerikanischen Öffentlichkeit auf Bestrebungen, integrierte Schulen einzurichten, darzustellen. An dieser Stelle soll auf eine mögliche Ursache für den Widerstand gegen gemeinsame Schulen für Schwarze und Weiße eingegangen werden: Interessenkonflikte zwischen Angehörigen unterschiedlicher kultureller Gruppen.

Cooper/Fazio (1986) berichteten über den Widerstand gegen die Aufhebung der Rassentrennung in den Schulen von Boston im Jahre 1974. Die weiße Bevölkerung reagierte aufgebracht. Handfeste Auseinandersetzungen waren die Begleitmusik für die Integration weißer und schwarzer Schüler in einem gemeinsamen Schulsystem. Auch der Senator des Staates Massachusetts, Edward Kennedy, setzte sich für die Integration ein, wurde aber trotz seiner Popularität mit Tomaten beworfen.

Was stand hinter dem Widerstand gegen gemeinsame Schulen für schwarze und weiße Kinder? Ein Faktor könnte sein, dass die Gruppe der Weißen befürchtete, dass ihnen durch die Schwarzen bestimmte Vorrechte streitig gemacht würden, wenn beide Gruppen gleichermaßen Zugang zu allen Bildungsinstitutionen hätten. Viele Weiße könnten zu der Überzeugung gekommen sein, dass ihre Interessen bedroht waren. Die zur Verfügung stehenden Weiterbildungsmöglichkeiten werden nicht immer nach Bedarf erweitert und die Arbeitsplätze sind nicht beliebig zu vermehren. Da die zu verteilenden Güter und Belohnungen begrenzt sind, stellt sich die Frage der Konkurrenz um diese knappen Güter und Belohnungen.

Vor dem Hintergrund dieses sozialen Konflikts formulierten Cooper/Fazio (1986) folgende Forschungshypothese: *Wenn ein In-*

teressengegensatz gegeben ist, werden die Konkurrenten negativer bewertet im Vergleich zu einer Bewertung von Personengruppen, mit denen kein Interessengegensatz besteht. Diese Annahme ist ziemlich plausibel, und man könnte fragen, ob es überhaupt nötig ist, sie zu überprüfen. Eine Überprüfung ist auch bei plausiblen Hypothesen sinnvoll, weil der Alltagsverstand auch Stereotypen folgen kann, die falsche Schlussfolgerungen nahe legen. Außerdem spricht die angewandte Bedeutung der Fragestellung dafür, dass die Hypothese empirisch überprüft werden sollte.

Cooper/Fazio (1986) konnten in einer Untersuchung zeigen, dass widersprüchliche Interessen zwischen Gruppen zu einer negativen Bewertung bzw. zu der Zuschreibung negativer Intentionen führte. Die Abwertung von Konkurrenten wird häufig dadurch bewerkstelligt, dass ihnen manipulative Absichten unterstellt werden. Angewandt auf den Rassengegensatz zwischen Schwarzen und Weißen lässt sich feststellen, dass ein Interessenkonflikt ein Faktor ist, der zur Aufrechterhaltung von sozialer Diskriminierung beitragen kann.

Das Beispiel der Überwindung der Rassentrennung verweist darauf, dass Sozialpsychologie sich mit Fragen beschäftigt, deren Beantwortung für den Alltagsmenschen von großem Interesse sein kann. Die Frage etwa, warum bestimmte Personen oder Personengruppen abgewertet oder schlecht gemacht werden, ist nicht nur von akademischem Interesse. Die Problematik der Schul-Desegration ist noch in den Siebzigerjahren zum Thema von mehreren sozialpsychologischen Büchern geworden (Gerard/Miller 1975; Stephan/Feagin 1979). In diesem gesellschaftlichen Konflikt fungierte die Sozialpsychologie als Vermittler zwischen den Konfliktparteien, der ein besseres Verständnis der Problematik und Lösungsvorschläge in der Öffentlichkeit kommunizieren konnte.

Überprüfung von Forschungshypothesen

Hypothesen, wie die über den Zusammenhang zwischen Interessengegensätzen und Abwertung von Mitgliedern der Fremdgruppe, beinhalten Begriffe, die bei der empirischen Prüfung konkretisiert werden. In diesem Zusammenhang spricht man von *Operationalisierung*. Darunter versteht man, dass »präzise Anweisungen für Forschungsoperationen gegeben werden, mit deren Hilfe entscheidbar ist, ob ein mit dem betreffenden Begriff bezeichnetes Phänomen vorliegt oder nicht« (Mayntz u.a. 1969, S. 18; vgl. Roskam 1996a).

In der Sozialpsychologie werden häufig quantitative Messverfahren eingesetzt, die es erlauben, eine abgestufte Erfassung der Ausprägung eines interessierenden Merkmals durchzuführen. So wurde z.B. das relative Ausmaß der Abwertung einer Personengruppe dadurch erfasst, dass auf einer 11-Punkte-Skala ihre Ehrlichkeit eingestuft wurde (Cooper/Fazio 1986). Die Annahme hinter einer solchen Operationalisierung besteht darin, dass die Zuschreibung geringer Ehrlichkeit eine implizite Abwertung anderer Personen darstellt.

Es ist klar, dass jeder Begriff, der in einer Hypothese auftaucht, in unterschiedlicher Weise operational definiert werden kann. Andererseits lässt sich sagen, dass die empirische Prüfung einer Hypothese immer die Operationalisierung der Begriffe, die in der Hypothese enthalten sind, beinhaltet. Diese Überlegungen lassen sich der Frage zuordnen, wie die Gültigkeit einer Hypothese überprüft werden kann (= Begründungszusammenhang).

Ein Begriff wie »Vertrauen« lässt sich unterschiedlich operationalisieren (und definieren, s. Kapitel »Wer vertraut wem?«). Einige Messverfahren erscheinen von vorne herein als geeigneter als andere. So wird man große Zweifel an der Sinnhaftigkeit des Verfahrens haben, wenn versucht wird, Vertrauen über physiologische Messungen zu erfassen. Andererseits erscheint es viel versprechend, Vertrauen mit Hilfe von Zuschreibungen von Verlässlichkeit oder Vertrauenswürdigkeit auf die Zielperson zu ermitteln. Die Forscher werden in der Regel solche Operationalisierungen der Begriffe bevorzugen, die dem Begriff angemessen sind. Daher werden physiologische Begriffe überwiegend mit physiologischen Verfahren operationalisiert, während mentale Begriffe überwiegend mit sprachlich gestützten Verfahren gemessen werden.

Es wäre aber wenig sinnvoll, wenn die Begriffe, die in einer Hypothese auftauchen, immer nur mit einer speziellen Technik operationalisiert würden. Wenn eine bestimmte Untersuchung immer nur exakt mit der gleichen Untersuchungstechnik repliziert wird, ist der Erkenntnisgewinn begrenzt; denn in eine exakte Replikation gehen viele der Fehlerquellen ein, die schon in der Originaluntersuchung enthalten waren.

Es gibt keine fehlerfreie Messung. So kann die Messung des Vertrauens in eine Zielperson durch einen Fragebogen z.B. dadurch verfälscht werden, dass eine Verklärung von persönlichen Beziehungen in die Urteile einfließt. Oder es kommt zu Unsicherheiten, weil die Beurteiler keine einheitliche Vorstellung davon haben, was eine bestimmte numerische Vorgabe auf einer Rating-Skala genau bedeutet. Jedes Messverfahren – in der Astronomie, der Medizin und den Sozialwissenschaften gleichermaßen – weist eine Fehlerkomponente auf. So ist die Messung des Blutdrucks z.B. relativ fehlerhaft. Der erzielte Wert ist z.B. von der Umgebung abhängig und fällt in der Arztpraxis häufig höher aus als zu Hause. Trotzdem erweist sich die Blutdruckmessung als wertvolles Verfahren der medizinischen Diagnostik.

Da Begriffe unterschiedlich operationalisiert werden können, wäre es sinnvoll zu untersuchen, ob die Ergebnisse von einer bestimmten Messprozedur abhängig sind oder ob die Ergebnisse gegen Veränderungen der Messprozedur resistent sind. Jede Untersuchungsprozedur weist spezifische Fehlerquellen auf. Wenn nun ein Merkmal durch unterschiedliche Verfahrensweisen operationalisiert wird, besteht die Möglichkeit, dass die Fehler der einzelnen Verfahrensweisen kontrolliert werden können, sodass die Fehlerquellen, die mit bestimmten Methoden zusammenhängen, transparent werden.

Durch dieses Prinzip des *multiplen Operationalismus* wird die Konstruktvalidität einer Untersuchung erhöht. Diese bezieht sich auf die Frage, ob man vom Untersuchungsverfahren auf die zu Grunde liegenden Begriffe generalisieren kann. Ein solcher Schluss wird dadurch gerechtfertigt, dass die konvergente und die diskriminante Validität des Messverfahrens abgeschätzt wird.

Die *konvergente Validität* ist hoch, wenn unterschiedliche Verfahren für die Messung eines Begriffs auf dieselben Testergebnisse hinweisen (also konvergieren). Die *diskriminante Validität* ist hoch, wenn Verfahren zu Messungen unterschiedlicher, aber verwandter

Begriffe in den Ergebnissen divergieren. Konvergente und diskriminante Validität erlauben Rückschlüsse darauf, inwieweit unterschiedliche Messverfahren desselben Begriffs zu stabilen Ergebnissen führen und inwieweit zwischen verwandten Begriffen empirisch differenziert werden kann.

Die diskriminante Validität wird im Vergleich zu der konvergenten Validität seltener überprüft. Ein Beispiel ist eine Untersuchung über die Einstellungen gegenüber Autoritäten und Gleichgestellten bei Besatzungsmitgliedern von Militärflugzeugen, in der sowohl die konvergente als auch die diskriminante Validität thematisiert wurde (Burwen/Campbell 1957). Als Autoritäten wurden Vater und Vorgesetzter vorgegeben. Zusätzlich sollte die Einstellung zu Kollegen eingeschätzt werden. Die Messung der Einstellungen wurde im Sinne des multiplen Operationalismus mit verschiedenen Techniken durchgeführt: Interviews, Zuschreibung von Eigenschaften, Einstellungstests und autobiografische Angaben.

Die Ergebnisse zeigten, dass sich vor allem dann höhere Korrelationen in den Einstellungen fanden, wenn ein bestimmtes Messinstrument (z.B. das Interview) verwendet wurde. So korrelierte die Einstellung zu Vater und Vorgesetzten mit $r = .64$, wenn die Interviewtechnik Verwendung fand. Die Korrelationen der Einstellungsmaße für ein bestimmtes Einstellungsobjekt zwischen unterschiedlichen Messinstrumenten fielen hingegen geringer aus. Die Durchschnittskorrelation unter den drei verschiedenen Messverfahren der Einstellung gegenüber den Kollegen betrug $r = .22$. Damit deutete sich im Hinblick auf die Einstellung zu Gleichgestellten eine konvergente Validität der Messverfahren an. In diesem Sinne konnte auch die Einstellung gegenüber dem Vater valide gemessen werden. Andererseits zeigte sich, dass die Einstellung gegenüber dem Vorgesetzten nicht unabhängig von einzelnen Messinstrumenten erfasst werden konnte. Die Durchschnittskorrelation betrug nämlich über die verschiedenen Messinstrumente hinweg nur $r = .09$ und war nicht höher als die Korrelation zwischen Einstellungen zu unterschiedlichen Einstellungsobjekten, die mit demselben Verfahren gemessen wurden.

Damit ergibt sich die Forderung, ein Repertoire von unterschiedlichen Messmethoden zu entwickeln. In diesem Zusammenhang spielt die qualitative Forschung eine wichtige Rolle. Ihre Bedeutung in den Sozialwissenschaften hat in den vergangenen 25 Jahren deutlich zugenommen. Das gilt vor allem für die Textinterpretation. Darunter fallen mehrere Techniken der Auswertung, von denen hier die Inhaltsanalyse, die Diskursanalyse und die narrative Analyse beispielhaft genannt werden sollen (vgl. Flick 1999).

Bei der Inhaltsanalyse geht es darum, dass bestimmte Texte – z.B. Mitteilungen der Stiftung Warentest – unter Zugrundelegung eines Kategorienschemas ausgewertet werden. Solche Kategorienschemata enthalten Kategorien, die für die Forschungsfrage wichtig sind (z.B. sachliche Informationen, Bewertungen). Sie sollten innerhalb eines Kategorienschemas zueinander disjunkt sein, sodass eine bestimmte Textstelle nur einer Kategorie zugeordnet wird. Wenn alle Textstellen durch das Kategoriensystem erfasst werden können, ist es auch exhaustiv.

Die Diskursanalyse, die vor allem in Großbritannien entwickelt wurde, dient der Auswertung von alltäglichen Kommunikationen, die z.B. im Gespräch zum Ausdruck kommen. Dabei geht es um die Identifikation typischer Argumente und Gegenargumente. Die narrative Analyse schließlich dient häufig zur Auswertung von biografischen Interviews, um zu erfahren, wie die Befragten ihre Biografie deuten und welchen subjektiven Sinn sie damit verbinden.

Eine Hypothese, die sich sowohl bei Verwendung quantitativer als auch qualitativer Verfahren bewährt, kann als sehr gut bestätigt angesehen werden. Ob eine konkrete Forschungsfrage zunächst mit Hilfe qualitativer oder quantitativer Verfahren untersucht wird, spielt in diesem Zusammenhang keine Rolle. Wichtig ist allein, dass auf die zu untersuchenden Phänomene mit beiden Vorgehensweisen Licht geworfen wird.

Beschreibung, Erklärung und Prognose

Wie lässt sich das objektive Wissen, dessen Sammlung durch wissenschaftliche Forschung angestrebt wird, genauer kennzeichnen? Eine grobe Unterteilung bezieht sich auf Wissen, das Tatbestände beschreibt (Beispiel: ein Kategoriensystem der Textanalyse), und auf Wissen, das Tatbestände erklärt. Beschreibung und Erklärung sind die wichtigsten wissenschaftlichen Aktivitäten.

Wenden wir uns zunächst dem Thema der Erklärung zu. Die Erklärung sozialer Phänomene erfolgt durch Hypothesen, die in ihrer allgemeinen Form wie folgt aufgebaut sind: »*Wenn X, dann Y*«. Ein Beispiel ist die Hypothese (s. oben): *Wenn ein Interessengegensatz gegeben ist, werden die Konkurrenten besonders negativ bewertet.* Eine solche Aussage ist deterministisch formuliert, d.h., sie erhebt den Anspruch, in allen Fällen von Interessengegensätzen gültig zu sein.

Die Prüfung einer Hypothese hat das Ziel, sie zu widerlegen (Popper 1969). Weil die Feststellung der Wahrheit einer Hypothese auf der Grundlage einer Untersuchung logisch nicht möglich ist, kann es immer nur darum gehen, die Bewährung der Hypothese zu testen und sich auf diese Weise der Wahrheit anzunähern.

In den Randbedingungen, die zur Prüfung einer Hypothese angegeben werden, findet sich eine Spezifizierung der Wenn-Komponente der Hypothese. In dem o.g. Beispiel könnte die Randbedingung lauten: Zwischen Schwarzen und Weißen in den USA ist ein Interessengegensatz auf Grund ihrer Konkurrenz um berufliches Fortkommen entstanden. Andererseits stellt das Explanandum eine Spezifizierung der Dann-Komponente der Hypothese dar. In dem obigen Beispiel kann folgendes Explanandum formuliert werden: Weiße in den USA beurteilen schwarze Zielpersonen negativer als andere Zielpersonen.

Eine weitergehende Überlegung zeigt, dass *Erklärung* und *Prognose* dieselbe formale Struktur aufweisen (Opp 1970). Der Unterschied besteht nur darin, dass im Fall der Erklärung das Explanandum gegeben ist und gefragt wird, warum es zu Stande kommt, während im Fall der Prognose die Hypothese und die Randbedingung gegeben sind und gefragt wird, was sich daraus folgern lässt. Eine tabellarische Gegenüberstellung von Erklärung und Prognose findet sich in Tabelle 1.

Wenn das Explanandum gegeben ist, sucht man Hypothesen, in deren Dann-Komponente das Explanandum als Spezialfall enthalten ist. Hingegen verwendet man im Fall von Prognosen eine Hypothese, in deren Wenn-Komponente die Randbedingung als Spezialfall enthalten ist.

Tabelle 1: **Gegenüberstellung von Erklärung und Prognose** (n. Opp 1970, S. 69)		
	Erklärung	Prognose
Hypothese	???	Gegeben
Randbedingung	???	Gegeben
Explanandum	Gegeben	???

Wir hatten schon darauf hingewiesen, dass empirische Daten immer Fehlereinflüssen unterliegen. Wenn die erhobenen Daten von den theoretischen Erwartungen abweichen, kann das u.U. an Fehlern in der Datenerhebung liegen. Daher kann man nicht sagen, dass Daten, die einer Theorie widersprechen, zur Widerlegung dieser Theorie führen müssen. Vielmehr kann eine bestehende Theorie nur durch die Entwicklung einer besseren Alternative in Frage gestellt werden (Crano/Brewer 1975).

Die empirische Prüfung einer Theorie läuft nicht darauf hinaus, sie zu beweisen oder zu verifizieren (Popper 1969). Stattdessen kann man sagen, dass sich die Theorie am besten bewährt, die verschiedene empirische Datenmengen (multipler Operationalismus!) im Vergleich zu konkurrierenden Theorien besser repräsentiert. Eine bestimmte Hypothese erweist sich deshalb niemals als einfach wahr oder falsch. Sie ist vielmehr so lange als gültig zu betrachten, wie keine überzeugende Alternativhypothese formuliert worden ist.

In der Sozialpsychologie werden bestimmte Merkmale beschrieben (wie Autoritätsgehorsam, Einstellung und Vertrauen). Weiterhin werden Messungen durchgeführt, die für jede untersuchte Person einen Messwert ergeben. Damit erfolgt eine Beschreibung der Versuchsteilnehmer anhand ihrer Ausprägung auf den gemessenen Merkmalen. Die Beschreibung stellt neben der Erklärung einen wichtigen Bestandteil der empirischen Forschung dar. Zetterberg (1973) hat beschreibende und erklärende Studien gegenübergestellt (s. Tabelle 2).

Zwischen beschreibenden und erklärenden Studien besteht ein wichtiger Unterschied, der häufig übersehen wird (Festinger 1959; Hendrick/Jones 1972). Beschreibende Studien sind nur dann gültig, wenn ihnen eine *repräsentative Stichprobe* zu Grunde liegt.

Tabelle 2: **Vergleich von beschreibenden und erklärenden Studien** (mod. nach Zetterberg 1973, S. 107)		
	Beschreibende Studie	Erklärende Studie
Gegenstand	Dimension der Natur	Naturgesetz
Bezeichnung der Sätze	Definitionen	Hypothesen
Typische Satzform	X = df (a,b,...)	Wenn X, dann Y
Anwendungen der Sätze auf neue Gegenstände	Diagnose	Erklärung
Ergebnis	Taxonomie	Theorie

Wenn man z.B. die Wahlpräferenzen bei der nächsten Bundestagswahl erfassen will, ist es notwendig, eine Stichprobe zu ziehen, die ein repräsentatives Abbild der Population, auf die generalisiert werden soll, darstellt.

Bei erklärenden Studien liegt der Fall anders. Hypothesen, die Aussagen vom Typ »*Wenn X, dann Y*« beinhalten, stellen Aussagen dar, die sich auf die Beziehung zwischen zwei (oder mehreren) Variablen beziehen. An welchen Personen diese Beziehung der Variablen überprüft wird, ist zunächst einmal von zweitrangiger Bedeutung. An erster Stelle steht die Frage nach dem Zusammenhang unter den Merkmalen. Entspricht das empirische Ergebnis den Erwartungen, die sich aus der Hypothese ableiten lassen, oder steht es dazu im Widerspruch?

In einer erklärenden Studie ist die Stichprobe, auf deren Grundlage die relevanten Daten erhoben werden, ebenfalls von Bedeutung, aber nicht in demselben Sinn wie bei einer beschreibenden Studie. Denn wenn die Ergebnisse der Hypothesenprüfung bei zwei unterschiedlichen Stichproben (z.B. Psychologie- und Theologie-Studierende) nicht übereinstimmen, wird dieses Resultat auf die Auswirkungen einer dritten Variable (z.B. Unterschiede in der Religiosität) zurückgeführt. Für eine erklärende Studie ist die Überprüfung der Beziehung der Merkmale, die in einer Hypothese genannt werden, von zentraler Bedeutung. Ergebnisunterschiede je nach Stichprobe werden dann in Hypothesen über den Einfluss zusätzlicher Faktoren abgebildet, die mit den unterschiedlichen Stichproben variieren.

Diese Erörterung soll durch ein Beispiel erläutert werden. In Studien zu Stereotypen gegenüber anderen Völkern wurde häufig gefunden, dass die Bewertung des eigenen Volkes günstiger ausfällt als die Bewertung von Nachbarvölkern. Peabody (1985) bat Engländer, Deutsche, Franzosen, Italiener, Österreicher und Finnen, sich selbst und andere Nationalitäten auf gegensätzlichen Adjektiven (z.B. sparsam – verschwenderisch, geizig – großzügig) zu beurteilen (vgl. das semantische Differenzial, das in dem Kapitel »Einstellungen als soziale Orientierungssysteme« dargestellt wird). In dieser Untersuchung, die um 1970 durchgeführt wurde, konnte festgestellt werden, dass den Eigenschaftsurteilen eine bewertende Dimension zu Grunde lag, die zu einem Freund-/Feindbild beitrug. Im Hinblick auf diese bewertenden Urteile fanden sich keine konsistenten Hinweise auf eine Bevorzugung der eigenen Nation gegenüber einer anderen Nation über alle Stichproben. Vielmehr fand sich sogar bei Franzosen und Deutschen eine Umkehrung der erwarteten Beziehung, da sie sich selbst jeweils ungünstiger einschätzten, als sie andere Nationalitäten beurteilten. Andererseits zeigten Engländer das erwartete Muster einer günstigeren Beurteilung der eigenen Nation im Vergleich zur Beurteilung anderer Nationen.

Die Ergebnisse waren also davon abhängig, welche Stichprobe der Analyse zu Grunde lag. Damit stellt sich die Frage, warum Engländer sich relativ günstig darstellten, während Deutsche und Franzosen sich relativ ungünstig einschätzten. Über die Gründe für diese widersprüchlichen Ergebnisse kann an dieser Stelle nur spekuliert werden. So ist auf die Möglichkeit zu verweisen, dass die relativ günstige Bewertung der eigenen Gruppe relativiert wird, wenn eine Sensibilität für die Diskriminierung anderer Völker auf Grund besonderer historischer Erfahrungen vorhanden ist. Weiterhin ist darauf hinzuweisen, dass die genannten Resultate vermutlich auch abhängig von dem historischen Zeitpunkt sind, zu dem sie erhoben werden. Wäre die Untersuchung in Deutschland in den späten Dreißiger Jahren durchgeführt worden, hätte sich vermutlich eine deutliche Tendenz dazu gezeigt, die Binnengruppe gegenüber anderen Nationen günstiger zu bewerten.

Dem lässt sich noch ein weiterer Gedanke hinzufügen. Die Bewusstmachung von ethnischen Vorurteilen kann dazu beitragen, dass sie abgebaut oder sogar in ihr Gegenteil umgekehrt werden. Das verdeutlicht, dass Stichprobenunterschiede durch Einbeziehung einer neuen Hypothese erklärt werden können, die zusammen mit der Ausgangshypothese ein Netzwerk von Erklärungen bildet.

Dimensionen des Forschungsprozesses

Dem Forschungsprozess liegt eine Systematik zu Grunde, die auf der Sequenz von Entdeckungs-, Begründungs- und Verwendungszusammenhang beruht. Er lässt sich als Flussdiagramm kennzeichnen, in dem vier Forschungsaktivitäten unterschieden werden (von Alemann 1977): Problembezug, Forschungslogik, sozialwissenschaftliche Methodik and Organisation der Forschung.

Am Anfang des Forschungsprozesses steht der Problembezug, der sich dem Entdeckungszusammenhang zuordnen lässt (Beispiel: Widerstand gegen gemeinsame Schulen für schwarze und weiße Kinder, s. oben). Das Forschungsthema, das sich aus dem Problembezug ergibt, wird als Forschungshypothese formuliert. Damit tritt der Forschungsprozess in den Begründungszusammenhang ein, der auf einem wissenschaftlichen Begriffssystem basiert, mit dessen Hilfe Hypothesen oder Prognosen zum Ausdruck gebracht werden (als Teil der Logik der Forschung). Dann wechselt der Forscher oder die Forscherin in die Sparte Methodik, in der sich der umfangreichste Teil der Forschungsaktivität abspielt: Operationalisierung der Begriffe, Auswahl der Stichprobe und der Einheit der Analyse, Aufstellung eines Versuchsplans, der die Herstellung von Prüfbedingungen beinhaltet, Durchführung eines Vortests und der Hauptuntersuchung sowie statistische Auswertung.

An dieser Schnittstelle tritt der Forscher oder die Forscherin wieder in die Forschungslogik ein, auf deren Hintergrund die Ergebnisbewertung erfolgt. Wie stimmen die Ergebnisse mit der Hypothese überein? Hat sich die Hypothese bewährt oder wurde sie widerlegt? Aus diesen Betrachtungen ergeben sich eventuell Hinweise auf neue Prüfbedingungen der Hypothese sowie auf eine Modifikation der zu Grunde liegenden Theorie. Diese Fortentwicklung der Forschungsfrage lässt sich abschließend wieder in den Problembezug übertragen. Diese Rückübersetzung verweist auf den Verwendungszusammenhang. Sie kann zu Empfehlungen und Verbesserungsvorschlägen führen, die unmittelbar Praxisrelevanz besitzen können.

Auch wenn diese Systematik des Forschungsprozesses ein hohes Maß an Objektivität verspricht, ist der Forschungsprozess doch nicht unabhängig von subjektiven Werturteilen. In einer instruktiven Darstellung der Rolle von wertenden Aussagen in der empirischen Sozialforschung kommen Prim/Tilmann (1975) zu dem Schluss, dass die Bildung, Prüfung und Verwertung von Hypothesen eng mit Werturteilen der Forscher verknüpft sind. So mag z.B. ein Forscher, der sich mit Autoritätsgehorsam befasst, speziell an solchen Autoritäten interessiert sein, die unmoralische Anweisungen geben (s. Kapitel »Gruppenprozesse«). Der Forscher oder die Forscherin hätte aber auch andere Präferenzen haben können. Zum Beispiel hätte er oder sie an der Frage der Eltern-Kind-Beziehung interessiert sein können. Das Forschungsprogramm ist also zu einem gewissen Ausmaß von forschungsleitenden Interessen abhängig. Das gilt auch im Hinblick auf die Aufstellung von Hypothesen und im Hinblick auf die Anwendung der Ergebnisse.

Unter diesen Umständen erscheint es sinnvoll, das forschungsleitende Interesse explizit zu machen, sodass es einer Kritik unterzogen werden kann. Dadurch wird die Perspektive verdeutlicht, unter der die Forschung durchgeführt worden ist. Dann besteht die Möglichkeit, Verzerrungen und Voreingenommenheiten, die mit einer spezifischen Perspektive der Forschung zusammenhängen können, zu korrigieren.

Ausgewählte sozialpsychologische Untersuchungsmethoden

Es gibt unterschiedliche Settings, in denen Daten erhoben werden. Im Folgenden werden zwei sozialpsychologische Untersuchungsmethoden ausführlicher besprochen: das Experiment und quasi-experimentelle Ansätze.

Experimentelle Untersuchungen

Die experimentelle Methode beruht auf willkürlicher Herstellung und systematischer Variation der unabhängigen Bedingungen und schafft die Voraussetzungen für ein Höchstmaß an Kontrollierbarkeit von Störvariablen (Bredenkamp 1996). Die Randbedingungen und das Explanandum der Hypothese werden in *Experimenten* als unabhängige und abhängige Variable behandelt. Während die unabhängige Variable systematisch variiert wird, werden die Auswirkungen dieser Variation in den abhängigen Variablen gemessen. Neben klassischen Messverfahren wie das semantische Differenzial (vgl. Kapitel »Einstellungen als soziale Orientierungssysteme«) bietet sich auch die Verwendung von neueren Erhebungsmethoden an, die die Möglichkeit der indirekten Messung einer abhängigen Variablen bieten (Bierhoff 1996). So besteht z.B. die Möglichkeit, aus dem semantischen Differenzial eine Messung der Ambivalenz der Einstellung abzuleiten (Breckler 1994).

Im einfachsten Fall eines Experiments wird eine Versuchsbedingung mit einer Kontrollbedingung verglichen. Die Versuchsteilnehmer werden nach Zufall auf die beiden Bedingungen aufgeteilt. Eine *Zufallsaufteilung* ist erforderlich, um mögliche Unterschiede zwischen den Bedingungen eindeutig auf die Variation der Bedingungen zurückführen zu können. Die Durchführung eines Experiments in der Sozialpsychologie lässt sich in sieben Schritte untergliedern (Jones/Gerard 1967):

1. Stichprobe ziehen (unter Beachtung von Alter, Geschlecht sowie häufig auch Status, Intelligenz oder Persönlichkeitsmerkmalen).
2. Instruktionen geben (zur Herstellung einer bestimmten Voreinstellung oder Motivation).
3. Interaktionspartner vorstellen (meist Verbündete des Versuchsleiters, die bestimmte vorgegebene Rollen übernehmen).
4. Aufgabe stellen (z.B. Beurteilen von Personen im Hinblick auf ihre Attraktivität, Vergleichen von Personen nach ihrer Beliebtheit, Problem lösen, Befehle ausführen).
5. Erhebung abhängiger Merkmale: Prozessmerkmale (z.B. Inhalt und Umfang der Kommunikation, Reaktionsgeschwindigkeit,

Veränderung des Hautwiderstandes) und Ergebnismerkmale (z.B. Einstellungsänderung, Leistung, Präferenz für eine bestimmte Aktivität, Bewertungsurteile).

6. Postexperimenteller Fragebogen (Zur Überprüfung des Erfolgs der experimentellen Manipulation, zur Erfassung der Motivation der Versuchspersonen und zur Berücksichtigung von möglichen Verfälschungstendenzen, die während des Versuches aufgetreten sein könnten).

7. Aufklärung (Erklärung des echten Versuchszwecks, Bitte um Stillschweigen, Abbau möglicherweise entstandener Ressentiments).

Eine Täuschung der Versuchsteilnehmer ist vor allem dann sinnvoll, wenn die Gefahr auftritt, dass vorinformierte Personen ihr Verhalten im Experiment auf Grund von Selbstdarstellung verändern. Wenn z.B. in einem Experiment Autoritätsgehorsam erfasst werden soll, kann damit gerechnet werden, dass Personen, die über den Zweck des Versuchs vorinformiert sind, in allen Versuchsbedingungen relativ niedrige Messwerte erreichen werden. Andererseits wird die Information darüber, dass Hilfeleistung gemessen werden soll, dazu führen, dass viele Personen dazu neigen werden, sich als hilfsbereit darzustellen.

Die Frage der Täuschung im sozialpsychologischen Experiment hängt eng mit ethischen Überlegungen zusammen (Greenberg/Folger 1988; Kruse/Kumpf 1981; Schuler 1980). Es ist wünschenswert, dass möglichst weitgehend auf Täuschung verzichtet wird. Eine Möglichkeit dazu ergibt sich z.B. unter Verwendung des Rollenspiels. Die Frage der Rechtfertigung von Täuschungsexperimenten wurde empirisch untersucht. Befragungsergebnisse zeigten, dass die Frage der Täuschung von Beurteilern im Allgemeinen wenig problematisiert wurde. Stattdessen scheint es so zu sein, dass Beurteiler die Frage, ob ein Experiment die Versuchsteilnehmer schädigt, danach beurteilen, wie das Experiment ausgegangen ist. Wenn sich die Versuchsteilnehmer selbstbewusst verhalten hatten bestand die Tendenz, den Versuch als wenig schädlich einzuschätzen. Ergibt sich aber, dass das Verhalten der Versuchsteilnehmer durch Autoritätsgehorsam gekennzeichnet ist, wurde der Versuch als schädlicher eingestuft (Bickman/Zarantonello 1978). Aus diesen Ergebnissen lässt sich die Vermutung ableiten, dass die Kritik an Täuschungsexperimenten heftiger ausfällt, wenn ihre Ergebnisse ein unvorteilhaftes Bild der menschlichen Natur zeigen.

Wie schon erwähnt, besteht eine Möglichkeit, die Durchführung problematischer Experimente zu vermeiden, darin, Rollenspiele durchzuführen. Mixon (1979) berichtete, dass Personen, die Autoritätsgehorsam nachspielten, genauso emotional involviert waren wie Personen, die Versuchsteilnehmer in einem Experiment zum Autoritätsgehorsam waren, das auf Täuschung beruhte. Der Schlüssel zum Erfolg von Rollenspielversuchen scheint darin zu liegen, dass den Versuchsteilnehmern die vorgestellte Situation sorgfältig und im Detail geschildert wird. Zwar können Rollenspiele nicht immer an die Stelle von echten Experimenten treten, aber sie können doch zur Interpretation der Ergebnisse von Experimenten beitragen. So entwickelte Mixon (1979) Situationsschilderungen, die mit hoher Wahrscheinlichkeit Autoritätsgehorsam oder Ungehorsam hervorrufen sollten, indem er entweder eindeutige Hinweisreize verwandte, die auf eine Situation passen, in der man im Allgemeinen legitimen Anweisungen nachkommt, oder er konstruierte Situationsbeschreibungen, in denen Menschen im Allgemeinen der Regel folgen, dass sie den Anweisungen die Gefolgschaft verweigern (vgl. Kapitel »Gruppenprozesse«). Auf diese Weise wurde verdeutlicht, welche situativen Elemente vermutlich Autoritätsgehorsam auslösen. So fand Mixon (1979), dass die Teilnehmer den Gehorsam verweigerten, wenn der Versuchsleiter erwähnte, dass ihm die Gesundheit der Versuchsteilnehmer gleichgültig sei.

Im Rollenspiel können neue Ergebnisse gefunden werden, die die Interpretation von Experimenten erleichtern und die zu Grunde liegenden psychologischen Prozesse näher kennzeichnen. Andererseits ist auch festzustellen, dass das Rollenspiel Experimente nicht ersetzen kann, weil die Übereinstimmung unter Beurteilern über das angemessene Verhalten nicht eindeutig interpretierbar ist, wenn man nicht den Vergleich des echten Experiments zur Verfügung hat (Freedman 1969). Möglicherweise laufen in sozialen Situationen verdeckte Prozesse sozialer Einflussnahme ab, die im Rollenspiel nicht immer erfasst werden können (Willis/Willis

1970). In diesem Zusammenhang sind auch automatische Prozesse der Informationsverarbeitung zu nennen, die z.B. für Stereotype eine große Bedeutung besitzen (s. Kapitel »Fehler und Fallen der sozialen Urteilsbildung«), aber im Rollenspiel nicht zugänglich sind.

Aufforderungscharakteristika, Versuchspersonen-Rollen und non-reaktive Verfahren

Die Verwendung einer bestimmten Methode wie des Experiments wirft die Frage auf, welche Forschungsfehler mit dieser Methode verbunden sind. Eine erste Zusammenfassung der Forschungsfehler von Täuschungsexperimenten findet sich in einem Sammelband von Rosenthal/Rosnow (1969). Dabei wurden Themen wie ein möglicher Argwohn der Versuchsteilnehmer, negativistische Motivation, Auswirkungen der Freiwilligkeit der Versuchsteilnahme und Abhängigkeit der Ergebnisse von der Hypothesenstellung diskutiert.

Wenn Versuchsteilnehmer über die wahren Absichten des Versuchsleiters getäuscht werden, stellt sich die Frage, ob sie glauben, was ihnen gesagt wird. Bungard (1980) hat die Annahme, dass die Versuchsteilnehmer die ihnen gegebenen Informationen ohne weiteres glauben, auf die Formel gebracht: »Die ›gute‹ Versuchsperson denkt nicht.« Das Wissen darüber, dass ein Versuch stattfindet, ruft bei den Versuchsteilnehmern den Wunsch hervor, den Sinn des Versuchs zu durchschauen. Daher werden sie in der Regel Vermutungen darüber anstellen, was der Versuchszweck ist. Wenn diese Vermutungen nicht mit den Angaben übereinstimmen, die der Versuchsleiter macht, kann Argwohn entstehen.

Die Wahrscheinlichkeit, dass Argwohn erzeugt wird, ist besonders hoch, wenn ein Vortest-/Nachtest-Versuchsplan verwendet wird, der beinhaltet, dass die abhängige Variable zu zwei Zeitpunkten nacheinander erhoben wird. Der Vortest kann dazu beitragen, dass die Versuchsteilnehmer zu gezielten Vermutungen über den Versuchszweck angeregt werden. Zur Vermeidung solcher Vortesteffekte besteht die Möglichkeit, Versuchspläne zu verwenden, in denen keine Vortests erhoben werden. Tatsächlich sind die Mehrzahl sozialpsychologischer Experimente solche Nur-Nachtest-Versuchspläne. Andererseits kann gesagt werden, dass wiederholte Messungen dann unproblematisch sind, wenn sie in einem Kontext erhoben werden, in dem sie üblich sind (wie in der Schule im Hinblick auf Leistungsmessungen).

Orne (1969) prägte den Begriff der *Aufforderungscharakteristika* (demand characteristics), der die Tatsache beschreibt, dass verschiedene Details der experimentellen Prozedur verraten können, welche Ergebnisse der Versuchsleiter erwartet. Ein klassisches Beispiel sind *Placebo-Effekte.* Tabletten, die nachweislich ohne Wirkung sind, rufen häufig die Effekte hervor, die ihnen zugeschrieben werden. Placebo-Effekte werden in der Medizin bei unterschiedlichen Symptomen beobachtet, z.B. bei Zahnschmerzen oder Asthma. Im Durchschnitt berichtet etwa ein Drittel der Patienten von positiven Veränderungen nach Placebo-Behandlungen, wobei der Prozentsatz je nach Krankheit schwankt (Aronson u.a. 1990). Die Medizin hat in früheren Jahrhunderten nicht zuletzt aus solchen Placebo-Effekten ihre Reputation gewonnen (Ross/Olson 1981).

Es ist nahe liegend anzunehmen, dass Experimente ähnliche Placebo-Effekte auslösen. Während mit einer Tablette bestimmte Erwartungen im Hinblick auf die Heilung verbunden werden, entstehen in Experimenten Erwartungen im Hinblick auf die Auswirkungen auf das eigene Verhalten. Man stelle sich z.B. ein Experiment zur Einstellungsänderung vor, in dem der Versuchsleiter einen glaubwürdigen Kommunikator auftreten lässt, dessen Ehrlichkeit und Rechtschaffenheit außer Zweifel steht (vgl. Kapitel »Einstellungen als soziale Orientierungssysteme«). Dessen Kommunikationserfolg wird mit dem eines unglaubwürdigen Kommunikators verglichen, der eine Vorgeschichte von Schwindeleien und Unredlichkeiten aufweist. Für aufmerksame Versuchsteilnehmer dürfte es nicht unmöglich sein zu erschließen, dass der Versuchsleiter die Erwartung hat, dass sie ihre Einstellung ändern, wenn der Kommunikator glaubwürdig ist. Hingegen können die Versuchsteilnehmer, die mit dem wenig glaubwürdigen Kommunikator zu tun haben, erschließen, dass der Versuchsleiter keine Einstellungsänderung erwartet. Entsprechend können die Versuchsteilnehmer von sich selbst die Erwartung entwickeln, dass sie ihre Einstellung ändern (glaubwürdiger Kommunikator) bzw. nicht ändern (unglaubwürdiger Kommunikator). Bemerkenswerterweise ist die Erwartung des Versuchsleiters dieselbe wie die, die die Versuchsteilnehmer haben. Daher kann es durchaus sein, dass am Ende die Erwartung des Versuchsleiters bestätigt wird, weil sie von den Versuchsteilnehmern zu ihrer eigenen Erwartung gemacht wird, die ihre Antworten bestimmt.

Wenn die Versuchsteilnehmer die Hypothesen der Untersuchung richtig erschließen und die Untersuchungsergebnisse zu einer Bestätigung der Hypothese führen, haben sie sich »kooperativ« verhalten. Diese Versuchspersonenrolle wird auch als die einer »guten« Versuchsperson bezeichnet. Die Motivation der Versuchsteilnehmer kann unterschiedlich sein. Weber/Cook (1972) unterschieden zwischen vier möglichen Versuchspersonen-Rollen:

- Die *gute Versuchsperson* antwortet so, dass sie nach ihrer Einschätzung die Hypothese der Untersuchung bestätigt.
- Die *ehrliche Versuchsperson* antwortet so, wie sie die Instruktion versteht. Sie ist bemüht, unvoreingenommen zu reagieren, um jede Verzerrung der Ergebnisse zu vermeiden.
- Die *negativistische Versuchsperson* antwortet so, dass sie – ihrer Meinung nach – die Hypothese der Untersuchung widerlegt.
- Die *um ihre Bewertung besorgte Versuchsperson* bemüht sich um eine positive Selbstdarstellung und neigt dazu, sozial erwünschte Antworten zu geben.

In einer empirischen Untersuchung wurde die Unterscheidung der vier Versuchspersonen-Rollen bestätigt (Carlston/Cohen 1980).

Die vier Versuchspersonen-Rollen lassen sich als Extremvarianten auf zwei Dimensionen darstellen, die voneinander unabhängig sind. Die gute und die negativistische Rolle liegen an den Enden einer Bewertungsdimension (positiv – negativ), während die ehrliche und die um ihre Bewertung besorgte Rolle an den Enden einer zweiten Dimension liegen, die mit passiv – aktiv bezeichnet werden kann.

Offensichtlich gibt es kein völlig rollenfreies Versuchspersonen-Verhalten. In diesem Zusammenhang ist zu bedenken, dass die Versuchspersonen-Motivation nicht notwendigerweise auf eine Bestätigung der Hypothesen, die dem Versuch zu Grunde liegen, hinausläuft. Vielmehr scheinen allgemeine Prinzipien sozialen Verhaltens, wie sie auch in Alltagssituationen anzutreffen sind, das Verhalten in Experimenten zu beeinflussen. So ist z.B. Selbstdarstellung keine Motivation, die auf Versuchssituationen beschränkt ist. Vielmehr finden sich Beispiele für den Versuch, sich positiv darzustellen, in einer Vielzahl von öffentlichen Situationen (Mummendey 1995).

Eine Möglichkeit zur Vermeidung von Aufforderungscharakteristika und Versuchspersonen-Rollen liegt in der Verwendung von *non-reaktiven Messverfahren*, die sich dadurch auszeichnen, dass sie im Alltag verwendet werden, ohne dass die Personen, deren Reaktionen untersucht werden, davon etwas wissen (Petermann/Noack 1993). Ein Beispiel ist die Technik der verlorenen Briefe, die zur Messung der Hilfeleistung (vgl. Kapitel »Prosoziales Verhalten«) eingesetzt wurde (Milgram u.a. 1965). In einer Variante wurde ein adressierter und frankierter Briefumschlag, der scheinbar verloren gegangen war, an die Windschutzscheibe parkender Autos befestigt. Auf einem Zettel wurde die Anmerkung hinzugefügt, dass der Finder den Brief in der Nähe des Autos gefunden hätte. Die Hilfsbereitschaft wurde durch den Prozentsatz der Personen erfasst, die den Brief in den Briefkasten warfen, sodass er an den Adressaten weitergeleitet werden konnte. In einer Studie in 36 amerikanischen Städten ergab sich ein Prozentsatz von 76,75%, der auf eine relativ hohe Hilfsbereitschaft in der Bevölkerung hinweist (R.V. Levine u.a. 1994). Hier lässt sich feststellen, dass die so gemessene Hilfsbereitschaft nicht durch das Bestreben der Autofahrer, sich positiv in der Öffentlichkeit darzustellen, erklärt werden kann.

Versuchsleitereffekte

Versuchsleiter und Versuchsteilnehmer nehmen in psychologischen Experimenten ungleiche Positionen ein. Während der Versuchsleiter den Ablauf bestimmt und die Kontrolle über den Versuch ausübt, ist der Versuchsteilnehmer darauf eingestellt, auf die vorgegebenen Instruktionen und Situationen zu reagieren. Diese Beziehung lässt sich als *asymmetrische Interaktion* deuten, da der Versuchsleiter einem festen Plan folgt, während die Versuchsperson in ihrem Verhalten durch die Vorgaben des Experiments eingeschränkt ist. Die Asymmetrie zwischen Versuchsleiter und Versuchsteilnehmer zeigt sich darin, dass

- die Versuchssituation für die Versuchsteilnehmer häufig undurchschaubar ist und dass die Vielfältigkeit der möglichen Reaktionen der Versuchspersonen reduziert ist, da nur bestimmte Antwortmöglichkeiten vorgesehen sind.
- Dieser Art der Interaktion haben Jones/Gerard (1967) die *wechselseitigen Interaktion* gegenübergestellt, bei der ein gleichmäßiger gegenseitiger Einfluss gegeben ist.

In der experimentellen Psychologie findet sich die Vorstellung, dass sich Versuchsteilnehmer wie Norm-Versuchspersonen verhalten, die verabredungsgemäß handeln und so den Anspruch auf Allgemeingültigkeit der Ergebnisse einlösen. Holzkamp (1973) spricht in diesem Zusammenhang von einem quasi-organismischen Charakter der Versuchssituation, in der die Möglichkeit des Dialogs vernachlässigt wird. Ein Dialog würde nämlich eine wechselseitige Interaktion voraussetzen, weil er eine Gleichberechtigung zwischen den Teilnehmern zur Grundlage hat. Wir hatten schon darauf hingewiesen, dass Rollenspiele eine wichtige Ergänzung zu der experimentellen Vorgehensweise darstellen. Auch andere Formen der Datenerhebung, die noch stärker den Dialog zwischen Forscher und befragter Person betonen (vgl. Friebertshäuser/Prengel 1997), sind von großem Wert für die Forschung.

Die zentrale Rolle des Versuchsleiters im psychologischen Experiment hat viele Vorteile für die Standardisierung der Versuchssituation, beinhaltet aber auch die Möglichkeit, dass der Versuchsleiter zu einer Quelle von Fehlereinflüssen wird. Denn der Versuchsleiter kennt vielfach die Hypothesen der Untersuchungen und ist gleichzeitig ein »Hauptdarsteller« im Ablauf des Versuchs. Aus dieser Situation erklärt sich, dass ein *Versuchsleitereffekt* auftreten kann. Darunter versteht man, dass ein Versuchsleiter Daten falsch erhebt oder verrechnet oder auch durch seine Nationalität, sein Geschlecht oder sein Alter die Antworten der Versuchsteilnehmer beeinflusst (Rosenthal 1969).

Versuchsleitereffekte sind aus der Interviewforschung schon lange bekannt. Einzelne Versuchsleiter können die experimentellen Versuchsergebnisse massiv beeinflussen (vgl. Piliavin u.a. 1975, die in ihrem Experiment zur Hilfeleistung in der U-Bahn deutliche Versuchsleitereffekte feststellten). Um die individuellen Besonderheiten einzelner Versuchsleiter auszugleichen, empfiehlt es sich, in einem Experiment mit mehreren Versuchsleitern zu arbeiten.

Unter den Versuchsleitereffekten sind Erwartungseffekte vielfältig dokumentiert worden. Rosenthal (1969) analysierte 94 Untersuchungen aus sieben Untersuchungsbereichen (z.B. Lernen bei Tieren, psychophysikalische Urteile, Personenwahrnehmung). Eine Zusammenfassung aller zur Verfügung stehenden Ergebnisse verdeutlichte, dass Erwartungseffekte die Ergebnisse von Experimenten verfälschen können (vgl. Kapitel »Sich selbst erfüllende Prophezeiung«).

Als Beispiel für Versuchsleitereffekte wird an dieser Stelle auf ein Tierexperiment ausführlicher eingegangen (Rosenthal/Fode 1963). Zwölf Versuchsleiter führten ein Rattenexperiment durch, das aus einer Unterscheidungsaufgabe bestand. Die Ratten erhielten in einem T-Labyrinth eine positive Verstärkung, wenn sie in den dunklen Arm des T-Labyrinths hineinliefen. Die Versuchsleiter erhielten die Information, dass ein Teil der Tiere vermutlich besonders klug in ihrem Verhalten sein würde, weil diese Tiere aus einer Zucht stammten, in der sie nach ihrem Erfolg bei Labyrinth-Aufgaben über Generationen ausgewählt worden seien.

Der Hälfte der Versuchsleiter wurden die »klugen« Tiere zugeteilt, während die anderen Versuchsleiter mit den »dummen« Tieren arbeiten sollten. In Wirklichkeit stammten alle Tiere aus der gleichen Zucht. Über fünf Tage hinweg wurden die Lernversuche durchgeführt. Jede Ratte wurde pro Tag zehnmal getestet. Die Anzahl der korrekten Reaktionen war im Durchschnitt bei den Versuchsleitern höher, die mit »klugen« Ratten arbeiteten (2.3 vs. 1.5 korrekte Reaktionen bei »klugen« vs. »dummen« Ratten). Außerdem zeigte sich nur bei den Versuchsleitern, die annahmen, mit klugen Tieren zu experimentieren, ein systematischer Lerngewinn der Tiere über die Versuchstage hinweg (sowohl in der Anzahl korrekter Reaktionen als auch in der Reaktionszeit).

Diese Ergebnisse lassen sich damit erklären, dass die Versuchsleiter, die glaubten, mit klugen Tieren zu arbeiten, die Versuche engagierter und eifriger durchführten. Sie gingen möglicherweise sanfter mit den Tieren um, gaben ihnen eher subtile Hinweise darauf, was die korrekte Reaktion war, und registrierten eher einen Erfolg als die Versuchsleiter, die mit angeblich »dummen« Tieren arbeiteten. Auf diese Weise wurde die Kenntnis der Hypothese zu einer sich selbst erfüllenden Prophezeiung.

Die Publikation dieses Versuchs und zahlreicher weiterer Untersuchungen, in denen Erwartungseffekte des Versuchsleiters auftraten, haben dazu geführt, dass in sozialpsychologischen Zeitschriften nur selten Untersuchungen veröffentlicht werden, in denen die Gefahr des Auftretens von Versuchsleitereffekten groß ist. Wenn auch nur der leiseste Verdacht besteht, müssen die Autoren ausführlich begründen, warum sichergestellt ist, dass ihre Ergebnisse nicht auf Versuchsleiter-Effekten beruhen (als Beispiel kann die Studie von Fazio u.a. 1981 dienen).

Die Aufdeckung von Versuchsleiter-Effekten, die im Übrigen ohne und vermutlich auch gegen die etablierte experimentelle Psychologie stattfand (Rosenthal 1985), hat nicht das Ende der experimentellen Methode eingeläutet. Das Bemühen, Erwartungseffekte auszuschalten, hat zu wesentlichen Verbesserungen in der Planung sozialpsychologischer Experimente beigetragen und außerdem neue Forschungsarbeiten über Erwartungseffekte (vgl. Kapitel »Sich selbst erfüllende Prophezeiungen«) angeregt.

Versuchsleitereffekte verdeutlichen, dass es nie möglich sein wird, absolut sicheres Wissen zu erhalten. Es ist aber möglich, durch die systematische Planung von Experimenten und ihre Absicherung gegen Versuchsleitereffekte diese Fehlerquelle einzugrenzen und zu verringern, sodass die Gefahr von Ergebnisverzerrungen minimalisiert wird. Interessant ist der Hinweis, dass Erwartungseffekte von Versuchsleitern in vielen Lebenssituationen in analoger Weise auftreten. Ein Beispiel sind Lehrereinflüsse auf die Schülerleistung, die über Erwartungen der Lehrer darüber, ob ein Schüler »gut« oder »schlecht« ist, vermittelt werden.

Quasi-experimentelle Versuchspläne

Eine wichtige Erweiterung des Forschungsrepertoires sind *quasi-experimentelle Versuchspläne*, in denen keine Zufallsaufteilung der Versuchspersonen auf unterschiedliche Versuchsbedingungen stattfindet und auch nicht immer eine Kontrollgruppe einbezogen werden kann. Beispiele für solche Versuchspläne sind Zeitreihenstudien und Korrelationsanalysen, die unter bestimmten Bedingungen auch unter dem Aspekt kausaler Zusammenhänge ausgewertet werden können (Bierhoff/Rudinger 1996).

In Quasi-Experimenten wird die Übertragbarkeit der Befunde auf Alltagssituationen besonders gut gewährleistet, da eine größere Repräsentativität des Untersuchungskontextes im Hinblick auf die intendierten Anwendungen gegeben ist. Quasi-experimentelle Versuchspläne erhöhen die Generalisierbarkeit der Ergebnisse, häufig allerdings auf Kosten der inneren Schlüssigkeit der Untersuchung. Außerdem sind sie häufig weniger als Experimente durch Verzerrungen bedroht, wie sie durch Aufforderungscharakteristika und Versuchsleitereffekte hervorgerufen werden.

Im Folgenden werden quasi-experimentelle Versuchspläne durch ein Beispiel erläutert, das sich mit den Auswirkungen von Lehrererwartungseffekten beschäftigt (vgl. Kapitel »Sich selbst erfüllende Prophezeiung«). Seaver (1973) prüfte die Hypothese, dass die Erwartungen von Lehrern sich auf die Schulleistung der Schüler auswirken. Oft gehen Geschwister in dieselbe Schule. Es ist gut vorstellbar, dass der Eindruck, den das älteste Kind bei einem Lehrer hinterlässt, einen Einfluss darauf ausübt, was die Lehrer später von einem jüngeren Geschwister erwarten. Bei schwachen Leistungen des erstgeborenen Kindes sollte die Lehrererwartung hervorgerufen werden, dass das jüngere Kind ebenfalls nicht allzu leistungsfähig ist. Bei guten Leistungen sollte umgekehrt die Erwartung ausgelöst werden, dass das jüngere Kind leistungsfähig ist.

Zur Prüfung dieser Annahme wurde eine Versuchsgruppe aus Schülern gebildet, die in der ersten Klassenstufe denselben Lehrer hatten wie ein älterer Bruder oder eine ältere Schwester. Die Kontrollgruppe bestand aus Schülern, die ebenfalls ältere Geschwister an der Schule hatten, aber nicht denselben Lehrer. Dies ist ein quasi-experimenteller Versuchsplan, weil die Schüler nicht per Zufall auf die beiden Bedingungen aufgeteilt werden konnten. Ob die Geschwister denselben Lehrer hatten oder nicht, ist das Ergebnis von bürokratischen Entscheidungen der Schulleitung, auf die der Versuchsleiter keinen Einfluss hatte.

Wenn positive Lehrererwartungen gebildet worden sind, sollten die jüngeren Geschwister bei dem gleichen Lehrer besser abschneiden als bei einem neuen Lehrer. Umgekehrt sollten bei negativer Erwartung jüngere Geschwister der Versuchsgruppe (gleicher Lehrer!) schlechter abschneiden als ein Schüler der Kontrollgruppe (neuer Lehrer!). Um diese Hypothese zu überprüfen, wurden Archivdaten von 79 Geschwisterpaaren aus dem ersten Schuljahr ausgewertet. Neben den Noten standen auch Angaben über die Leistungen in einem Schulleistungstest zur Verfügung. Die Ergebnisse bestätigten die Hypothese. Wenn die älteren Kinder gut abgeschnitten hatten, erwiesen sich die jüngeren Kinder in der Versuchsbedingung der Kontrollgruppe als überlegen. Hatten die älteren Kinder schlecht abgeschnitten, ergab sich ein ungünstigeres Ergebnis für die Kinder der Versuchsgruppe als für die Kinder der Kontrollgruppe. Das galt sowohl für die Noten, die aber nur in der Tendenz unterschiedlich ausfielen, als auch für die Leistungen in zwei sprachlichen Tests und einem Rechentest.

Diese Ergebnisse sprechen zunächst einmal für die Präsenz von Erwartungseffekten im Alltag, hier im schulischen Bereich. Sie lassen sich aber auch als Lehrer-Qualitäts-Effekt deuten (Reichardt 1985). Die guten Leistungen der erfolgreichen älteren Geschwister könnten dadurch verursacht worden sein, dass sie einen besonders guten Lehrer hatten, der auch die jüngeren Geschwister unterrichtete. Andererseits könnten die schlechten Leistungen von weniger erfolgreichen älteren Geschwistern das Ergebnis von Unterricht sein, der durch weniger gute Lehrer gegeben wurde. Deren ungünstiger Unterrichtsstil könnte sich auch nachteilig auf die Lernerfolge der jüngeren Geschwister ausgewirkt haben. Daher bleibt die Interpretation der gefundenen Unterschiede offen. Geht es tatsächlich um einen Erwartungseffekt, oder handelt es sich darum, dass sich die unterschiedliche Qualität des Unterrichts, den unterschiedliche Lehrer geben, auswirkt?

Diese Argumentation verweist auf die Tatsache, dass in Quasi-Experimenten die Schlüssigkeit der Ergebnisse eingeschränkt ist. Die Auswirkungen eines möglichen Lehrer-Qualitäts-Effekts konnten nicht kontrolliert werden und bleiben somit als mögliche Alternativerklärung der Ergebnisse plausibel. Trotzdem stellen quasi-experimentelle Versuchspläne eine wichtige Ergänzung für die sozialpsychologische Forschung dar. Häufig sind Experimente überhaupt nicht möglich, etwa wenn sich eine Hypothese auf Geschlechtsunterschiede bezieht. Außerdem liefern Quasi-Experimente wichtige Informationen über die Generalisierbarkeit der Ergebnisse. Sie verdeutlichen, dass Sozialpsychologie mehr als ein akademischer Debattierklub ist und sich mit dem »wirklichen Leben« befasst.

Einstellungen als soziale Orientierungssysteme

Die erste inhaltliche Themenstellung dieser Einführung in die Sozialpsychologie ist die Einstellungsforschung, die auch historisch betrachtet ein zentrales Thema der Sozialpsychologie ist (Graumann 2001). Im ersten Teil geht es um die Begriffsbestimmung und Messung von Einstellungen, während im zweiten Teil das Thema der Einstellungsänderung aufgegriffen wird, das eine große angewandte Bedeutung besitzt. Schließlich gehen wir auf eine der bekanntesten Einstellungstheorien, die Dissonanztheorie von Festinger (1957), etwas ausführlicher ein.

Was sind Einstellungen?

Einstellungen lassen sich z.B. in dem Wahlverhalten der Wähler ablesen. Sie können aber auch durch Umfragen erfasst werden, wie sie regelmäßig in Nachrichtenmagazinen veröffentlicht werden. Ein Beispiel (Spiegel 1999, Nr. 42, S. 42–44) kann das veranschaulichen. Die *Verhaltensintention* der Einstellung wird durch die *Sonntagsfrage* erfasst: »Welche Partei würden Sie wählen, wenn am nächsten Sonntag Bundestagswahl wäre?« Dann folgen Fragen zur Zufriedenheit: »Sind Sie, alles zusammen betrachtet, zufrieden mit der Arbeit der Bundesregierung.« Analog wird auch nach der Zufriedenheit mit der Opposition und mit bestimmten Politikern wie Schröder und Schäuble gefragt. Als Antwortvorgabe wird jeweils ja und nein verwendet. Schließlich wird versucht, die kognitive Komponente der Einstellung, die sich auf bestimmte *Meinungen* bezieht, durch die Beurteilung bestimmter politischer Aufgaben zu erfassen. Eine Frage lautet: »Sind Sie mit der Arbeit der Bundesregierung auf dem Gebiet ›Arbeitslosigkeit bekämpfen‹ zufrieden?« Entsprechende Fragen werden in Bezug auf »Renten sichern«, »Wirtschaft ankurbeln«, »Zusammenleben mit Ausländer regeln« usw. gestellt.

An diesem Beispiel lässt sich verdeutlichen, dass sich Einstellungen sowohl über Bewertungen (wie sie in der Einschätzung der Zufriedenheit zum Ausdruck kommen) als auch über Meinungen zu bestimmten Sachverhalten (z.B. Arbeitslosigkeit bekämpfen) erfassen lassen. Außerdem kann nach Verhaltensintentionen gefragt werden, wie es in der Sonntagsfrage der Wahlforscher zum Ausdruck kommt. Einstellungen können sich sowohl auf Parteien wie auch auf einzelne Politiker beziehen. Tatsächlich gibt es noch eine große Anzahl anderer Einstellungsobjekte, wie z.B. Produkte in der Werbung, Firmen, Studienfächer oder Berufe.

Da der Begriff der Einstellung durch alltagssprachliche Vorstellungen bestimmt ist, ist es besonders wichtig, Einstellungen wissenschaftlich zu definieren, um einen einheitlichen Sprachgebrauch sicherzustellen. Die Definition von Eagly/Chaiken (1993, S. 1) lautet: »Einstellung ist eine psychologische Tendenz, die durch die Bewertung einer speziellen Entität mit einem bestimmten Ausmaß der Zustimmung oder Ablehnung ausgedrückt wird.« »Entitäten« sind bestimmte Einstellungsobjekte, denen gegenüber Annäherung oder Vermeidung, Positivität oder Negativität, Mögen oder Nichtmögen, Begeisterung oder Zurückhaltung gemessen werden kann.

Alle diese Messungen stehen für Zustimmung oder Ablehnung gegenüber dem Einstellungsobjekt. Diese kann sowohl durch eine Ja-Nein-Antwort erfasst werden als auch in abgestufter Weise (z.B. auf einer Skala mit den Stufen sehr positiv, positiv, neutral, negativ und sehr negativ).

Einstellungen sind soziale Orientierungssysteme, da sie die Wahrnehmung der sozialen Umwelt strukturieren. Diese Strukturierung hat den Vorteil, dass Sinnsuche und Sinngebung erleichtert bzw. ermöglicht werden. Eine vorgefasste Einstellung ermöglicht eine schnelle Antwort, wenn es darum geht, wie man zu dem Einstellungsobjekt steht.

Zwar erleichtern Einstellungen die soziale Orientierung, aber sie haben auch ihren Preis, der darin besteht, dass Einstellungen eine selektive Wahrnehmung der sozialen Realität hervorrufen. Darüber hinaus können sie auch zu selektiven Behaltensleistungen beitragen. Wenn z.B. jemand den Politiker Wolfgang Schäuble positiv bewertet, wird er oder sie eine bestimmte Stellungnahme zu seiner 50.000,– € Spendenaffäre positiver bewerten als jemand, der eine negative Einstellung gegenüber Wolfgang Schäuble hat. Außerdem wird die Erinnerung an frühere Leistungen eines Politikers davon beeinflusst, ob eine positive oder negative Einstellung besteht. Man wird sich eher an gute Meldungen erinnern, wenn es um einen Politiker geht, den man mag. Umgekehrt wird man an Schwächen und Fehlentscheidungen denken, wenn man einem Politiker skeptisch gegenübersteht. Selektivität der Wahrnehmung und des Behaltens tragen dazu bei, dass eine Person sich voreingenommen in ihrer sozialen Umwelt verhält, da sie bestimmte Präferenzen hat, die in ihren Einstellungen zum Ausdruck kommen.

Einstellung ist ein erschlossenes Merkmal, das zwischen wahrgenommenen Einstellungsobjekten und Handlungsbereitschaften vermittelt (Eagly/Chaiken 1993). Aus der Tatsche, dass bestimmte Einstellungsobjekte positiv oder negativ bewertet werden, wird die Einstellung erschlossen. Einstellungen sind also (hypothetische) Konstrukte, die aus messbaren Merkmalen erschlossen werden müssen (vgl. Kapitel »Forschungsmethoden der Sozialpsychologie«). Einstellungen bezeichnen innere Zustände, die sich als Bereitschaften kennzeichnen lassen, die Verhaltensintentionen beeinflussen. Analog dazu wurde der Begriff der *erworbenen Verhaltensdisposition* geprägt (Campbell 1963). Damit wird zum Ausdruck gebracht, dass Einstellungen zielgerichtet sind und Annäherungs- oder Vermeidungstendenzen beinhalten.

Einstellungen kommen in der Konsistenz der Handlungen gegenüber einem Einstellungsobjekt zum Ausdruck. Messbar sind bestimmte Konsistenzen zwischen Reizen und Reaktionen. Der Inhalt der Einstellung wird in der Regel als Ergebnis von Vorerfahrungen aufgefasst. Neben gelernten Einstellungen kann auch an solche Einstellungen gedacht werden, die durch das biologische Erbe bestimmt sind (Tesser 1993). Einstellungen beruhen auf mehreren Komponenten (Katz/Stotland 1959):

affektive Komponente

- Die Gefühlskomponente bringt zum Ausdruck, ob die Person das Einstellungsobjekt mag oder nicht.

- Die kognitive Komponente beinhaltet die Meinungen, die die Person mit dem Einstellungsobjekt verbindet.
- In Verhaltensintentionen und im (berichteten bzw. beobachteten) Verhalten findet die Einstellung möglicherweise ihren Ausdruck.

Die drei Komponenten der Einstellung verweisen auf verschiedene Forschungsrichtungen der Einstellungsforschung: Zum einen geht es um die Frage der Messung der Einstellung, vor allem ihrer Gefühlskomponente. Dazu werden vielfach *semantische Differenziale* verwendet, in denen das Einstellungsobjekt (z.B. Demokratie) vorangestellt wird, um dann einzelne Antworten zu erheben. Diese werden auf bipolaren Adjektivskalen abgegeben, die von –3 bis +3 (einschließlich eines neutralen Nullpunkts) oder 1 bis 7 reichen. An den Endpunkten sind jeweils Eigenschaftspaare aufgeführt, die Gegensätze beinhalten.

Semantische Differenziale eignen sich z.B., um Stereotype zu erforschen. Ein Beispiel ist eine Untersuchung von *Geschlechterstereotypen* (Hofstätter 1966, S. 258–260). Beurteiler wurden gebeten, die Begriffe »männlich« und »weiblich« auf 25 Adjektivpaaren einzuschätzen. Der Vergleich der Mittelwerte für beide Begriffe verdeutlicht, dass die beiden Stereotype sehr unterschiedlich sind (vgl. auch Ashmore 1981). So findet sich ein extremer Gegensatz auf den Eigenschaften »hart« und »weich«, da »hart« nahezu mit »männlich« und »weich« nahezu mit »weiblich« gleichgesetzt wird. Auch die weiteren Unterschiede (z.B. für »nüchtern – verträumt« und »streng – nachgiebig«) fallen sehr deutlich aus. Offensichtlich rufen die Vorgaben »männlich« und »weiblich« Stereotype hervor, die sich auf bestimmten Dimensionen diametral voneinander unterscheiden.

Das semantische Differenzial eignet sich dazu, die Bewertungskomponente einer Einstellung zu messen, die von vielen Autoren mit Einstellung gleichgesetzt wird (z.B. Himmelfarb 1993). Durch die Auswahl problemorientierter Adjektive, die im Semantischen Differenzial verwendet werden, kann die Varianz der Bewertungsdimension maximiert werden. Ein Beispiel dafür ist ein semantisches Differenzial, das zur Bewertung politischer Schlüsselbegriffe entwickelt wurde (Schäfer 1975a). Solche Schlüsselbegriffe sind z.B. *Abrüstung, Demokratie, Fortschritt, Mitbestimmung, Religion* und *Toleranz.* Die 18 Adjektivpaare, die in Tabelle 3 enthalten sind, wiesen die höchsten Ladungen auf dem allgemeinen Bewertungsfaktor des semantischen Differenzials auf, der 82% der Varianz erklärte.

Tabelle 3:	**Semantisches Differenzial politischer Schlüsselbegriffe** (n. Schäfer 1975a, S. 146)							
			Gegensatzpaare					
Positiv	3	2	1	0	1	2	3	negativ
Gut	3	2	1	0	1	2	3	schlecht
Lobenswert	3	2	1	0	1	2	3	tadelnswert
Geknechtet	3	2	1	0	1	2	3	frei
Frei	3	2	1	0	1	2	3	unfrei
Nötig	3	2	1	0	1	2	3	unnötig
Gerecht	3	2	1	0	1	2	3	ungerecht
befriedigend	3	2	1	0	1	2	3	unbefriedigend
unmenschlich	3	2	1	0	1	2	3	menschlich
Tolerant	3	2	1	0	1	2	3	intolerant
Diktatorisch	3	2	1	0	1	2	3	demokratisch
Human	3	2	1	0	1	2	3	unmenschlich
Beruhigend	3	2	1	0	1	2	3	erschreckend
beängstigend	3	2	1	0	1	2	3	beruhigend
Friedlich	3	2	1	0	1	2	3	kriegerisch
unangenehm	3	2	1	0	1	2	3	angenehm
Reaktionär	3	2	1	0	1	2	3	fortschrittlich
vielseitig	3	2	1	0	1	2	3	einseitig

Schon Osgood u.a. (1957), die das semantische Differenzial als Verfahren der Einstellungsmessung bekannt gemacht haben, hatten auf die Möglichkeit hingewiesen, über die Bewertungskomponente des semantischen Differenzials Einstellungen zu messen. Sie hatten zur weiteren Absicherung dieses Anspruchs auch gezeigt, dass konventionelle Einstellungsskalen und die Bewertungsdimension des semantischen Differenzials hoch korrelieren (s. Schäfer 1975b).

Zusätzlich sind in semantischen Differenzialen noch zwei weitere Dimensionen enthalten, die mit Potenz und Aktivität bezeichnet werden können (Fuchs 1975). Da die drei Dimensionen regelmäßig gefunden werden, spricht man von einer EPA Struktur semantischer Differenziale (für evaluation, potency, acitivity). Die Bewertungsdimension hat im Allgemeinen die größte Bedeutung unter diesen drei Dimensionen. Potenzialität wird z.B. durch das Gegensatzpaar »schwach – stark« repräsentiert, während die Dimension der Aktivität durch »passiv – aktiv« dargestellt wird.

Eine andere Möglichkeit der Einstellungsmessung besteht in einer *sozialen Distanzskala*, wie sie ursprünglich von Bogardus (1925) verwendet wurde. Dabei geht es darum, ob man bestimmte Aktivitäten mit Mitgliedern bestimmter Gruppen zulassen würde. Das reicht von Heirat und persönlichen Veranstaltungen über Nachbar, Berufskollege, Mitbürger und Besucher im eigenen Land. Bei dieser Vorgabe wird angenommen, dass eine Person, die z.B. Bulgaren für persönliche Veranstaltungen zulässt, auch bereit ist, sie als Nachbarn, als Berufskollege usw. zuzulassen. Das bedeutet, dass eine bestimmte Antwort das weitere Antwortmuster der Person determiniert. Daher ergibt sich eine Guttman-Skala (vgl. Roskam 1996b).

Wie schon erwähnt dienen Einstellungen der sozialen Orientierung. Grundsätzlich kann eine Person zahllose Einstellungen haben. Darunter werden solche sein, die wichtiger sind und somit viel zur sozialen Orientierung beitragen, und solche, die weniger wichtig sind. So konnte z.b. gezeigt werden, dass wichtigere Einstellungen eine stärkere genetische Komponente aufweisen als unwichtige Einstellungen (Tesser 1993). Damit ist die Frage der Einstellungsstärke angesprochen, die die Wichtigkeit des Einstellungsthemas sowie die Häufigkeit der Beschäftigung mit dem Einstellungsthema zum Ausdruck bringt. Eine Annahme besagt, dass die Einstellungsstärke über die Schnelligkeit, mit der eine Person ihre Einstellung aus dem Gedächtnis abruft, gemessen werden kann (Fazio 1986). Einstellungen, die eine starke genetische Komponente aufweisen, rufen z.b. schnellere Reaktionen hervor als solche, die eine schwache genetische Komponente besitzen (Tesser 1993). Einstellungsstärke ist andererseits von Lernprozessen und biografischen Faktoren abhängig. Sie sollte hoch sein, wenn sich die Person in der Vergangenheit häufig mit dem Einstellungsobjekt beschäftigt hat.

Weitere Skalierungsverfahren, die sich für die Einstellungsmessung eignen, wurden von Roskam (1996b) beschrieben. Im Folgenden wenden wir uns Untersuchungen zur Einstellungsänderung zu, die vielfach auf der Grundlage von Nur-Nachtest-Versuchsplänen durchgeführt werden (an Stelle von Vortest-/Nachtest-Versuchsplänen), um Argwohn der Versuchsteilnehmer zu vermeiden.

Einstellungsänderung

Das Thema der Einstellungsänderung wird im Folgenden aus theoretischer und angewandter Perspektive betrachtet. Die theoretische Betrachtung schließt das Informationsmodell der Einstellungsänderung und das 2-Prozess-Modell der Einstellungsänderung ein. Die angewandte Perspektive befasst sich mit Merkmalen, die den Erfolg einer Kommunikation beeinflussen: Glaubwürdigkeit, Expertentum, Vertrauenswürdigkeit als Kommunikator-Merkmale und Schlussfolgerungen ziehen, Gegenargumente entkräften, Reihenfolge der Argumente berücksichtigen und Verwendung von Furcht erregenden Mitteilungen als Merkmale der Botschaft.

Informationsmodell der Einstellungsänderung

In dem Informationsmodell der Einstellungsänderung von McGuire (1985) werden verschiedene Schritte der Einstellungsänderung unterschieden. Die Ausgangsfrage lautet: Welche Schritte erfolgen, bevor eine Einstellung auf Grund einer gerichteten Kommunikation (*Persuasion*) geändert wird? Die Antwort auf diese Frage verweist auf eine Vielzahl von Bedingungen: Die Person muss

- ihre Aufmerksamkeit dem Einstellungsobjekt zuwenden,
- Interesse daran haben und den Kommunikator mögen,
- den Inhalt der Kommunikation über das Einstellungsobjekt verstehen,

- sich Gedanken über die angesprochenen Inhalte machen,
- die Position akzeptieren, die in der Kommunikation vertreten wird,
- den Einstellungswechsel im Gedächtnis abspeichern,
- relevante Informationen aus dem Gedächtnis abrufen,
- auf Grund dessen eine Entscheidung fällen und
- in Übereinstimmung mit dieser Entscheidung handeln.

Dieses Modell verdeutlicht, dass bestimmte Merkmale wie die Intelligenz sich auf unterschiedlichen Stufen des Einstellungsänderungsprozesses verschieden auswirken. Die Intelligenz kann z.b. das Verstehen der Kommunikation erhöhen, während gleichzeitig ein größerer Widerstand gegen Veränderung ausgelöst wird. Im Endergebnis kann es sein, dass die Intelligenz keinen Gesamteinfluss auf die Einstellungsänderung ausübt, da sich die gegenläufigen Prozesse neutralisieren.

Bestimmte Merkmale können sich auch unterschiedlich je nach Kontext auswirken. So kann eine Vorwarnung über die Absicht, die Person von einem bestimmten Standpunkt zu überzeugen, dazu führen, dass sie weniger beeinflussbar ist (Allyn/Festinger 1961). Durch die Vorwarnung können die Abwertung und Zurückweisung der Argumente und des Sprechers gefördert werden.

Wenn es aber darum geht, sich in der Öffentlichkeit positiv darzustellen (vgl. Mummendey 1995), kann eine Vorwarnung auch den Effekt haben, dass eine *antizipatorische Meinungsänderung* hervorgerufen wird, um das eigene Gesicht zu wahren und sich dagegen zu schützen, als beeinflussbar zu erscheinen (Cialdini u.a. 1973, 1976; Hass/Mann 1976). Denn wenn man schon im Vorhinein seine Einstellung in Richtung der erwarteten Kommunikation verändert hat, muss man später nicht zugeben, dass man sich hat beeinflussen lassen.

Persuasion

Die Wichtigkeit der Frage der Einstellungsänderung durch Persuasion ist schon in der Frühzeit der Menschheitsgeschichte dokumentiert, spätestens aber mit den Reden Ciceros (McGuire 1985). Die Bedeutung dieses Themas ist aber nur in vier (bzw. fünf) Jahrhunderten der Menschheitsgeschichte für Ökonomie und Politik wirklich zentral gewesen:

- in der hellinistischen Zeit zwischen 427 und 438 v. Chr.;
- im Römischen Reich im ersten Jahrhundert v. Chr. bis zum Tode Ciceros im Jahre 43 n. Chr.;
- im Zeitalter des Humanismus und der Renaissance zwischen 1470 und 1572, also bis zur Bartholomäus-Nacht;
- im 20. und 21. Jahrhundert, im Zeitalter der Massenkommunikation.

Persuasion lässt sich in unserer Gesellschaft als ein Mittel der sozialen Kontrolle auffassen, das sowohl Unterdrückung als auch Innovation bewirken kann (sowie viele andere irrelevante Effekte). Insofern ist es vergleichbar mit einem Werkzeug, das positive oder negative Effekte bewirken kann. Was daraus gemacht wird, hängt von der Ethik der Anwendung ab. Das Thema der Persuasion tritt in der neueren Sozialpsychologie in verschiedenen Konstellationen auf (McGuire 1985):

- als Suggestion, die z.B. Schlaflosigkeit verkürzt (Bootzin u.a. 1976). Personen, die Probleme mit dem Einschlafen hatten, erhielten eine Placebo-Tablette, von der sie glaubten, dass sie das Einschlafen beschleunigte. Als Folge dieser Persuasion schliefen sie schneller ein. Hingegen zeigten Studierende, die glaubten, dass die Tablette das Einschlafen erschwere, einen gegenteiligen Trend;
- als Konformität (s. Kapitel »Gruppenprozesse«);
- als Folge von Gruppendiskussionen, in denen eine Einstellungsveränderung in Richtung größerer Extremität beobachtet wurde. Dieses Phänomen der *Gruppenpolarisation* besteht darin, dass vorhandene Neigungen auf Grund von Gruppendiskussionen, die zum Konsensus führen, verstärkt werden (Moscovici/Zavalloni 1969). Wenn die vorherrschende Meinung in Richtung Risiko geht, verstärkt die Gruppendiskussion diese Risiko-

neigung. Wenn umgekehrt die vorherrschende Meinung durch Vorsicht geprägt ist, wird auch diese Tendenz durch die Gruppendiskussion intensiviert. Gruppenpolarisation bedeutet z.b. auch, dass vorurteilsvolle Personen, die in Gruppen diskutieren, in denen alle das gleiche Vorurteil vertreten, nach der Diskussion vorurteilsvoller sind als vorher, während niedrig vorurteilsvolle Personen, die in Gruppen von wenig vorurteilsvollen Personen diskutieren, im Anschluss noch weniger vorurteilsvoll antworten (Myers/Bishop 1970);

- in den Massenmedien, in denen zahlreiche Persuasionen transportiert werden, die auf Einstellungsänderung der Zuschauer abzielen. Häufig tritt ein zweistufiger Fluss der Kommunikation auf: Massenmedien beeinflussen Meinungsführer, die ihrerseits die »breite Masse« beeinflussen (Katz 1957);

- als Indoktrination, wie sie in totalitären Staaten verwandt wird und wie sie etwa am Beispiel von US-Kriegsgefangenen in China für die größere Öffentlichkeit bekannt geworden ist (Schein 1956). Versuche der Gehirnwäsche sind im Allgemeinen in Übereinstimmung mit sozialpsychologischen Gesetzmäßigkeiten aufgebaut. So wurde das »foot-in-the-door«-Prinzip (s. Kapitel »Gruppenprozesse«) in ostasiatischen Umerziehungsprogrammen genauso verwendet wie das Prinzip der Dissonanztheorie, über einstellungsdiskrepantes Verhalten Einstellungen zu ändern (s. unten). Diese Anwendungen sind Beispiele für den verantwortungslosen Missbrauch von psychologischen Kenntnissen.

Diese Formen der Persuasion stellen komplexe Situationen dar, die in der Einstellungsforschung in ihren Einzelkomponenten untersucht worden sind. Die Frage lautet in diesem Zusammenhang: »Wer sagt was über welches Medium und bezogen auf welche Verhaltensweise zu wem?« Damit sind fünf Komponenten der Kommunikation angesprochen, die als eine Sequenz aufgefasst werden können und als Input-Merkmale der Persuasion bezeichnet werden. Sie stellen das Material dar, aus dem Kommunikationsexperten, wie sie heute allen großen Parteien und vielen Organisationen zur Verfügung stehen, ihre Persuasion zusammenstellen (McGuire

1985). In diesem Kapitel gehen wir aus angewandter Perspektive hauptsächlich auf Merkmale der Quelle und der Botschaft ein. Kanalmerkmale beziehen sich z.b. auf den Vergleich von Face-to-face-Kommunikation mit Kommunikation in Videokonferenzen. Was die angezielten Verhaltensweisen angeht, kann z.b. zwischen Kurzzeit- und Langzeiteffekten unterschieden werden. Schließlich sind Beispiele für relevante Merkmale der Zielpersonen Alter, Geschlecht und Intelligenz.

Den Input-Faktoren stehen die Output-Merkmale gegenüber, die sich schrittweise anordnen lassen (s. oben). Diese Schritte orientieren sich im Wesentlichen an der Logik der Informationsverarbeitung, die mit der Wahrnehmung des Stimulus beginnt und die weiteren Elemente des Verstehens, der Akzeptanz, der Abspeicherung im Gedächtnis und des Abrufs aus dem Gedächtnis zur Handlungsvorbereitung beinhaltet. Aus diesem allgemeinen Schema lässt sich eine Reihe von Schlussfolgerungen ableiten (McGuire 1985). Die vielleicht wichtigste Erkenntnis besteht darin, dass eine Persuasion im Allgemeinen bei den angesprochenen Personen nicht viel verändern wird. Das hängt damit zusammen, dass eine erfolgreiche Einstellungsänderung voraussetzt, dass eine Vielzahl von Schritten mit hoher Wahrscheinlichkeit positiv abgeschlossen wird. Wenn an irgendeinem Punkt der Kommunikationsverarbeitung eine Unterbrechung eintritt, ist die Persuasion gescheitert.

Zum Zweiten ergibt sich die Schlussfolgerung, dass es problematisch ist, von Output-Schritten am Anfang der Sequenz auf das Verhalten bzw. auf Verhaltensänderungen zu schließen (Bator/ Cialdini 2000). Ein Beispiel dafür ist die Annahme, dass das Mögen oder das Interesse an der Kommunikation eine Verhaltensänderung impliziert. Das Mögen steht ganz am Anfang der Sequenz vor einer Vielzahl anderer Schritte, die schließlich in eine Handlungsänderung münden können. Nur wenn diese weiteren Schritte erfolgreich durchlaufen werden (wenn z.B. die Einstellungsänderung im Gedächtnis abgespeichert wird), kommt es zu einer Veränderung des Verhaltens.

Auch wenn in der aktuellen Situation eine Einstellungsänderung eingetreten ist, bedeutet das noch lange nicht, dass eine Verhaltensänderung impliziert ist. Denn dafür ist nicht nur eine Speicherung im Gedächtnis, sondern auch ein erfolgreicher Abruf des gespeicherten Materials und seine Einbeziehung in den Entscheidungsprozess erforderlich. Diese Hinweise lassen erkennen, dass zwischen Einstellungsänderungen und Verhaltensänderungen keine 1:1-Beziehung besteht. Vielmehr ist mit größeren Abweichungen zwischen Einstellungen und Verhalten zu rechnen, wie sie auch häufig in der Literatur berichtet wurden (Wicker 1969; Lord/ Lepper 1999).

Das Thema der Persuasion wird zusätzlich dadurch kompliziert, dass auch rückwirkende Effekte auftreten können. Das ist z.B. dann der Fall, wenn ein bestimmtes Verhalten zu einer Meinungsänderung führt (entsprechend den Voraussagen der Dissonanztheorie, s. unten). Solche Feedback-Effekte verdeutlichen, dass der Prozess der Persuasion an verschiedenen Punkten in der Sequenz einsetzen kann, von denen Verhaltensänderung eine wichtige Möglichkeit darstellt (im Widerspruch zu der Redewendung »Das Pferd am Schwanz aufzäumen«). Solche Effekte lassen sich auf Konsistenzstreben zurückführen (Bator/Cialdini 2000). Menschen streben danach, eine einheitliche Darstellung in der Öffentlichkeit vorzuführen. Darüber hinaus sind sie auch daran interessiert, mit sich selbst »im Reinen zu sein« und Widersprüche zu vermeiden. Dieser Druck auf Grund einer Festlegung, sich in Zukunft entsprechend zu verhalten, verweist auf die große Bedeutung konkreten Verhaltens in der Öffentlichkeit, das die Person bindet und die Wahrscheinlichkeit erhöht, dass sie sich in der Zukunft in ihrem Denken und Handeln an ihrem eigenen früheren Verhalten orientieren wird.

Zwei Wege der Einstellungsänderung: Zentral und peripher

Eine Einstellungsänderung hängt sowohl von dem Inhalt der Persuasion als auch von den Hinweisreizen ab, die mir ihr verbunden sind. Im inhaltlichen Bereich ist die Frage, ob die Argumente stark oder schwach sind, von besonderer Bedeutung. Damit ist die zentrale Beeinflussung gekennzeichnet (Petty/Cacioppo 1986). Damit Argumente wirken können, bedarf es einer kognitiven Anstrengung zu ihrem Verständnis und ihrer Bewertung. Diese wird als Elaboration bezeichnet (vgl. Kapitel »Stimmung, Bewertung und Eindrucksbildung«). Im Allgemeinen wird mehr Elaboration gezeigt, wenn die Person mit einem für sie relevanten Thema konfrontiert wird. Dann ist sie dazu motiviert, sich mit dem Einstellungsthema intensiv auseinander zu setzen und darüber nachzudenken. Als Folge davon sollte die Persuasion erfolgreicher sein, die auf starken Argumenten im Vergleich zu schwachen Argumenten aufbaut.

Der zweite Weg der Beeinflussung ist peripher und basiert auf Hinweisreizen (Petty/Cacioppo 1986). Ein wichtiger Hinweisreiz, der eine Kommunikation begleitet, ist ihre Quelle. Welche Merkmale des Kommunikators tragen zu seinem Erfolg bei? Die Beantwortung dieser Frage verweist auf die Bedeutung der *Glaubwürdigkeit* (Aronson u.a. 1963). Glaubwürdigkeit ist unter den sozialen Fertigkeiten von zentraler Bedeutung, weil sie die persönliche Integrität betrifft. Auch im beruflichen Bereich ist Glaubwürdigkeit unersetzlich. Sie ist ein direkter Prädiktor für Berufserfolg (Schmidt/Hunter 1998).

Glaubwürdigkeit ist auf *Expertentum* und *Vertrauenswürdigkeit* aufgebaut. Expertentum kann dazu beitragen, dass eine Botschaft eher akzeptiert wird. Das ist aber vor allem dann der Fall, wenn eine geringe Anstrengung der Zielperson vorliegt, wenn ihr also das Thema weniger bedeutsam ist. Dann ist Expertentum ein Hinweisreiz darauf, dass die Schlussfolgerung der Botschaft zutreffend ist. Die Person denkt nicht weiter über die einzelnen Argumente nach, sondern nutzt diesen Hinweisreiz, um ihre Stellungnahme zu dem Thema zu bestimmen. Wenn hingegen die Botschaft ein Thema betrifft, das für die Beurteiler wichtig ist, erweist sich die Qualität der Argumente als der entscheidende Faktor (Chaiken/Maheswaran 1994).

Die Vertrauenswürdigkeit lässt sich aus den Motiven, die dem Kommunikator zugeschrieben werden, ableiten. Vertritt er oder sie die Argumente, weil ein persönliches Interesse besteht (etwa auf Grund einer Bezahlung) oder weil persönliche Überzeugungen und Werte zum Ausdruck gebracht werden? Die Schlussfolgerung auf persönliche Werte als Grundlage der Botschaft wird besonders dann nahe gelegt, wenn ein Kommunikator gegen sein persönliches Interesse argumentiert. Hingegen wird einem voreingenommenen

Kommunikator eher Unehrlichkeit attestiert und eine manipulative Absicht unterstellt (Eagly u.a. 1978).

Wir hatten schon gesehen, dass in der Botschaft unterschiedlich überzeugende Argumente verwendet werden können. Die nahe liegende Frage besteht darin, wie man feststellen kann, ob ein Argument überzeugend ist. Wenn es z.B. um die Einführung von Studiengebühren geht, können verschiedene Argumente genannt werden, die dafür oder dagegen sprechen. Eine Möglichkeit besteht darin, dass Beurteiler einschätzen, wie überzeugend einzelne Argumente erscheinen. Eine Vorhersage des »Elaboration Likelihood«-Modells (ELM) von Petty/Cacioppo (1986) besteht darin, dass die Unterschiede in der *Qualität der Argumente* vor allem dann ins Gewicht fallen, wenn die Zielpersonen ihre Meinung sorgfältig abwägen. Hingegen sollte die Qualität der Argumente kaum einen Unterschied machen, wenn die Zuhörer durch andere Aufgaben kognitiv beschäftigt sind, sodass sie nur wenig kognitive Kapazität für die Bewertung der Argumente zur Verfügung haben.

Merkmale erfolgreicher Persuasionen: Schlussfolgerungen ziehen, Gegenargumente einbeziehen, Reihenfolge der Argumente beachten

Aus vielen Anwendungsbereichen ist bekannt, dass Persuasionen zwar kurzfristig wirksam sind, aber langfristig ohne Bedeutung bleiben (Bator/Cialdini 2000; Leventhal/Hirschman 1982). Das hängt damit zusammen, dass die Menschen im Alltag mit Kommunikationen überflutet werden. Außerdem erfolgt die Persuasion nicht zu dem Zeitpunkt, zu dem das angezielte Verhalten erwünscht ist, sodass Gedächtnisprozesse wichtig werden. Daher ergibt sich die Folgerung, dass bei Themen, die für die öffentliche Diskussion von Bedeutung sind, einmalige Kommunikationen meist nicht viel bewirken. Vielmehr sind umfangreiche und auf der Grundlage der Theorie der Persuasion sorgfältig geplante Kommunikationskampagnen erforderlich, um eine langfristige Verhaltensänderung zu erzielen. Das gilt im Bereich von Antiraucher-Kampagnen genauso wie in anderen Feldern der öffentlichen Persuasion (z.B. auf umweltschonendes Verhalten gerichtete Werbespots).

Ein wichtiges Thema, das mit der Botschaft selbst zusammenhängt, bezieht sich auf die Frage, ob eine explizite Schlussfolgerung gezogen werden soll oder nicht. Soll eine Kampagne gegen das Rauchen die explizite Feststellung enthalten, das Rauchen einzustellen oder noch besser gar nicht erst damit zu beginnen, oder kann diese Schlussfolgerung den Zuhörern überlassen werden? Die vorliegenden Untersuchungen zeigen, dass im Allgemeinen Schlussfolgerungen zu bevorzugen sind (McGuire 1985). Das mag daran liegen, dass viele Zielpersonen von Massenkommunikationen nicht die Zeit aufbringen, um die verwendeten Argumente zu durchdenken und Schlussfolgerungen daraus zu ziehen. Es kann auch sein, dass eine Botschaft, die keine Schlussfolgerung enthält, als schwach aufgefasst wird. Schließlich ist zu bedenken, dass Schlussfolgerungen eine klare und eindeutige Botschaft, was man tun sollte, ermöglichen. Solche eindeutigen Handlungshinweise tragen zum Erfolg einer Persuasion bei (Bator/Cialdini 2000).

Eine weiter gehende Frage lautet, ob in der Botschaft mögliche Gegenargumente genannt und entkräftet werden sollten. Häufig ist es besser, mögliche Gegenargumente zu berücksichtigen, weil sie sowieso schon in der öffentlichen Diskussion bekannt sind. Daher muss davon ausgegangen werden, dass die Zielpersonen sie spontan einbeziehen werden, sodass der Effekt der Botschaft eingeschränkt wird. Ein Vorteil der Einbeziehung von widersprüchlichen Argumenten und ihrer Widerlegung besteht auch darin, dass die Zielperson gegen spätere Gegenattacken besser *immunisiert* wird. Sie weiß dann schon, was man gegen den vertretenen Standpunkt vorbringen könnte, denkt aber, dass die Gegenargumente nur wenig Überzeugungskraft besitzen.

Eines der am häufigsten diskutierten Merkmale einer Botschaft ist die Reihenfolge der Argumente. Ist es besser, die eigenen Argumente zuerst oder besser später zu bringen? Stellen wir uns das Beispiel eines Gerichtsprozesses vor, in dem die Plädoyers von Staatsanwalt und Verteidiger vor der Urteilsfindung gehalten werden. Wer hat den größeren Einfluss? Die Person, die zuerst spricht, oder die, die zuletzt spricht?

Hovland (1957) hat in einer umfassenden Betrachtung analysiert, wann die anfänglich genannte Information den stärkeren Einfluss ausübt (primacy-Effekt) und wann die später gegebene Information einflussreicher ist (recency-Effekt). Ein wichtiger Faktor ist die Kenntnis des Themas. Wenn eine Person geringe Vorkenntnisse mitbringt, wird sie im Allgemeinen einen primacy-Effekt zeigen. Hingegen werden Zielpersonen, die sich mit dem Thema auskennen, eher abwarten und ihr Urteil verschieben, bis die relevante Information vollständig repräsentiert worden ist. Daher sollten sie eher einem recency-Effekt unterliegen.

Ein weiterer Faktor, der einen primacy-Effekt hervorruft, besteht darin, dass die gegebenen Informationen eine Einheit bilden. Das ist etwa dann der Fall, wenn ein Persönlichkeitseindruck gebildet wird. Alle Eigenschaften, die genannt werden, beziehen sich auf eine konkrete Person, für die ein Eindruck gebildet werden muss. Unter diesen Umständen ist das Auftreten eines primacy-Effektes wahrscheinlich. Tatsächlich haben Untersuchungen gezeigt, dass die Eindrucksbildung durch primacy gekennzeichnet ist (Anderson 1965).

Ein weiterer Faktor, der primacy fördert, ist ein Abnehmen der Aufmerksamkeit im Verlauf von mehreren Kommunikationen. Während die Zielperson anfänglich noch aufmerksam zuhört, lässt die Aufmerksamkeit nach einer längeren Kommunikation deutlich nach. Ähnlich wie bei einer 2-stündigen Vorlesung, bei der Müdigkeit und Abgespanntheit der Studierenden am Ende häufiger zu beobachten ist als am Anfang, gilt auch für die Präsentation von Kommunikationen, dass sie Ermüdungseffekte auslösen kann. In solchen Fällen sind primacy-Effekte wahrscheinlich.

Eine andere Ursache der primacy-Effekte liegt darin, dass die zuerst gegebene Information einen kognitiven *Anker bildet,* an den später gegebene Information assimiliert wird. Die anfangs gegebene Information hat insofern einen Vorteil, als sie eine kognitive Struktur schafft, mit deren Hilfe die Zielperson den Sachverhalt zu verstehen versucht. Dadurch entsteht eine Einseitigkeit, die den Vorteil der Anfangsinformation repräsentiert. Ein Beispiel dafür sind Überschriften über Zeitungsartikeln, die eine bestimmte Richtung der Argumentation nahe legen. Auch wenn dann im Text Gegenargumente genannt werden, besteht die erhöhte Wahrscheinlichkeit, dass der anfängliche Eindruck beibehalten wird. In diesem Zusammenhang spricht man von Perseveranz-Effekten (vgl. Kapitel »Fehler und Fallen der sozialen Urteilsbildung«). Diese bedeuten, dass eine anfängliche Position nicht hinreichend stark auf Grund von später auftretenden widersprüchlichen Informationen korrigiert wird (vgl. Gilbert 1991). Die Anpassung an einen Anker wird noch dadurch verstärkt, dass häufig selektives Behalten auftritt. Die Überschrift über dem Zeitungsartikel trägt dazu bei, dass Informationen, die mit der Überschrift konsistent sind, besser behalten werden, als solche, die der Überschrift widersprechen. Durch die Überschrift wird eine Erwartung erzeugt, die die Behaltensleistung selektiv beeinflusst (Zadney/Gerard 1974).

Recency wird auf Grund von Vergessenseffekten vor allem dann erwartet, wenn der zeitliche Abstand zwischen den beiden widersprüchlichen Kommunikationen relativ groß ist. Solange beide Kommunikationen unmittelbar aufeinander folgen, können sich Effekte des Vergessens nur unwesentlich auswirken. Die Vergessenskurve bewirkt aber z.B. dann, wenn zwei Kommunikationen im Abstand von einer Woche dargeboten werden, dass die erste Information teilweise vergessen wurde, bevor die zweite Kommunikation stattfindet. Wenn dann unmittelbar im Anschluss die Einstellung erfasst wird, wird in der Regel ein recency-Effekt auftreten (Miller/Campbell 1959).

Merkmale erfolgreicher Persuasionen: Modelle der Furcht erregenden Kommunikation

In der Praxis von Beeinflussungsprofis wird schon lange mit Furcht erregender Kommunikation gearbeitet. Das gilt z.B. in der Werbung für gesundheitsförderliches Verhalten. Weder die Antiraucher-Kampagne noch die Kampagnen zur Vorsorge gegen Aids kommen ohne Furcht erregende Kommunikation aus. Diese weite Verbreitung von Furcht erregenden Kommunikationen spricht dafür, dass sie tatsächlich eine positive Wirkung haben, auch wenn eine frühe Untersuchung von Janis/Feshbach (1953) keine entsprechenden Hinweise erbrachte. Weitere Untersuchungen haben aber gezeigt, dass Furcht erregende Kommunikationen erfolgreich eingesetzt werden können. Eine Voraussetzung besteht darin, dass eindeutige Handlungsanweisungen in der Botschaft enthalten sind, die die Zielpersonen darüber informieren, wie sie die beschriebene Gefahr vermeiden können (Leventhal 1970). Das bedeutet z.B. für die Kampagnen gegen die Verbreitung von Aids, dass nicht nur die Gefahr einer Infektion dargestellt wird, sondern möglichst auch im Detail beschrieben wird, wie die Anwendung von Kondomen auch gegen den Widerstand eines Partners erfolgen kann und was das beste Timing für die Kondomanwendung ist. Nur durch die Kommunikation über Details der Praxis lässt sich sicherstellen, dass eine Furcht erregende Kommunikation nicht einfach dazu führt, dass das bedrohliche Thema gedanklich vermieden wird.

Der Gesichtspunkt der konkreten Handlungsanweisung ist generell in Persuasionen von Bedeutung. Die Botschaft sollte, damit sie erfolgreich ist, Hinweise darauf enthalten, welche konkreten Handlungen die Zielperson durchführen kann, damit gewünschte Effekte (z.B. niedriger Energieverbrauch) erzielt werden können (Bator/Cialdini 2000). Im Beispiel des Energieverbrauchs zählt dazu, dass die Haushaltsgeräte genannt werden, die besonders viel Energie verschlingen, und Hinweise gegeben werden, wie Energieverschwendung vermieden werden kann.

Die Auswirkungen von bedrohlichen Mitteilungen auf den Empfänger können unterschiedlich sein. Zum einen kann der Empfänger motiviert werden, die Bedrohung zu vermeiden, indem er oder sie Gegenmaßnahmen ergreift. Zum anderen besteht auch die Möglichkeit, dass die Bedrohung für den Empfänger der Nachricht sehr bedrückend ist, sodass er oder sie den Inhalt verdrängt. Der zuletzt genannte Effekt sollte am ehesten auftreten, wenn die Bedrohung sehr groß ist, sodass sie eine schwere Belastung darstellt. Aus dieser Überlegung heraus wurde von Janis (1967) ein kurvilinearer Zusammenhang zwischen dem Ausmaß der Furchterregung und der Einstellungsänderung postuliert. Er ging davon aus, dass eine mittlere Furchterregung erforderlich ist, um eine Einstellungsänderung zu erzielen. Wenn die Furchterregung größer ist, sollte abwehrende Vermeidung auftreten, die eine Anpassung an die Bedrohung verhindert. Im Endergebnis ergibt sich eine umgekehrt U-förmige Beziehung zwischen Stärke der Fruchterzeugung und der Einstellungsänderung.

Eine Weiterentwicklung, die als *Parallelprozessmodell* bezeichnet wird, wurde von Leventhal (1970) vorgelegt. Diese Theorie beruht auf der Unterscheidung von Bedrohung und Furcht. Furcht wird als eine negativ aufgeladene Emotion bezeichnet, die von einer Bedrohung ausgelöst wird, die für die Person persönlich relevant ist. Bedrohung ist demgegenüber ein Umweltereignis, dem die Person ausgesetzt ist, und zwar unabhängig davon, ob sie sich dessen bewusst ist. Die bewusste Wahrnehmung der Bedrohung wird als wahrgenommene Bedrohung bezeichnet. Leventhal nimmt nun an, dass eine Furcht erregende Kommunikation, die die Aufmerksamkeit auf die Bedrohung richtet, zu angemessenen Verhaltensreaktionen führen wird, während eine Furcht erregende Kommunikation, die die Aufmerksamkeit auf die Furcht richtet, keine entsprechenden Effekte auslösen wird. Im ersten Fall wird von *danger control processes* gesprochen, im zweiten Fall von *fear control processes*. Danger control processes beinhalten Gedanken darüber, wie die Bedrohung bekämpft werden kann. Hingegen beziehen sich fear control processes darauf, wie die Person ihre Furcht überwinden kann.

Witte (1992) erweiterte dieses Modell (»extended parallel process model«, EPPM), um die gegebenen Untersuchungsergebnisse besser erklären zu können. In seinem Modell wird in Übereinstimmung mit früheren Arbeiten von Leventhal/Hirschman (1982) davon ausgegangen, dass die Reaktion auf die Furcht erregende Kommunikation wesentlich davon abhängig ist, ob die Person Strategien zur Verfügung hat, mit deren Hilfe sie die Bedrohung tatsächlich neutralisieren kann. Damit ist die Frage angesprochen, inwieweit in der Furcht erregenden Kommunikation Mittel genannt werden, mit deren Hilfe die Bedrohung abgewendet werden kann. Wenn solche Mittel nicht benannt werden oder von dem Empfänger nicht wahrgenommen werden, besteht die Gefahr, dass er oder sie sich in Vermeidung oder Verleugnung flüchtet.

Im Einzelnen wird angenommen, dass eine Furcht erregende Kommunikation zwei Bewertungsprozesse auslöst. Der erste Prozess bezieht sich auf die wahrgenommene Bedrohung. Eine mittlere oder hohe wahrgenommene Bedrohung löst Furcht aus. In der zweiten Bewertung geht es darum, was die passende Reaktion auf diese Furchterregung darstellt. Solche Gedanken treten aber nur auf, wenn die Bedrohung als mittel oder groß wahrgenommen wird. Entscheidend ist nun die Annahme, dass eine hohe Bedrohung, die von der Wahrnehmung begleitet wird, dass es effektive Gegenmaßnahmen gibt, zu danger control processes führt, die das Problem bewältigen können. In diesem Zusammenhang wird von Schutzmotivation gesprochen (Rogers 1983). Wenn stattdessen die Bewältigungsmöglichkeiten für die Bedrohung als ungünstig eingeschätzt werden, dominiert die Furcht, und es resultiert eine Verdrängungssituation, die zu unangemessenen Reaktionen führt. Im Mittelpunkt stehen dann fear control processes. Damit resultiert ein Bumerangeffekt. Schließlich wird für den Fall, dass die wahrgenommene Bedrohung groß ist und die Bewältigungsmöglichkeiten als mittelgroß eingeschätzt werden, die schon erwähnte umgekehrt U-förmige Beziehung zwischen Furchterregung und Einstellungsänderung erwartet.

Fassen wir die Erkenntnisse zusammen, die in dem EPPM enthalten sind. Furcht erregende Kommunikation wirkt sich unterschiedlich aus, wobei sich drei Fälle unterscheiden lassen:

- Bei großer wahrgenommener Bedrohung und guten Bewältigungsmöglichkeiten wird die Botschaft akzeptiert und Maßnahmen zur Reduktion der Bedrohung werden eingeleitet (positiver Verlauf).
- Bei großer Bedrohung und fehlender Bewältigungsmöglichkeit werden Vermeidungsstrategien aktiviert, die dazu führen, dass die Bedrohung ausgeblendet und evtl. sogar das unerwünschte Verhalten intensiviert wird (Bumerangeffekt).
- Bei großer Bedrohung und mittlerer Bewältigungsmöglichkeit tritt der Fall ein, dass bis zu einer mittleren Furchterregung günstige Effekte auftreten, da sich die Person zutraut, die Bedrohung zu bewältigen, während bei größerer Furcht das Bewältigungspotenzial als zu gering erscheint, sodass sich die Person in Abwehrprozesse flüchtet (gemischter Verlauf).

Dissonanztheorie: Die Auflösung von Inkonsistenz

Furcht ist ein Motiv, das jeder kennt. Eines der weniger offensichtlichen Bedürfnisse der Menschen kommt in ihrem Konsistenzstreben zum Ausdruck (vgl. Kapitel »Gruppenprozesse«). Wer heute für die Freigabe der Abtreibung argumentiert hat, möchte morgen nicht dabei erwischt werden, dass er gegen die Abtreibung spricht. Wer seine Gespräche in der Cafeteria regelmäßig um das Thema des Umweltschutzes kreisen lässt und sich als besorgter Bürger darstellt, dem das Schicksal der nächsten Generation wichtig ist, möchte nicht damit konfrontiert werden, letztes Jahr im Urlaub nach Australien geflogen zu sein.

Das Streben nach Konsistenz ist zwar eher subtil vorhanden, aber trotzdem in vielen Zusammenhängen von Bedeutung. Im Jahre 1968 erschien ein bekanntes Buch mit dem Titel »Theories of cognitive consistency« (Abelson u.a. 1968). Darin wird u.a. die Rolle des Konsistenzstrebens für Motivation und das Selbstschema behandelt:

- Zimbardo (1968) zeigte, dass Schmerzerfahrungen, denen man sich freiwillig mit minimaler Rechtfertigung ausgesetzt hat, als weniger aversiv empfunden werden als Schmerzerfahrungen, denen man sich unfreiwillig unterzieht (vgl. Zimbardo 1969).
- Rosenberg (1968) wies darauf hin, dass Menschen frühzeitig eine Intoleranz gegen Inkonsistenz erwerben, weil Inkonsistenz sie in ihren Handlungsplänen ambivalent werden lässt. Eine Person, die sich z.B. gleichzeitig für kühn und ängstlich hält, hat Probleme, wenn sie sich entscheiden soll, ob sie an einem Abenteuerurlaub in Nepal teilnehmen soll. Hingegen wird eine Person, die in diesem Punkt kein ambivalentes Selbstschema aufweist, sich schnell entscheiden können.

Die bekannteste der Konsistenztheorien ist die Dissonanztheorie (Festinger 1957). Sie befasst sich weniger mit den Auswirkungen von Konsistenz als mit den Auswirkungen von Inkonsistenz. Es wird angenommen, dass aus inkonsistenten Kognitionen unangenehme Spannungsgefühle entstehen, die verschiedene Techniken der Dissonanzreduktion auslösen. Zwei Beispiele können das veranschaulichen:

- Die freie Entscheidung, an einem schmerzhaften Elektroschockexperiment teilzunehmen, die nicht einmal durch einen größeren Geldbetrag gerechtfertigt wird, steht im Gegensatz zu dem Ziel, Schmerz zu vermeiden. Dieser Widerspruch wirkt irritierend und löst ein Streben aus, ihn aufzulösen. Eine Möglichkeit besteht darin, die Schmerzen als wenig aversiv einzustufen, sodass die Entscheidung, an dem Experiment teilzunehmen, Plausibilität gewinnt (nach dem Motto: So schlimm war es gar nicht!).
- Ein widersprüchliches Selbstschema, das aus einigen Elementen besteht, die das Selbst als kühn beschreiben, und anderen, die es als ängstlich beschreiben, wirkt verunsichernd. Die Person fragt sich, wer bin ich wirklich? Sie will die Spannung beseitigen, indem sie die Unklarheit durch eine klare Antwort ersetzt. Eine Möglichkeit besteht darin, dass sie sich für eine Seite des Selbstschemas entscheidet, indem sie die andere Seite »verdrängt«.

Verschiedene Möglichkeiten stehen bereit, um den unangenehmen Zustand der Dissonanz zu beenden:

- Eine Änderung der Verhaltenswahrnehmung wurde schon an dem Beispiel des Elektroschockexperiments von Zimbardo (1968) illustriert. Indem die Person ihre Erfahrungen neu interpretiert, kann sie Dissonanz verringern.
- Eine andere Möglichkeit besteht darin, dass die Person dissonante Kognitionen eliminiert. Sie kann z.B. möglichst schnell »vergessen«, dass eine Dissonanz aufgetreten ist. Motiviertes Vergessen kann im Rückblick eine größere Konsistenz herstellen, als sie ursprünglich bestanden hat.
- Eine Einstellungsänderung liegt besonders nahe, da Einstellungen häufig weniger resistent gegen Änderungen sind als andere kognitive Elemente, die an der Dissonanzerfahrung beteiligt sind. Eine Grundregel besagt, dass am ehesten das kognitive Element verändert wird, das die geringste Änderungsresistenz auf-

weist. Viele Experimente zeigen, dass eine Person, die ein einstellungsdiskrepantes Verhalten zeigt (z.B. für die Einführung von Studiengebühren plädiert, obwohl sie dagegen ist), dazu tendiert, ihre Einstellung in Richtung auf das gezeigte Verhalten zu verschieben.

- Eine weitere Möglichkeit besteht darin, dass die Person die Dissonanz dadurch verringert, dass sie konsonante Kognitionen hinzufügt, die das gezeigte Verhalten rechtfertigen. Da Verhalten im Allgemeinen durch viele Ursachen bestimmt wird, kann die Person die wahrgenommenen Ursachen für ein einstellungsdiskrepantes Verhalten ergänzen. Zwar ist sie gegen Studiengebühren, aber für Langzeitstudierende hält sie sie für angemessen. So gesehen ist sie für Studiengebühren. Innere Harmonie im Angesicht von Widersprüchen hat manchmal viel mit kognitiver Gymnastik zu tun.

Das Auftreten von Dissonanz löst einen Rechtfertigungsdruck aus. Die Person scheint sich die Frage zu stellen: Wie ich mich verhalten habe, ist das zu rechtfertigen? Immer dann, wenn eine Rechtfertigung in Sicht ist, lehnt sich die Person bildlich gesprochen beruhigt in ihrem Sessel zurück und geht zur Tagesordnung über. Solche ausreichenden Rechtfertigungen weisen typische Muster auf:

- Rechtfertigung durch gute Bezahlung. Viele fragwürdige und moralisch anstößige Verhaltensweisen (wie Lügen) scheinen subjektiv dann gerechtfertigt zu sein, wenn die Bezahlung als großzügig angesehen wird (Festinger/Carlsmith 1959).
- Rechtfertigung durch massive Abschreckung. Die Unterlassung von lustvollen Tätigkeiten scheint damit gerechtfertigt zu werden, dass eine Kontrollinstanz eine bedrohliche Strafe für den Fall des Falles angekündigt hat (Aronson/Carlsmith 1963).
- Rechtfertigung durch innere Überzeugung.

Das Prinzip der Rechtfertigung zeigt sich auch im Fall der Entscheidung zwischen zwei nahezu gleich attraktiven Alternativen. Festinger (1964) hat dieser Thematik ein ganzes Buch gewidmet, in dem zahlreiche Experimente berichtet werden. Es geht um die Auswirkung von hypothetischen oder wirklichen Entscheidungen auf die Bewertung der Alternativen, die zur Wahl stehen. Ein Beispiel sind Rekruten, die sich bei Dienstbeginn für eine von zwei vorgegebenen Tätigkeiten entscheiden sollten. Die Ergebnisse zeigten, dass durch die Aufwertung der gewählten Alternative und die Abwertung der entgangenen Alternative eine Entscheidung im Nachhinein gerechtfertigt wurde (= spreading-apart-Effekt). Auf diese Weise wurde gleichzeitig sichergestellt, dass die Person handlungsfähig blieb und nicht auf längere Sicht hin- und herschwankte. Dieses Prinzip wurde in dem Rubikon-Modell der Handlungsphasen (Heckhausen 1989) aufgegriffen.

Die Bedeutung kognitiver Dissonanz lässt sich in vielen Bereichen nachweisen. Dazu zählt die Entwicklung des Gewissens, die Vorhersage der Einstellungsänderung, die Prognose des Therapieerfolgs und die Selektivität der Informationsaufnahme bzw. die Tendenz, bestätigende Informationen gegenüber widerlegenden zu bevorzugen (Frey 1981). Das weist darauf hin, dass das Auftreten von Dissonanz ein universelles Phänomen ist.

Gleichzeitig ist Dissonanz ein komplexes Phänomen, das von einer Kombination mehrerer Faktoren abhängig ist (Brehm u.a. 1999). Dazu zählt das Auftreten unerwünschter negativer Konsequenzen, die auf die Handlung zurückgehen, für die sich die Person persönlich Verantwortung zuschreibt. Die Zuschreibung persönlicher Verantwortung wird gefördert, wenn die Konsequenzen vorhersehbar waren und wenn die Handlung freiwillig ausgeführt wurde. Weiterhin kann durch eine solche Handlung physiologische Erregung ausgelöst werden, die als unangenehm erlebt wird.

Alle theoretischen Ansätze, die in diesem Kapitel genannt wurden, liefern wichtige Hinweise darauf, wie öffentliche Kommunikationen zur Steigerung gesellschaftlich verantwortlichen Verhaltens aufgebaut werden können (vgl. Bator/Cialdini 2000). Aus der Dissonanztheorie kann die Bedeutung des Konsistenzstrebens abgeleitet werden, das aktiviert werden kann, um sozial verantwortliches Verhalten zu ermutigen. Andere Hinweise ergeben sich aus dem »Elaboration Likelihood«-Modell (ELM, s. oben), in dem zwischen peripheren und zentralen Wegen der Einstellungsänderung unterschieden wird. Viele Anliegen öffentlicher Kommunikationen rufen wahrscheinlich ein Nachdenken der Zielpersonen hervor, sodass peripheren Hinweisreizen eher eine nachgeordnete Bedeutung zukommt und der Schwerpunkt auf dem zentralen Wege der Einstellungsänderung liegt.

Um herauszufinden, welche Argumente die erwünschten Verhaltensänderungen nach sich ziehen und wer sie vorbringen sollte, sind sorgfältige Studien erforderlich, die sich mit den bestehenden Einstellungen und Gewohnheiten der Zielgruppe der Kommunikation befassen. In diesem Zusammenhang ist das Informations-Modell der Einstellungsänderung von McGuire (1985; s. oben) bei der Prüfung der Frage, wie die Kommunikation geplant werden sollte und welche Effekte zu erwarten sind, von großem Nutzen.

Stimmung, Bewertung und Eindrucksbildung

Wer hat sich nicht schon einmal durch seine Gefühle dazu hinreißen lassen, Dinge zu tun, die er oder sie später bereut hat? Stimmungen und Gefühle können das Handeln bestimmen, auch wenn sie von Situation zu Situation schwanken. Unter Stimmungen werden Gefühlszustände verstanden, die sich rasch verändern. Sie sind weniger durch die Persönlichkeit bestimmt, als vielmehr durch die Auslösung von besonderen Erlebnissen.

Schon die Selbstbeobachtung verweist auf verschiedene Stimmungseinflüsse: Wer gut gelaunt ist, blickt optimistisch in die Zukunft. Alles scheint erreichbar; es lohnt sich, daran weiterzuarbeiten. Wer eher depressiv gestimmt ist, sieht die Zukunftsaussichten eher pessimistisch. Risiken erscheinen als bedrückend und Auswege sind scheinbar nur schwer zu finden.

Der Stil der Informationsverarbeitung lässt sich bei guter Stimmung als heuristisch und manchmal auch bequem kennzeichnen: Der gut gelaunte Mensch denkt kreativ (Hirt u.a. 1996) und in umfassenden Kategorien (Isen/Daubman 1984), verlässt sich auf einfache Urteilsregeln, auch wenn sie irreführend sind (Forgas 1998), und urteilt flexibel, wie es gerade zu passen scheint (Murray u.a. 1990). Eine traurige Person neigt demgegenüber dazu, Probleme und Schwierigkeiten abzuwägen. Sie ist weniger kreativ, dafür aber systematischer in ihrem Denken.

Stimmungen kann man aktiv beeinflussen. Das ist z.B. ein Ziel, das in Therapien bei Depressionen verfolgt wird. Aber auch der Alltagsmensch verfügt über die Möglichkeit, seine Stimmung gezielt zu verändern. Das ist besonders dann wichtig, wenn eine schlechte Stimmung überwiegt, die als bedrückend und unangenehm wahrgenommen wird. In einer solchen Situation, etwa nach einem Misserfolg in einer Prüfung, kann die gute Stimmung wiederhergestellt werden, indem inkongruente Gedanken aktiviert werden. Das gelingt z.b. dadurch, dass man sich einen Unterhaltungsfilm ansieht. Erwiesenermaßen führen lustige Filme dazu, dass die Stimmung verbessert wird, während traurige Filme die Stimmung drücken (Forgas/Moylan 1987).

Damit ist schon auf ein Verfahren hingewiesen worden, durch das sich Stimmungen induzieren lassen. Stimmungen sind in Untersuchungen leicht beeinflussbar. So besteht die Möglichkeit, durch Unterhaltungsmusik eine positive Stimmung auszulösen und durch traurige Musik eine depressive Stimmung hervorzurufen. Eine andere Möglichkeit besteht darin, dass Personen unterhaltsame und traurige Geschichten lesen. Schließlich können auch Adjektivlisten verwendet werden: Adjektive wie »optimistisch« und »glücklich« tragen zu einer positiven Stimmung bei, während Adjektive wie »pessimistisch« und »traurig« eine negative Stimmung aufbauen.

Stimmungskongruenzeffekt

Stimmungen wirken sich auf die Selbst- und Fremdeinschätzung aus. Besondere Beachtung hat der *Stimmungskongruenzeffekt* gefunden. Darunter versteht man, dass durch die Stimmung kognitive Inhalte aktiviert werden, die mit ihr in Übereinstimmung stehen. Das bedeutet, dass bei positiver Stimmung solche Inhalte aktiviert werden, die ebenfalls ein positives Vorzeichen aufweisen. Umgekehrt werden bei negativer Stimmung Erinnerungen wachgerufen, die ein negatives Vorzeichen haben. Ein Beispiel für Stimmungskongruenz besteht darin, dass gute Stimmung eine positive Selbsteinschätzung hervorruft, während schlechte Stimmung zu einer ungünstigen Selbsteinschätzung führt (Forgas u.a. 1984). Dieser Effekt wurde mehrfach repliziert und zeigt sich auch darin, dass das Selbstwertgefühle günstiger bei positiver als bei negativer Stimmung eingeschätzt wird (S.R. Levine u.a. 1994).

Diese Resultate deuten zunächst einmal auf eine Kontextabhängigkeit der Selbsteinschätzung hin, die im Übrigen auch in abgeschwächter Weise für die Fremdeinschätzung festgestellt wurde

(Forgas u.a. 1984). Der Selbstwert ist über die Zeit weniger stabil, als vielfach erwartet wird, da er in erheblichem Umfang von der aktuellen Stimmung abhängig ist. Ähnliche Ergebnisse wurden auch für die Einschätzung der Lebenszufriedenheit berichtet (Schwarz/Clore 1983). So wurde festgestellt, dass nach der Beschreibung eines glücklichen Lebensereignisses die Lebenszufriedenheit günstiger beurteilt wurde als nach der Beschreibung eines traurigen Lebensereignisses. In einer weiteren Untersuchung wurde festgestellt, dass das allgemeine Wohlbefinden an sonnigen Tagen höher eingeschätzt wurde als an regnerischen Tagen. Schließlich ergab sich, dass die Voraktivierung eines Themas wie das der Ehezufriedenheit Auswirkungen auf die Einschätzung der generellen Lebenszufriedenheit hat (Schwarz u.a. 1991). Solche Reihenfolge-Effekte verweisen darauf, dass die subjektive Einschätzung des Wohlbefindens zumindest teilweise davon abhängig ist, wie die Frage verstanden wird und welche Gedankeninhalte der Person zum Zeitpunkt der Einschätzung zugänglich sind (Schwarz/Strack 1999). Diese Schlussfolgerung verweist schon auf den Prozess des Affekt-Primings, der als Nächstes besprochen wird.

Affekt-Priming

Stimmungskongruenzeffekte können durch eine Voraktivierung entsprechender Gedächtnisinhalte hervorgerufen werden. Das ist jedenfalls die Annahme, die dem Modell des *Affekt-Primings* zu Grunde liegt. Das Affekt-Priming ruft eine bestimmte Färbung des Denkens hervor, die mit der Stimmung übereinstimmt. Eine Folgerung besteht darin, dass die Auswirkungen der Stimmung auf das Denken umso größer sind, je länger die Färbung des Denkens durch die Stimmung aufrechterhalten wird. Das sollte dann der Fall sein, wenn eine Person systematisch über einen Sachverhalt nachdenkt, sorgfältig zwischen verschiedenen Alternativen abwägt und systematisch zu einer Entscheidung zu kommen versucht. Damit ergibt sich eine ironische Voraussage des Affekt-Priming-Modells: Wenn eine Person besonders rational und unvoreingenommen zu sein versucht, ist die Gefahr am größten, dass ihre Urteile durch

Stimmungsfaktoren verzerrt werden. Hingegen sollte die Verzerrung eher gering ausfallen, wenn das Urteil schnell und ohne langes Nachdenken zu Stande kommt (Forgas 1992).

Um diese Annahme zu überprüfen, ist es erforderlich, Urteilsprozesse in Gang zu setzen, die eine systematische Analyse des Sachverhalts beinhalten, und sie mit solchen Urteilsprozessen zu vergleichen, die in abgekürzter Form ablaufen (vgl. Kapitel »Fehler und Fallen der sozialen Urteilsbildung«). Eine Möglichkeit, um solche systematischen Urteilsprozesse hervorzurufen, besteht darin, dass eine Person beurteilt wird, die untypisch ist. Wenn jemand eine untypische Person beurteilen muss, werden Gedanken darüber ausgelöst, wie sich ihre Situation erklären lässt. Demgegenüber wird das Urteil über eine typische Person dadurch beschleunigt, dass die Person den Erwartungen entspricht und insofern keine Verwunderung hervorruft. Die Beurteilung eines Studierenden, der 50 Jahre alt ist, wird mehr Zeit in Anspruch nehmen als die Beurteilung eines Studierenden, der 25 Jahre alt ist. Daher sollte die Bewertung des älteren Studierenden stärker durch die aktuelle Stimmung des Beurteiler beeinflusst werden (z.B. positiver ausfallen, wenn die Stimmung gut ist), als wenn ein im Alter typischer Studierender beurteilt wird.

Ein anderes Beispiel ist die Beurteilung von Paaren. Wenn zwei Partner in ihrer physischen Attraktivität ähnlich sind, sollte die Beurteilung schneller erfolgen, als wenn die Übereinstimmung in der physischen Attraktivität gering ist, sodass eine schlechte Passung im Hinblick auf physische Attraktivität gegeben ist. Tatsächlich wurde gezeigt, dass bei guter Passung geringere Stimmungseffekte in der Beurteilung des Paares auftraten als bei schlechter Passung (Forgas 1993). Der Grund ist vermutlich darin zu suchen, dass Paare, die schlecht zusammenpassen, Gedanken darüber auslösen, wie die Partnerschaft zu deuten ist. Gerade diese Gedanken werden aber durch die Stimmung beeinflusst, sodass auch die Bewertung des Paares stimmungsabhängig wird.

Stimmungen können sich auch auf die Einschätzung der Partnerschaft auswirken (Forgas u.a. 1994). In einer Untersuchung wurde die Stimmungsmanipulation durch einen Filmbesuch hervorgerufen. Die Kinobesucher sahen entweder einen überwiegend traurigen oder überwiegend lustigen Film. In der Kontrollgruppe wurden die Besucher vor dem Kinobesuch interviewt, während die Personen in den Stimmungsbedingungen nach dem Kinobesuch befragt wurden. Die Beziehungsdauer der befragten Personen wurde für eine Klassifikation genutzt, die aus drei Gruppen bestand: Beziehungen bis zu zwei Jahren, Beziehungen zwischen zwei und vier Jahren und Beziehungen, die über vier Jahre dauern. In dem Interview wurde die Frage gestellt, wie die Befragten ihre gegenwärtige Beziehung einschätzten. Dazu wurden Vorgaben gemacht, wie angenehm – unangenehm, unterstützend – entmutigend, interessant – langweilig, belohnend – enttäuschend und lohnend – zwecklos sowie warm – kalt (vgl. Kapitel »Einstellungen als soziale Orientierungssysteme«).

Die Ergebnisse dieses Quasi-Experiments zeigten, dass diese Beziehungsbewertung wesentlich günstiger bei den Befragen ausfiel, die einen unterhaltsamen Film gesehen hatten. Hingegen war die Beziehungseinschätzung sehr ungünstig, wenn die Befragten aus einem traurigem Film herauskamen. Kinobesucher, die vor Filmbeginn befragt wurden, lagen im Mittelbereich der Bewertung. Als Erklärung für diese Stimmungseffekte lässt sich anmerken, dass die Erfahrung in Partnerschaften oft sehr unterschiedliche Ereignisse beinhaltet, die von positiv bis negativ reichen. Daher sind im Gedächtnis sowohl günstige als auch ungünstige Erinnerungen, die sich auf die Partnerschaft beziehen, vorhanden. Die Bewertung der Beziehung hängt davon ab, welcher Ausschnitt aus diesen Erinnerungen durch das Affekt-Priming zur Verfügung gestellt wird. Bei einem traurigen Film tritt ein Affekt-Prining ein, das überwiegend ungünstige Erfahrungen aktualisiert. Demgegenüber hat ein lustiger Film die Folge, dass positive Erinnerungen an die Partnerschaft in den Vordergrund der Erinnerung treten.

Die Klassifikation nach langen, mittleren und kurzen Partnerschaften wirkte sich im Übrigen nicht differenzierend auf diese Ergebnisse aus. Affekt-Priming trat in allen drei Gruppen gleichermaßen auf. Es ist also nicht so, wie man denken könnte, dass in längerfristigen Beziehungen die Bewertung der Partnerschaft stabilisiert ist. In diesem Punkt unterscheiden sich langfristige und kurzfristige Partnerschaften nicht voneinander.

Affekt-Priming beruht auf einer Beeinflussung des Denkens durch die Stimmung, die umso größer ausfällt, je länger die Beeinflussung erfolgt. Damit ergibt sich die Vorhersage, dass Affekt-Priming dann besonders stark ausfällt, wenn eine hohe *Elaboration* im Sinne von Petty/Cacioppo (1986) stattfindet (vgl. Kapitel »Einstellungen als soziale Orientierungssysteme«). Bei hoher Elaboration werden die Argumente sorgfältig geprüft, bevor ein Urteil abgegeben wird. Hingegen wird bei niedriger Elaboration nur wenig über die Argumente nachgedacht, sodass das Urteil als wenig fundiert und »über den Daumen gepeilt« angesehen werden kann. Die sorgfältige Prüfung der hohen Elaboration schützt aber offensichtlich nicht davor, sich durch aktuelle Stimmungen beeinflussen zu lassen. Je mehr eine Person über die Argumente nachdenkt, desto größer ist die Wahrscheinlichkeit, dass ihre Bewertung der Argumente durch ihre momentane Stimmung beeinflusst wird. Demgegenüber sollte eine periphere Verarbeitung der Informationen, wie sie bei niedriger Elaboration der Argumente gegeben ist, geringere Effekte der Stimmungskongruenz auslösen.

Stimmungskongruenz kann aber auch bei peripherer Informationsverarbeitung eintreten. In diesem Fall werden die Stimmungseffekte durch das Affekt-als-Information-Modell erklärt (Clore/Parrott 1991; Schwarz 1990). Häufig ist es so, dass die Stimmung ein Indikator dafür ist, dass alles in Ordnung ist. Dann kann die Stimmung als eine Information genommen werden, die die Bewertung der Situation und der Personen, die in dieser Situation auftreten, beeinflusst. Die Stimmung wird zu einer Information, die mit anderen Informationen zusammengefasst wird, um eine Bewertung durchzuführen. Wenn dieses Informationselement positiv ist, sollte das Gesamturteil positiver ausfallen, als wenn dieses Informationselement negativ ist (bei konstanten weiteren Informationen). Da in diesem Fall die Stimmung ohne weiteres Nachdenken in das Gesamturteil einfließt, spricht Forgas (1995) von heuristischer Stimmungsbeeinflussung. Die Beurteiler machen es sich einfach. Statt ein sorgfältiges Urteil über die Fragestellung zu bilden und alle Argumente abzuwägen, wenden sie sich ihrer eigenen Stimmung zu und unterstellen, dass die Bewertung nicht schlecht ausfallen kann, wenn die eigene Stimmung gut ist. Umgekehrt ergibt sich bei schlechter Stimmung, dass die Bewertung nicht besonders gut ausfallen kann. Implizit wird die Frage gestellt: »Wieso bin ich gut gelaunt?« Die Antwort auf diese Frage lautet: »Weil ich die Situation positiv einschätze.« Umgekehrt wird bei negativer Stimmung verfahren.

Affekt-Infusions-Modell

Der Einfluss von Stimmungen auf die Eindrucksbildung lässt sich durch das Affekt-Infusions-Modell (Forgas 1995) erklären. In diesem Modell wird versucht, die Vielzahl der teilweise widersprüchlichen Forschungsergebnisse zu Stimmungseinflüssen in ein kohärentes Gesamtmuster einzufügen. Dazu wird eine Trennung zwischen vier Strategien durchgeführt, von denen zwei (Affekt-Priming und Affekt-als-Information) schon dargestellt wurden. Die zwei weiteren Strategien werden Direkteinschätzung und motivationales Stimmungsmanagement genannt. Sie zeichnen sich dadurch aus, dass sie im Hinblick auf Stimmungseinflüsse unempfindlich sind bzw. einen Stimmungsinkongruenzeffekt erzeugen.

Die Strategie der Direkteinschätzung wird angewandt, wenn das Objekt der Bewertung sehr gut bekannt ist. Sie beruht auf vorgefertigten Urteilen, die im Gedächtnis leicht abrufbar sind und unmittelbar zur Verfügung stehen, wenn das Einstellungsobjekt thematisiert wird. So mag eine Person, die sich für Politik interessiert, mit den Namen Helmut Kohl und George W. Bush unmittelbar eine bestimmte Bewertung verbinden, die jederzeit verfügbar ist. Die Anwendung dieser Strategie lässt erwarten, dass Stimmungseffekte entfallen. Denn die vorgefertigten Urteile werden nicht dadurch verändert, dass die Person in guter oder schlechter Stimmung ist.

Die Strategie des motivationalen Stimmungsmanagements kennzeichnet den Versuch, die eigene (schlechte) Stimmung aktiv zu beeinflussen, indem Erfahrungen und Eindrücke aufgesucht werden, die vermutlich zu einer Stimmungsaufhellung führen. In diesem Fall tritt das Gegenteil des Stimmungskongruenzeffekts ein (Erber/Erber 1994; Sedikides 1994): Eine Person, die in schlechter Stimmung ist, beschäftigt sich mit positiven Gedankeninhalten.

Das Affekt-Infusions-Modell bietet zwar keine schlüssige Erklärung dafür an, warum es vier Informationsstrategien gibt. Aber es kann die Widersprüche beseitigen, die in der bisherigen Forschung zu Stimmungseinflüssen auf kognitive Prozesse entstanden waren. Die gegenläufigen Ergebnistendenzen (Kongruenzeffekt, Inkongruenzeffekt, kein messbarer Stimmungseffekt) bestehen weiter, werden aber auf unterschiedliche Faktoren zurückgeführt, die mit dem Urteilsprozess verknüpft sind.

Fehler und Fallen der sozialen Urteilsbildung

Ein bekanntes Buch zur Methodenlehre hat den Titel »Fehler und Fallen der Statistik« (Stelzl 1982). Darin geht es um Fehlschlüsse in der Wissenschaft, die z.T. auf falschen Denkgewohnheiten beruhen. Dazu zählt z.B. die Tendenz, aus signifikanten Ergebnissen weit reichende Verallgemeinerungen abzuleiten, die methodisch nicht gerechtfertigt sind. In der Statistik spricht man von dem Typ-1-Fehler, der darin besteht, dass die Nullhypothese irrtümlich zurückgewiesen wird. Wenn schon Wissenschaftler Fehlern dieser Art nicht immer ausweichen können, wie groß ist dann erst das Potenzial für fehlerhafte Schlussfolgerungen im alltäglichen Denken?

Schon von Helmholtz (1896) hatte die Annahme aufgestellt, dass unbewusste Prozesse in der menschlichen Informationsverarbeitung eine wichtige Rolle spielen und Täuschungen verursachen können. Im 26. Kapitel des dritten Abschnitts seines monumentalen Werkes über die physiologische Optik befasste sich von Helmholtz mit den Merkmalen der Wahrnehmung im Allgemeinen und spricht von (S. 582) »unbewussten Vorgängen der Assoziation von Vorstellungen«, »deren Resultate sich daher auch unserem Bewusstsein aufdrängen, als gewonnen durch eine uns zwingende, gleichsam äußere Macht, über die unser Wille keine Gewalt hat.« Er erwähnte vier Kriterien, durch die er automatische Prozesse kennzeichnete und die auch nach dem aktuellen Stand der Forschung Gültigkeit beanspruchen können (Gilbert 1998, S. 111):

- die kognitive Verarbeitung verläuft als nicht bewusster Prozess, der leicht Täuschungen der Wahrnehmung hervorrufen kann, wenn gewohnte Eindrücke mit ungewöhnlichen Gegebenheiten, z.B. einer veränderten Wahrnehmungsperspektive, gleichgesetzt werden.

- sie ist spontan, ohne dass sie intendiert ist,
- sie findet unter Verwendung einer geringen kognitiven Kapazität statt, also ohne größere Anstrengung, und lässt sich als Routine kennzeichnen,
- sie lässt sich nicht bewusst kontrollieren.

Ursachen für Fehlurteile

Auf die Rolle unbewusster Faktoren wird weiter unten noch ausführlicher im Zusammenhang mit automatischen kognitiven Prozessen eingegangen. An dieser Stelle steht zunächst das Problem der Fehler in sozialen Urteilen im Mittelpunkt, das sich in vier Themenbereiche einteilen lässt (Gilbert 1998):

- Idealismus und Konstruktivismus.
- Egoismus als Prinzip menschlicher Existenz. Damit einher geht ein Urteilsverhalten, das den eigenen egoistischen Standpunkt bestätigt und möglichst positive Implikationen für die eigene Person beinhaltet.
- Scheinbarer Realismus, der die Ableitung und Interpretation, die der sozialen Wahrnehmung zu Grunde liegt, leugnet.
- Vernachlässigung der besonderen Umstände. Dieser Fehler ist vielleicht derjenige, der sich am häufigsten wieder findet. Er entspricht auch dem genannten Phänomen, statistisch signifikante Ergebnisse in übertriebener Weise zu generalisieren.

Die Bedeutung dieser vier Fehlerquellen lässt sich an einem einzigen Phänomen veranschaulichen, auf das schon weiter oben verwiesen wurde. Untersuchungen zeigen, dass eine einmal gebildete Meinung nur schleppend und unvollständig revidiert wird, wenn ihre empirische Grundlage durch neue Informationen wiederlegt wird (Anderson 1983). Dieses Phänomen wird als Perseveranz bezeichnet. Ein historisches Beispiel ist die Erkenntnis, dass die Erde rund ist. Obwohl sie durch Galileo Galilei bewiesen worden war, wurde sie in vielen Teilen der Gesellschaft (wie wir wissen, vor allem auch in den religiösen Zirkeln) abgelehnt und sogar bekämpft.

Viele Personen hielten trotz überwältigender Evidenz an der Vorstellung fest, dass die Erde eine Scheibe ist. Auch die Erkenntnis von Kopernikus, dass sich die Erde um die Sonne dreht, die ein heliozentrisches Weltbild erzwingt, fand in der Öffentlichkeit anfänglich keine gute Aufnahme. Stattdessen wurde das überholte geozentrische Denkmuster tradiert.

Für diese Fälle von Perseveranz falscher Theorien trotz eindeutiger Gegenbeweise lassen sich viele Gründe nennen, unter denen auch machtpolitische Fragen eine Rolle spielen. Es ist aber doch auch deutlich, dass die Zeitgenossen von Galilei und Kopernikus Schwierigkeiten damit hatten, lieb gewordene Denkgewohnheiten über Bord zu werfen. Sie hielten an den geozentrischen Theorien fest, die sie sich vorher in der Ausbildung erarbeitet hatten. Durch die intensive Beschäftigung mit den falschen Theorien wurde ihre Revidierbarkeit vermutlich besonders gehemmt. Jemand, der sich Argumente ausgedacht hat, die für die Richtigkeit einer geozentrischen Theorie sprechen, hat besonders große Schwierigkeiten, die Theorie fallen zu lassen, ganz abgesehen davon, dass sie auch selbstwertdienlich ist. Denn die Argumente stehen weiter zur Verfügung und bestätigen implizit die Richtigkeit der falschen Theorie.

In diesen Bereich der Perseveranz lässt sich auch die Schwierigkeit einordnen, nachträgliche Korrekturen im Hinblick auf falsches Persönlichkeitsfeedback durchzuführen. In Studien über den Selbstwert wurden Verfahren verwendet, die eine Täuschung der Teilnehmer über ihre Persönlichkeit beinhalteten. Ein Beispiel ist die falsche Rückmeldung über homosexuelle Tendenzen (Bramel 1962, 1963). Natürlich waren die Forscher darum bemüht, nach der Erhebung der abhängigen Variablen eine Aufklärung über den Versuchszweck und die Täuschung durchzuführen. Schon bald wurde die Frage gestellt, ob Aufklärung in diesem Fall erfolgreich ist. Die Ergebnisse entsprechender Nachforschungen stellen die ethische Vertretbarkeit von experimentellen Manipulationen dieser Art in Frage.

Wenn Personen in einem Experiment eine falsche Rückmeldung über ihre Persönlichkeit erhalten (die sie als negativ interpretieren), lassen sie sich davon so sehr überzeugen, dass sie selbst dann, wenn ihnen mitgeteilt wird, dass die Rückmeldung fiktiv durchgeführt wurde, bis zu einem gewissen Ausmaß an der falschen Information festhalten. Sie können die geleistete Denkarbeit, die durch das Feedback ausgelöst wurde, nicht einfach rückgängig machen. Vielmehr bleiben sie auf halbem Weg stehen und lassen sich durch eine ungünstige Mitteilung über sich selbst über die experimentelle Situation hinaus beeinflussen (Walster u.a. 1967).

Das Phänomen der Beständigkeit von Theorien im Denken ihrer Anhänger wurde in mehreren Untersuchungen direkt überprüft (Anderson 1983; Anderson u.a. 1980; Anderson/Sechler 1986), in denen es um Theorien über die Eignung von Feuerwehrleuten ging:

- Eine Theorie besagte, dass eine hohe Risikoneigung eine gute Eignung als Feuerwehrmann signalisiert (Plus-Risiko-Theorie).
- Eine andere Theorie lautete, dass eine niedrige Risikoneigung für eine gute Eignung als Feuerwehrmann spricht (Minus-Risiko-Theorie).

Mit Hilfe von zwei Fallgeschichten wurden Beurteiler mit jeder dieser beiden Theorien vertraut gemacht. Das Ergebnis war, dass sie von der jeweiligen Theorie überzeugt waren. Das ist nicht weiter verwunderlich, wenn man bedenkt, dass beide Theorien eine gewisse Plausibilität für sich in Anspruch nehmen können.

Als Nächstes wurden die Personen darüber informiert, dass die Informationen über die Theorien anhand der Fallbeispiele willkürlich erstellt worden waren und dass sie den Teilnehmern nach Zufall zugeordnet wurden, sodass einige darüber informiert wurden, dass hohe Risikoneigung für den Feuerwehrberuf günstig sei, und andere, dass niedrige Risikoneigung besser sei. Hat diese Information über die Falschheit der Theorien den Effekt, dass die Beurteiler in beiden Gruppen ähnliche Annahmen über den Zusammenhang zwischen Risikoneigung und Eignung zum Feuerwehrmann machen? Die Antwort ist nein: Die Plus-Risiko-Theorie trägt dazu bei, dass auch nach ihrer Falsifizierung daran geglaubt wird, dass hohe Risikoneigung für den Beruf des Feuerwehrmanns günstig ist. Umgekehrt trägt die Minus-Risiko-Theorie dazu bei, dass auch nach ihrer Zurückweisung daran geglaubt wird, dass es für Feuerwehrleute günstig ist, wenn sie eine niedrige Risikoneigung besitzen.

Warum wird eine Theorie trotz gegenteiliger objektiver Evidenz subjektiv nicht oder nicht hinreichend revidiert? Die Antwort lässt sich auf dem Hintergrund der vier Fehlerquellen, die von Gilbert (1998) genannt wurden, geben: Wenn man die Meinungen revidieren würde, müsste man zugeben, dass man eine falsche Auffassung für richtig gehalten hat. Das ist aber geeignet, die Zuverlässigkeit des eigenen Urteils in Frage zu stellen, sodass die eigene Person und ihr egozentrischer Standpunkt verunsichert werden könnten. Eine motivierte Verzerrung kann gegenüber der Wahrheit vorgezogen werden, wenn auf diese Weise die Offenbarung einer persönlichen Schwäche vermieden wird. In diesem Zusammenhang ist auch zu erwähnen, dass Personen sich in einem bestimmten sozialen Netzwerk aufhalten, in dem sie immer wieder mit den gleichen Personen zusammentreffen. Wenn sie mit diesen über ihre Theorien gesprochen haben, wäre es ein Gesichtsverlust, wenn sie sich berichtigen müssten und damit zugestehen würden, dass sie falsche Ansichten vertreten haben.

Die Tendenz, eine Widerlegung gegenüber einer Bestätigung einer Theorie zu vernachlässigen, lässt sich auch aus dem idealistischen Wahrnehmungsansatz ableiten. Nachdem einmal die Wirklichkeit in einer bestimmten Weise rekonstruiert worden ist, wird die Prüfung der Richtigkeit dieser Rekonstruktion vernachlässigt. Die subjektive Generierung von Argumenten schafft ihre eigene Realität. Die Vernachlässigung des Faktums, dass die Realität in der Wahrnehmung nicht 1:1 widergespiegelt wird, führt dazu, dass der eigene Beitrag zu der Entstehung von Theorien unterschätzt wird. Die Person vernachlässigt, dass die Theorie eine Abstraktion aus der Wirklichkeit darstellt.

Damit hängt die Überschätzung der Realität der Wahrnehmung zusammen, auf die schon von Helmholtz (1896) hingewiesen hatte. Was einem in einer bestimmten Weise erscheint, kann nicht unmittelbar mit der Realität gleichgesetzt werden. Die Verdinglichung der Sinneseindrücke führt dazu, dass sie mit den wahrgenommenen Objekten gleichgesetzt werden, ohne zu berücksichtigen, dass die Wahrnehmung ein komplexer Prozess ist, der für Fehler anfällig ist.

Schließlich werden häufig die besonderen Umstände vernachlässigt, unter denen ein Eindruck zu Stande kommt. Wenn etwa ein falsches Persönlichkeitsfeedback auftritt, wird von der Zielperson außer Acht gelassen, dass es sich um ein psychologisches Experiment gehandelt hat. Die besonderen Umstände erklären eine bestimmte Rückmeldung, die außerhalb des gegebenen Kontextes belanglos ist und die in einem Kontext zu Stande kommt, der so strukturiert wurde, dass eine Täuschung der Versuchsteilnehmer möglichst wahrscheinlich ist. Im Folgenden wenden wir uns den genannten Quellen von Irrtümern ausführlicher zu.

Idealismus und Konstruktivismus

Seit Kant (»Kritik der reinen Vernunft«) wurde in der idealistischen Tradition der Philosophie die Erkenntnis aufgenommen, dass Wahrnehmung ein konstruktiver Akt ist, der durch das Vorwissen der Person und ihre Denkschemata beeinflusst wird. Die Welt wird nicht unmittelbar so wahrgenommen, wie sie ist, sondern die Wahrnehmung ist durch Erwartungen und Schemata gefiltert, die zu der Identifikation bestimmter Sachverhalte herangezogen werden. Daher kann man davon sprechen, dass eine Assimilation der Wirklichkeit an Erwartungen stattfindet.

Nach Millionen Jahren der Evolution ist es sehr wahrscheinlich, dass viele Erwartungen des Menschen realistisch sind und sich bewähren. Darüber hinaus gibt es aber auch Fälle, in denen die Erwartungen falsch sind und der Assimilationsprozess zu einem verfälschten Bild der Wirklichkeit beiträgt. Dann kommt es zu Urteilsfehlern, die auf dem Hintergrund eines im Allgemeinen erfolgreichen Wahrnehmungssystems zu interpretieren sind. Ein Beispiel ist die Verwendung von Stereotypen, die sich als kulturell geteilte Erwartungen kennzeichnen lassen, an die bestimmte Menschen assimiliert werden (vgl. Kapitel »Über Stereotype«). Wenn eine Frau z.B. als feminin wahrgenommen wird, kann diese Wahrnehmung in vielen Einzelfällen richtig sein, obwohl sie in anderen Einzelfällen zu einer falschen Schlussfolgerung führt. Vielleicht lehnt die konkrete Einzelperson das Bild der Frau für sich ab und hat einen anderen Lebensentwurf entwickelt. Noch gravierender wird der Irrtum, wenn die Mehrheit der Mitglieder einer stereotypisierten Gruppe ihren Lebensentwurf abweichend vom Stereotyp gestaltet hat. Auf Grund des Stereotyps fällt es den Beobachtern schwer, abweichende Personen richtig zu kategorisieren.

Ein anderes Beispiel dafür, dass Erwartungen und Schemata Fehler hervorrufen können, ist dann gegeben, wenn die Erwartungen an der falschen Stelle aktiviert werden. Wenn jemand nach Finnland reist, wird er keine Palmen erwarten. Wenn er oder sie nach Florida fliegt, sind Palmen im Erwartungshorizont inbegriffen. Es kann aber auch sein, dass Erwartungen in zufälliger Weise aktiviert worden sind. Wenn sich z.B. eine Person einen Fernsehbericht über Gewalt in deutschen Städten angesehen hat, wird dadurch das kognitive Schema von Aggression wachgerufen. Wenn nun ein Bekannter vorbeikommt, der erzählt, dass er seinem Briefträger Vorwürfe gemacht hat, weil er einen Brief, den er erwartete, nicht erhalten hat, wird dieses Verhalten mit einer gewissen Wahrscheinlichkeit als aggressiv interpretiert. Das sollte insbesondere dann der Fall sein, wenn eine zeitliche Nähe zwischen dem Fernsehbericht und dem Gespräch mit dem Bekannten gegeben ist (Srull/Wyer 1979, 1980). Ohne die Voraktivierung des Schemas der Aggression durch den Fernsehbericht wäre die Wahrscheinlichkeit einer aggressiven Deutung des Vorfalls geringer.

Dieser Prozess, der mit *Priming* bezeichnet wird, kann eine Vielzahl von Fehldeutungen hervorrufen. Das ist vor allem dann der Fall, wenn der Vorgang unterschiedlich interpretiert werden kann (z.B. nicht eindeutig als friedfertig oder aggressiv). Eine Schlägerei wird jeder als Aggression auffassen, während eine Schweigeminute von niemandem als Aggression interpretiert wird. Hingegen gibt es dazwischen eine Vielzahl von Schattierungen und Abstufungen des Verhaltens, die sich in Richtung des einen oder anderen Endpols des Kontinuums deuten lassen.

Ich, meiner, mir, mich: Die egozentrische Perspektive

Menschen neigen dazu, Sachverhalte so zu interpretieren, dass es ihrem *Selbstwert* dienlich ist (Bradley 1978) Dieses Phänomen wurde vor allem auch im Bereich von Erfolgen und Misserfolgen, die eine hohe Selbstwertrelevanz besitzen, aufgezeigt. Erfolge in wichtigen Bereichen bestätigen ein positives Selbstbild, während Misserfolge den Selbstwert bedrohen. Untersuchungen zeigen, dass Personen Erfolge eher auf ihre Fähigkeiten und Anstrengungen zurückführen, während sie bei Misserfolgen weniger gerne auf Unfähigkeit und Faulheit verweisen. Stattdessen besteht die Tendenz, Misserfolge durch die Situation zu erklären (z.B. einen unfairen Prüfer oder durch unverständliche Fragen bedingt).

In Untersuchungen wurde gezeigt, dass bei Erfolgen und Misserfolgen an Stelle einer rationalen Beurteilung der Ursachen eine selbstwertdienliche Interpretation bevorzugt wurde (Stevens/Jones 1976). Alltagsbeispiele verdeutlichen diese Neigung. Wenn jemand eine Wohnung kauft und kurz darauf ein Wasserschaden auftritt, weil die Leitungen fehlerhaft verlegt worden sind, kommt er nach der Reparatur zu dem Ergebnis, die Wohnung sei besser als vorher, weil die Wand sorgfältig getrocknet worden sei.

Diese und andere Beispiele lassen nur den Schluss zu, dass unsere Urteilsgewohnheiten durch egoistische Tendenzen beeinflusst werden. Wir berücksichtigen bei unserer Einschätzung eines Sachverhalts, ob die Einschätzung für unseren Selbstwert förderlich ist oder ob sie ihn in Frage stellt. Ursachen, die selbstwertdienlich sind, werden bevorzugt, während Ursachen, die bedrohlich für den Selbstwert sind, unterdrückt werden. Im Endergebnis kommt es zu einer voreingenommenen und unrealistischen Bewertung der Ursachen von Erfolg und Misserfolg, die als *selbstwertdienliche Attribution* bezeichnet wird.

Solche Tendenzen sind besonders ausgeprägt, wenn wir in guter Stimmung sind. In diesem Fall wird eine oberflächliche und den eigenen Bedürfnissen entsprechende Sichtweise gegenüber einer überlegten und systematischen Betrachtung, die auch negative Evidenz einbezieht, bevorzugt (Forgas 1998). Diese Tendenz wird abgeschwächt, wenn eine neutrale oder eine schlechte Stimmung überwiegt. Dazu passt das Ergebnis, dass depressive Personen in der Tendenz realistischere Urteile abgeben als euphorische Personen (Alloy/Abramson 1979).

Häufig ist darüber spekuliert worden, dass die selbstwertdienlichen Tendenzen in der Urteilsbildung sich positiv auswirken, selbst wenn sie zu illusionären Vorstellungen führen (Taylor/Brown 1988, 1994). Bis zu einem gewissen Ausmaß mag diese Sichtweise zutreffend sein. Wenn aber eine Verzerrung der Wahrnehmung auftritt, die zu einer völlig inadäquaten Einschätzung der Gegebenheiten führt, kann eine solche Tendenz auch problematisch sein (Colvin u.a. 1995). Im Extremfall entsteht eine Realitätsverkennung, die es der Person unmöglich macht, ihre Grenzen zu erkennen und zukünftige Niederlagen zu vermeiden.

Scheinbarer Realismus

Einige Demonstrationen von menschlichen Fehlurteilen in experimentellen Untersuchungen sind schockierend. Wir werden davon gleich ein Beispiel kennen lernen. Deshalb ist es besonders bemerkenswert, dass Menschen im Allgemeinen dazu neigen, ihre Eindrucksbildung für genau zu halten. Wir glauben z.B., sehr gut unterscheiden zu können, ob eine Person ängstlich ist oder nicht.

Der Irrtum des subjektiven Realismus besteht darin, dass die konstruktiven Einflüsse übersehen werden. Er wurde empirisch in einer Serie von Untersuchungen deutlich, die sich mit der Eindrucksbildung befasste (Gilbert/Osborne 1989). In diesen Untersuchungen wurde ein Zustand der kognitiven Beschäftigung erzeugt, indem die Teilnehmer instruiert wurden, sich eine 8-stellige Zahl zu merken, während sie ein Videotape von einer Zielperson sahen, die sich in einer Diskussion sehr ängstlich verhielt. Entweder war das Thema der Diskussion potenziell beängstigend (sexuelle Fantasien und öffentliche Demütigungen) oder nicht (Hobbys und schöne Ferien). Die Einschätzung der dispositionalen Ängstlichkeit der Zielperson verlief rational, wenn keine kognitive Ablenkung gegeben war: Mehr Zuschreibung von Ängstlichkeit in der nicht beängstigenden Situation. Sie war aber durch fehlende Rationalität gekennzeichnet, wenn kognitive Ablenkung im Spiel war, da unter dieser Bedingung eine gleichermaßen hohe Einschätzung der Ängstlichkeit in beiden Diskussionsbedingungen auftrat.

In weiteren Experimenten wurde nur die angsterzeugende Themenstellung vorgeführt, in der die Zielperson ängstlich auftrat (Video). Daran anschließend folgte ein nichts sagendes Interview mit der Zielperson (Audio). Eine kognitive Beschäftigung der Teilnehmer während des Videos führte dazu, dass sie das Audio im Sinne einer dispositional ängstlichen Person fehlinterpretierten, sodass sich der Eindruck der Ängstlichkeit nach dem Audio noch verstärkte. Man kann bildlich davon sprechen, dass die nachfolgende Eindrucksbildung von der schon anfänglich verfälschten Eindrucksbildung infiziert wurde. Das konnte auch bestätigt werden, wenn die Zielperson auf Grund ihres neutralen Verhaltens in der Audio-Bedingung auf ihre Ängstlichkeit hin beurteilt werden sollte: Verglichen mit einer Kontrollbedingung, in der die Videovorführung entfiel, ergab sich ein extrem hoher Ängstlichkeitswert.

Menschen sind in hohem Ausmaß davon überzeugt, dass ihr Eindruck, den sie aus der Beobachtung einer Person abgeleitet haben, berechtigt ist, auch wenn er wie in diesem Beispiel willkürlich entstanden ist und seine Entstehung (während der Videodarbietung) nichts mit der konkreten Situation (der neutralen Audiodarbietung) zu tun hat. Die Problematik der Infizierung von weiteren Kognitionen durch verfälschte Kognitionen, die hier gezeigt wird, betrifft das Thema des scheinbaren Realismus in besonderer Weise, weil diese kognitive Verzerrung bewusst nicht zugänglich ist. Während man sich noch vorstellen kann, gegen die resultierende Ignoranz, die aus kognitiver Beschäftigung resultiert, bewusst angehen zu können, indem man sich instruiert, mit seinem Urteil zurückhaltend zu sein, weil man ihm die volle Aufmerksamkeit nicht zuwenden konnte, entziehen sich die beschriebenen Vorgänge »infizierten« Denkens jeder bewussten Kontrolle (Gilbert/Osborne 1989).

Menschen glauben, dass sie ihr Denken weitgehend unter Kontrolle haben, ohne dass das immer der Fall ist. Ein Teil der Denkprozesse findet vielmehr vorbewusst statt und ist durch Automatismus gekennzeichnet (s. unten). Da aber Menschen den Wunsch haben, Kontrolle auszuüben, folgen sie einem naiven Realismus, ohne die Auswirkungen von vorgefertigten Denkschemata und Stereotypen zu erkennen.

Perspektivenabhängigkeit und Repräsentativitätsheuristik

Eine vierte Fehlerquelle besteht darin, dass die Situation des Beobachters oder der Beobachterin seine/ihre Urteilsbildung beeinflusst. Das fängt mit der Frage an, in welche Richtung der Beobachter seine Aufmerksamkeit orientiert. Untersuchungen zeigen, dass die Ursache für ein Ereignis eher dort gesucht wird, wo die Aufmerksamkeit konzentriert ist als in anderen Bereichen (McArthur/Post 1977). Der Fokus der Aufmerksamkeit bestimmt also mit darüber, wie eine Situation interpretiert wird. Wenn z.B. ein Beobachter eine Situation aus dem Blickwinkel eines Akteurs betrachtet, wird seine Einschätzung eher so ausfallen, dass die Situation als Ursachenfaktor in den Vordergrund rückt, wie es für Akteure typisch ist (Taylor/Fiske 1978). Wenn der Beobachter hingegen die Beobachterperspektive einnimmt, die er üblicherweise innehat, wird er das Verhalten der Akteure eher durch ihre Person erklären.

Auf Heider (1958) aufbauend, haben Jones/Nisbett (1972) die unterschiedlichen *Perspektiven der Akteure und Beobachter* analysiert. Akteure tendieren dazu, ihr Verhalten als situationsbedingt aufzufassen. Hingegen tendieren Beobachter dazu, in dem Verhalten der Akteure eine Manifestation von deren Dispositionen zu erkennen. Der Grund scheint darin zu liegen, dass die Aufmerksamkeit der Akteure auf die Umgebung gerichtet ist, da diese Aufmerksamkeitsverteilung für eine Koordination ihres Verhaltens günstig ist. Dagegen steht für Beobachter im Mittelpunkt der Wahrnehmung der Akteur, während die Situation nur als Hintergrund in Erscheinung tritt. Die Wahrnehmungsperspektive der Beobachter ist mit der Tendenz verbunden, das Verhalten anderer Menschen mit internalen Ursachen zu erklären. Da diese Ursachenzuschreibung einseitig ist, lässt sie sich als Attributionsfehler kennzeichnen. Da dieser Fehler in vielen Bereichen der Eindrucksbildung relevant ist (in der Arzt-Patient-Beziehung genauso wie in der Richter-Angeklagter-Beziehung), wurde er als *fundamentaler Attributionsfehler* bezeichnet (Ross 1977), der inzwischen als *Korrespondenzfehler* umbenannt wurde (Gilbert/Malone 1995), um den Eindruck zu vermeiden, dass es sich um den einzigen oder zentralen Fehler in der Ursachenzuschreibung handelt.

Verschiedene Studien zeigen, dass anderen Menschen mehr Persönlichkeitseigenschaften zugeschrieben werden als sich selbst (Nisbett u.a. 1973). Das eigene Selbst erscheint demgegenüber als relativ frei von Eigenschaften. In einer Untersuchung wurden verschiedene Ereignisse geschildert, die auf fünf Zielpersonen bezogen wurden: den besten Freund, den Vater, einen Bekannten, den man bewundert, und einen Fernsehkommentator. Außerdem sollte das Selbst beurteilt werden. Jeweils sollte angegeben werden, ob eine Eigenschaft oder das Gegenteil der Eigenschaft ausschlaggebend ist. Die dritte Alternative bestand in der Angabe, dass das Verhalten von der Situation abhängt. Die Anzahl der Eigenschaftszuschreibungen variierte je nach Zielperson. Der eigenen Person wurden die wenigsten Eigenschaften zugeschrieben. Dem Fernsehkommentator wurden die meisten Eigenschaften zugeschrieben, ein Wert, der nur noch von dem besten Freund erreicht wurde. Vater und Bekannter lagen darunter, aber oberhalb der eigenen Eigenschaftszuschreibung.

Die Tendenz, das Verhalten von Freunden und Bekannten auf die Person zuzuschreiben, kann zu fehlerhaften Rückschlüssen führen. In einer Untersuchung wurde z.B. dargestellt, dass eine Person gebeten wurde, eine Aufgabe zu übernehmen, die dafür entweder 1.50 Dollar oder nur 50 Cent erhielt. Wie nicht anders zu erwarten, war die Bereitschaft zur Übernahme der Aufgabe wesentlich größer, wenn der höhere Anreiz geboten wurde. Wie ist nun die Wahrscheinlichkeit, dass die Zielperson in Zukunft eine ähnliche Aufgabe freiwillig übernehmen wird? Die Antwort zeigt eine Vernachlässigung der situativen Faktoren in der Situation, da angenommen wird, dass die Personen, die 1.50 Dollar erhalten haben, eher bereit sein werden, in Zukunft freiwillig ähnliche Aufgaben auszuführen. Zwar hatten sich die höher Bezahlten tatsächlich häufiger bereit erklärt, die Aufgabe zu übernehmen, aber dieser Unterschied geht auf den höheren Anreiz zurück, der kaum mit Persönlichkeitsfaktoren zu verwechseln ist. Die übertriebene Zuwendung der Aufmerksamkeit auf die Person als Ursache ihres Verhaltens führt zu der Vernachlässigung des situativen Anreizes, der das Verhalten weitgehend erklären kann.

Ein anderes Beispiel für fehlerhafte Urteilsbildung wurde im Zusammenhang mit Stimmungseffekten (vgl. Kapitel »Stimmung,

Bewertung und Eindrucksbildung«) deutlich. Stimmungen beruhen häufig auf situativen Gegebenheiten, die im Hinblick auf das anstehende Urteil als zufällig zu betrachten sind. Wenn z.B. eine Person einen Film im Kino gesehen hat, dann ist der Umstand, dass ihre Einschätzung der Qualität ihrer romantischen Beziehung von dem Inhalt des Films abhängt, als irrelevanter Einflussfaktor zu bezeichnen. Traurige Filme führen zu pessimistischeren Einschätzungen als Unterhaltungsfilme. In diesem Fall wird das Urteil über die Beziehung durch Faktoren beeinflusst, die nichts mit der Beziehung zu tun haben.

Andere Beispiele für den Einfluss der unmittelbaren Situation beziehen sich auf die konkrete Vorstellung, die man sich macht (Carroll 1978). Wenn man sich z.B. ein Wahlergebnis vorstellt, wird die Einschätzung der Wahrscheinlichkeit des Eintretens dieses Ereignisses erhöht. Als Erklärung für diesen *Vorstellungseffekt* lässt sich darauf hinweisen, dass durch die Vorstellung Gedächtnisinhalte verfügbar werden, die sich auf die Wahrscheinlichkeitseinschätzung auswirken. Die erhöhte Verfügbarkeit schlägt sich in veränderten Erwartungen nieder, die einen Prozess der Erwartungsbestätigung auslösen. Diese Interpretation stützt sich auf die *Verfügbarkeitsheuristik*, die die Wahrscheinlichkeit eines Ereignisses aus der Zugänglichkeit des Ereignisses im Gedächtnis ableitet. Was man sich gut vorstellen kann, weil es unmittelbar verfügbar ist, sollte dementsprechend auch wahrscheinlicher sein.

Eine Demonstration dieses Prinzips besteht darin, dass Personen gebeten werden, sich vorzustellen, sie würden bei dem Besuch eines Einkaufszentrums mit einem Los eine Reise nach Hawaii gewinnen. Personen in der Vergleichsgruppe werden nicht um eine entsprechende Vorstellung gebeten. Alle Befragten sollen die Wahrscheinlichkeit einschätzen, dass sie im Losverfahren eine Reise gewinnen können. Die Gruppe der Personen, die sich die Reise lebhaft vorgestellt hat, kommt zu einer deutlich höheren Wahrscheinlichkeit (37,9% halten es für möglich, eine Reise im Losverfahren zu gewinnen) als die Gruppe, die keine Vorstellungen dazu entwickelt hat (23%; Gregory u.a. 1982).

Eine verhaltensrelevante Demonstration von Vorstellungseffekten wurde im Zusammenhang mit einer Werbeaktion für Kabel-TV geliefert (Gregory u.a., Experiment 4). Bewohner einer Stadt in Arizona wurden über die Vorteile des Kabelfernsehens in einer Haus-zu-Haus-Befragung informiert. In einer Bedingung wurde zusätzlich darum gebeten, sich die Vorteile lebhaft vorzustellen. In der zweiten Bedingung blieb es bei der reinen Information. In beiden Bedingungen wurde der gleiche Inhalt durch die Interviewerin mitgeteilt. Der einzige Unterschied bestand darin, dass in der Vorstellungsbedingung zusätzlich darum gebeten wurde, sich die schönen Seiten von Kabel-TV vorzustellen. Die Ergebnisse zeigen, dass die Vorstellung dazu führt, dass eine positivere Einstellung gegenüber Kabel-TV entsteht und eine größere Kaufbereitschaft. Schließlich wurde festgestellt, dass 18 der 38 Personen in der Vorstellungsgruppe das Kabel-TV tatsächlich mieteten, während in der Informationsbedingung nur 8 von 41 Personen eine entsprechende Kaufentscheidung trafen. In den Worten der Autoren ergibt sich die Schlussfolgerung: »Es sich vorzustellen, macht es dazu.«

Ein weiterer überraschend starker Urteilsfehler wird als *conjunctive fallacy* bezeichnet. Er lässt sich der *Repräsentativitätsheuristik* zuordnen, die sich auf Wahrscheinlichkeitseinschätzungen bezieht (Tversky/Kahneman 1974). Die Frage, wie groß ist die Wahrscheinlichkeit, dass Objekt A der Klasse B angehört, wird in Abhängigkeit davon beantwortet, wie ähnlich Objekt A der Klasse B ist. Ähnlichkeit ist aber ein irrelevanter Faktor, der das Urteil beeinflusst. Ein Beispiel für die Repräsentativitätsheuristik ist die falsche Einschätzung von Konjunktionen. Diese wird dann erwartet, wenn die Konjunktion zweier Ereignisse repräsentativer ist als ihre Einzelelemente (Tversky/Kahneman 1983). Dieses Phänomen lässt sich veranschaulichen, wenn Beurteiler gebeten werden, englische Worte aus sieben Buchstaben zu bilden. In einer Bedingung werden die drei letzten Buchstaben als *ing* vorgegeben. Das ist eine Endung, die im Englischen sehr häufig auftaucht (z.B. *reasoning, imagining*). In der zweiten Bedingung wird nur der vorletzte Buchstabe *n* vorgegeben, der in den zu bildenden Worten enthalten sein soll. Objektiv gesehen enthält die zweite Fragestellung weniger Restriktionen als die erste. Trotzdem werden in 60 Sekunden im Durchschnitt mehr Worte bei der ersten Bedingung gebildet (6.4) als bei der zweiten Bedingung (2.9). Durch die Repräsentativität der Vorgabe in der ersten Bedingung ist die Lösung der Aufgabe wesentlich erleichtert. Die objektive Vereinfachung der Aufgabe in der zweiten Bedingung kann demgegenüber den Verlust an Repräsentativität nicht wettmachen. In der *ing*-Bedingung besteht eine größere Verfügbarkeit von entsprechenden Worten auf Grund der größeren Effizienz der Gedächtnissuche, die durch die bessere Verfügbarkeit der Vorgabe ermöglicht wird.

Dasselbe Phänomen wird deutlich, wenn Beurteiler gefragt werden, wie oft in einer 2000-Worte-Novelle Worte stehen, die auf *ing* enden im Vergleich zu Worten, die an vorletzter Stelle ein *n* aufweisen (und jeweils sieben Buchstaben umfassen). *ing*-Worte werden als häufiger vermutet als *n*-Worte. Das steht im Gegensatz zu der mengentheoretischen Regel, dass eine Teilmenge B von A nicht häufiger auftreten kann als die Menge A selbst!

Automatische und kontrollierte Prozesse

Die Einschätzung von Personen und Ereignissen wird dadurch beeinflusst, was sich gerade ereignet und womit die Person sich unmittelbar vorher beschäftigt hat (= Priming, s. oben).

Bei Stimmungen wird durch Voraktivierung von positiven oder negativen Gefühlen festgestellt, dass nachfolgende Beurteilungen durch die Stimmung der Beurteiler verfälscht werden (Affekt-Priming, s. Kapitel »Stimmung, Bewertung und Eindrucksbildung«). *Unterschwelliges Priming* besteht darin, dass bestimmte Primes so kurzfristig während eines Versuchs gezeigt werden, dass sie bewusst nicht wahrgenommen werden. Ein Beispiel, das *implizite Stereotype* veranschaulicht, besteht darin, dass während der Bearbeitung einer Aufgabe am Bildschirm, unterschwellig die Worte »Chinesin« oder »Frau« dargeboten werden. Bei der nächsten Aufgabe handelt es sich darum, das Verhalten einer Chinesin zu interpretieren, das in einem Video dargeboten wird. Wenn der Begriff »Frau« voraktiviert worden ist, findet sich eine Stereotypisierung in Richtung weiblicher Merkmale. Wenn hingegen der Begriff »Chinesin« voraktiviert wurde, erfolgt eine Stereotypisierung in Richtung Chinesin (Macrae u.a. 1997). Dieser Versuch legt nicht nur den Schluss nahe, dass unterschwellige Wahrnehmung zu einem *Priming* führen kann, das die spätere Interpretation des Verhaltens einer Person beeinflusst, sondern er zeigt auch, dass die Verwendung von Stereotypen weitgehend unbewusst erfolgen kann (daher der Begriff *implizite Stereotype*), wenn sie nämlich voraktiviert sind, ohne dass die Person das weiß (s. unten).

Die Gegenüberstellung von automatischen und kontrollierten Prozessen in der Informationsverarbeitung ist für die soziale Wahrnehmung von großer Bedeutung (Wegener/Bargh 1998). Automatische Prozesse erfordern weniger kognitive Kapazität als kontrollierte Prozesse (vgl. von Helmholtz 1896) Wenn der Zusammenhang zwischen zwei Ereignissen durch wiederholte Erfahrung zu einer Selbstverständlichkeit geworden ist, entfällt häufig die kognitive Vermittlung, eine Erkenntnis, auf die schon von Helmholtz (1896) verwies. Zitat (ebd., S. 597): »Ich schließe aus diesen Beobachtungen, dass wir durch häufige Widerholungen gleichartiger Erfahrungen dazu gelangen können, eine regelmäßig immer wieder eintretende Verbindung zwischen zwei verschiedenen Perzeptionen, bzw. Vorstellungen, z.B. zwischen dem Klang eines Wortes und sichtbaren oder fühlbaren Anschauungsbildern, herzustellen und immer fester zu machen, die ursprünglich gar keinen natürlichen Zusammenhang zu haben brauchen, und dass, wenn dies geschehen ist, wir gar nicht mehr im Einzelnen anzugeben wissen, wie wir zu dieser Kenntnis gekommen sind, und auf welche einzelne Beobachtungen sie sich stützt.«

Ein Beispiel dafür ist der Zusammenhang zwischen Zustimmung und Wohlbefinden auf der einen und Widerspruch und Anspannung auf der anderen Seite. Dieser Zusammenhang hat sich so weit verselbstständigt, dass Personen in eine positive Befindlichkeit versetzt werden, wenn sie Zustimmung erhalten, während sie in eine negative Befindlichkeit geraten, wenn sie Widerspruch ernten. Dieser assoziative Zusammenhang kann auch auf Personen ausgedehnt werden, die die Zustimmung aussprechen oder den Widerspruch artikulieren. Das Ergebnis ist eine automatische Aufwertung der Person, die Übereinstimmung signalisiert hat, und eine automatische Abwertung der Person, die Widerspruch zum Ausdruck gebracht hat. Das ist die Grundlage für das Verstärkungsprinzip in der *interpersonellen Attraktion*, wie es von Byrne (1971) beschrieben worden ist: Je mehr Zustimmung von einer Person ausgeht, desto positiver ist der Eindruck, den wir uns von ihr bilden, und desto mehr wird sie gemocht. Dieser Effekt der Zustimmung auf die Bewertung der Person ist nicht kognitiv vermittelt, sondern das Ergebnis eines automatischen Prozesses (Byrne u.a. 1974). Die Übereinstimmung ist ein Hinweisreiz darauf, dass die Person gemocht wird.

Das Auftreten von kontrollierten Prozessen ist durch eine bewusste Zuwendung zu einem Sachverhalt gekennzeichnet. So besteht z.B. die Möglichkeit, dass die ethnische Zugehörigkeit einer Person als ein Hinweisreiz für eine negative Bewertung fungiert. Ein entsprechendes Vorurteil kann vermieden werden, wenn die Person sich bewusst entscheidet, den Hinweisreiz nicht zu benutzen bzw. ihre Bewertung zu korrigieren. Die bewusste Korrektur von automatisch erfolgten Urteilen tritt häufig dann auf, wenn im ersten Schritt eine vorläufige Einschätzung erfolgt, die im zweiten Schritt auf ihre Gültigkeit überprüft wird (Gilbert 1998). Dieses Phänomen ist für das Auftreten von Vorurteilen unmittelbar relevant. Im Zusammenhang mit der Assimilierung an einen Anker (s. Kapitel »Einstellungen als soziale Orientierungssysteme«) konnte gezeigt werden, dass viele Einschätzungen zunächst einmal in Richtung auf einen schon etablierten Urteilsanker verschoben werden, um ein vorläufiges Urteil zu finden, das dann nachträglich durch Überprüfung seiner Richtigkeit etwa im Hinblick auf situative Besonderheiten korrigiert werden kann. Wie wir wissen, fallen solche nachträglichen Korrekturen oft unzureichend aus (Gilbert 1991). Daraus ergibt sich die Vermutung, dass Vorurteile oft nur unzureichend korrigiert werden. Eine andere Möglichkeit besteht auch darin, dass sich die Person der Ankerbildung und ihrer Folgen bewusst ist und deshalb gezielt eine Überkorrektur durchführt. Da ein objektives Kriterium für die Größe der angemessenen Korrektur fehlt, unterliegt sie subjektiven und gesellschaftlichen Einflüssen.

Sich selbst erfüllende Prophezeiung

Vor über vier Jahrzehnten prägte Merton (1957) den Begriff der *sich selbst erfüllenden Prophezeiung*. Damit wird der Vorgang beschrieben, dass eine falsche Situationsdefinition genau die Verhaltensweisen hervorrufen kann, die fälschlicherweise erwartet wurden. Ein Beispiel sind die Börsianer, die einen Kursverfall erwarten und auf Grund dessen massenhaft ihre Aktien verkaufen, sodass der erwartete Kursverfall Realität wird.

Lehrererwartungseffekte

Sich selbst erfüllende Prophezeiungen sind ein Beispiel für *Bestätigungsfehler,* wie sie auch in anderen Bereichen der Eindrucksbildung auftreten. Ein Spezialfall von sich selbst erfüllenden Prophezeiungen aus dem angewandten pädagogischen Bereich sind *Lehrererwartungseffekte,* die auch als Pygmalion-Effekte bezeichnet werden (Rosenthal 1985). Der Effekt besteht darin, dass positive Lehrererwartungen zu einer Leistungssteigerung der Schüler beitragen, auf die die Erwartungen gerichtet sind. Die Struktur dieses Effekts ist ähnlich zu dem weiter oben dargestellten Versuchsleitereffekt, da in beiden Fällen Erwartungen zu veränderten Konsequenzen führen (vgl. Kapitel »Forschungsmethoden der Sozialpsychologie«).

   Das Auftreten eines Lehrererwartungseffektes wurde erstmalig in einem Feldexperiment von Rosenthal/Jacobson (1968) demonstriert. Die beteiligten Lehrer wurden darüber informiert, dass bestimmte Schüler (insgesamt 20% einer Klasse) ihre Leistungen in der Zukunft erheblich verbessern würden. Die Lehrer hatten die Klassen neu übernommen, und die Information über die erwartete Leistungssteigerung war fiktiv. Damit liegt eine Situation vor, in der die Lehrer mit den einzelnen Schülern keine Vorerfahrungen haben und ihnen eine willkürliche und verfälschende Leistungsrückmeldung gegeben wurde.

Bei den Schülern der *ersten* und *zweiten* Klasse hatte die fiktive Information über die Leistungsperspektive einen Einfluss auf die gemessene Intelligenz der Schüler. Der Intelligenzanstieg wurde acht Monate nach dem Beginn des Experimentes und zwölf Monate nach der ersten Messung der Intelligenz festgestellt. Bei den Schülern der *dritten, vierten, fünften* und *sechsten* Klassen fand sich kein entsprechender Hinweis auf Erwartungsbestätigung. Allerdings gab es nach 20 Monaten zusätzliche Hinweise auf den Prozess der Erwartungsbestätigung: Schüler der *fünften* Klasse, die als Erfolg versprechend bezeichnet worden waren, zeigten einen deutlichen Intelligenzanstieg. Es ist allerdings auch zu erwähnen, dass in der *zweiten* und *dritten* Klasse ein umgekehrtes Ergebnismuster auftrat, da die Schüler in der Kontrollgruppe, die nicht positiv herausgestellt worden waren, ihre Leistung mehr verbessert hatten als die »ausgezeichneten« Schüler.

Die Ergebnisse dieses groß angelegten Feldexperiments lassen sich nicht auf einen einfachen Nenner bringen. Es finden sich zwar Hinweise auf Lehrererwartungseffekte, doch sind diese zum Teil relativ schwach und instabil. Angeregt durch die großartige Pionierleistung, die durch die Zusammenarbeit zwischen einem Wissenschaftler und einer Lehrerin zu Stande kam, wurden viele weitere Studien zu der Frage, ob die Erwartungen der Lehrer die Leistungen ihrer Schüler beeinflussen, durchgeführt. Eine Zusammenfassung der Ergebnisse ist auf der Grundlage von Metaanalysen möglich. Das Vorgehen bei solchen Metaanalysen besteht darin, dass die Ergebnisse mehrerer Untersuchungen zusammengefasst werden, um das Gesamtmuster der Ergebnisse in allen vorliegenden oder bekannten einschlägigen Untersuchungen zu einem Thema zu ermitteln (vgl. Rosenthal 1984).

18 Studien, in denen Lehrererwartungseffekte auf die Intelligenz erfasst wurden, fanden in einer Metaanalyse von Raudenbush (1984) Berücksichtigung. Ein wichtiges Ergebnis besagt, dass Erwartungseffekte dann eher auftreten, wenn die Lehrer die Schulklassen neu übernommen haben. Schon ein einwöchiger vorheriger

Kontakt zwischen Lehrern und Schülern reduziert den Effekt, der bei zwei- und mehrwöchigem Vorkontakt völlig verschwindet.

Das weist darauf hin, dass sich Lehrererwartungseffekte nur dann auswirken, wenn die Lehrer selbst noch keine Erwartungen über die Leistungen der Schüler erworben haben. Aber auch in diesen Fällen ist der Erwartungseffekt relativ klein, wenn er auch zuverlässig erfasst werden kann. Ein weiteres Ergebnis besagt, dass Erwartungseffekte dann auftreten können, wenn Schüler neu an eine Schule kommen (z.B. im ersten Jahr der Grundschule oder im ersten Jahr des Gymnasiums).

Eine andere Erklärung geht davon aus, dass Lehrer bei den jüngsten Schülern mehr Zeit auf die Interaktion mit ihnen verwenden als bei älteren Schülern. Die erhöhte Interaktionshäufigkeit sollte dazu beitragen, dass Erwartungseffekte besser transportiert werden können (Brophy 1985). Damit ist schon die Frage angesprochen, wie Lehrererwartungseffekte zu Stande kommen. Die 4-Faktor-Theorie der Vermittlung von Lehrererwartungseffekten geht davon aus, dass mehrere Kommunikationskanäle benutzt werden, um Lehrererwartungen zu verbreiten. Folgende Faktoren werden genannt (Harris/Rosenthal 1985):

- Lehrer, die eine positive Leistungserwartung für bestimmte Schüler hegen, könnten daraufhin eine *freundlichere Interaktionsatmosphäre* mit diesen Schülern herstellen und so ihre emotionale Sicherheit erhöhen. Dafür spricht, dass Lehrer guten Schülern gegenüber mehr lächeln, eine größere Nähe zu ihnen suchen und mit ihnen mehr Augenkontakt haben.
- Eine weitere Möglichkeit besteht darin, dass Lehrer bei ausgewählten Schülern ihre Rückmeldung über den Leistungsstand besser auf die tatsächlichen Leistungen abstimmen und damit eine realistischere Leistungsbewertung durchführen.
- Eine dritte Möglichkeit ist, dass die Lehrer auf Grund ihrer positiven Erwartung den Schülern anspruchvollere Aufgaben stellen, sodass sie ihre Leistungsfähigkeit besser entfalten können.
- Schließlich ist auch daran zu denken, dass Lehrer dazu neigen, guten Schülern mehr Gelegenheit zum Sprechen und zum Fragenstellen zu geben.

Die Ergebnisse einer Metaanalyse zeigen, dass sowohl eine freundliche Interaktionsatmosphäre als auch die Verwendung anspruchsvollerer Materialien und die größere Möglichkeit, sich in der Klasse zu entfalten, zu dem Lehrererwartungseffekt beitragen.

Nach zahlreichen Untersuchungen zu Lehrererwartungseffekten kann festgestellt werden, dass sie zwar ein nachweisbares Phänomen sind, aber in ihrer Bedeutung vielfach überschätzt wurden (Brophy 1985). Besonders wichtig ist folgende Erkenntnis: Das Lehrerurteil über die Leistung der Schüler ist in der großen Mehrzahl der Fälle realitätsgerecht und ziemlich genau. Weiterhin scheint es so zu sein, dass die meisten Lehrer bereit sind, ihre falschen Erwartungen auf Grund des tatsächlichen Leistungsverhaltens der Schüler zu korrigieren. Nur eine Minderheit der Lehrer tendiert dazu, Erwartungen unabhängig von dem tatsächlichen Leistungsverhalten aufrechtzuerhalten. Diese Lehrergruppe scheint durch eine größere Rigidität und Widerstand gegen die Kenntnisnahme von widersprüchlicher Evidenz gekennzeichnet zu sein (Babad u.a. 1982). Dabei handelt es sich offensichtlich um den Lehrertyp, den schon viele Schülergenerationen kennen gelernt und hassen gelernt haben, weil er in sturer und autoritärer Weise darum bemüht ist, seine eigenen Vorstellungen durchzusetzen.

Ein weiterer pädagogisch bedeutender Erwartungseffekt im Schulbereich zeigt sich im Zusammenhang mit der Trennung zwischen Klassen von Schülern, die hohe Leistungen erbringen, und solchen Schülern, die niedrige Leistungen erbringen (Brophy 1985). Wenn Lehrer in Klassen gehen, die aus leistungsfähigen Schülern bestehen, sind sie besser motiviert und engagierter in ihrem Unterricht, als wenn sie in Klassen unterrichten, die sich aus Schülern mit einem geringeren Leistungspotenzial in dem unterrichteten Fach zusammensetzen. Die unterschiedliche Lehrermotivation kann leicht dazu führen, dass die bestehenden Leistungsunterschiede zwischen den Klassen noch vergrößert werden: Schüler in leistungsstarken Klassen werden ermutigt, noch besser zu werden, während Schüler in leistungsschwachen Klassen zunehmend entmutigt werden.

Dieses Phänomen wird durch den Befund bestätigt, dass neben dem Lehrererwartungseffekt auch ein *Schülererwartungseffekt* zu berücksichtigen ist (Jamieson u.a. 1987). Die Umkehrung des Effektes besteht darin, dass Schulklassen darüber informiert werden, dass ihr Lehrer besonders engagiert ist. Als Folge davon lernten sie besser im Vergleich zu Schulklassen, die nicht entsprechend vorinstruiert wurden. Diese Ergebnisse deuten darauf hin, dass Lehrererwartungseffekte dadurch vermittelt werden können, dass die Schüler besser motiviert werden. Es ist nahe liegend, dass eine erhöhte Lernmotivation zu besseren Lernergebnissen führt (Brophy 1985; Rheinberg u.a. 2000).

Lehrererwartungseffekte können auch in Abhängigkeit von Stereotypen wirksam werden. In den USA besteht eine Stereotypisierung von weißen und schwarzen Schülern, die darauf hinausläuft, dass weiße Schüler leistungsfähiger sind. In einer Untersuchung (Rubovits/Maehr 1971) wurde das Verhalten von Lehrerstudierenden gegenüber Siebt- und Achtklässern beobachtet. Die Lehrer unterrichteten jeweils Gruppen von vier Schülern, von denen die Hälfte weiß und die andere Hälfte schwarz war. In Übereinstimmung mit der Studie von Rosenthal/Jacobson (1968) wurde der Eindruck erweckt, dass einer der weißen Schüler und einer der schwarzen Schüler hoch begabt sei.

Die Ergebnisse zeigen, dass sich die Begabungserwartung nicht gleichermaßen für schwarze und weiße Schüler auswirkte. Vielmehr fand sich, dass begabten weißen Schülern eine besondere Aufmerksamkeitszuwendung zuteil wurde. Demgegenüber fanden sich Hinweise darauf, dass einem schwarzen begabten Schüler keine entsprechende Zuwendung zuteil wurde. Wir haben hier einen Fall, in dem das Stereotyp des schwarzen Schülers dazu führt, dass eine positive Lehrererwartung neutralisiert oder sogar zu einem Bumerangeffekt wird. Wenn Begabungserwartungen mit Erwartungen, die aus Stereotypen resultieren, im Widerspruch stehen, kann das Stereotyp die Oberhand gewinnen. Das wird vor allem dann so sein, wenn das Stereotyp über eine große Stärke verfügt, während die Erwartung über die Begabung nur kurzfristig induziert worden ist.

Mehrere Jahrzehnte der Forschung zu Lehrererwartungseffekten haben zu dem Ergebnis geführt, dass Lehrer überwiegend eine zutreffende und genaue Leistungsbeurteilung durchführen. Der Grund dafür liegt darin, dass Leistungen, wie die in Mathematik oder im Lesen, relativ transparent sind. Damit ist die diagnostische Klarheit sehr hoch, sodass sich Erwartungen nur geringfügig auswirken können. Anders liegt es, wenn Erwartungen auf einen Verhaltensbereich angewandt werden, der weniger eindeutig zu diagnostizieren ist. Dazu gehören viele soziale Verhaltensweisen. Vermutlich lassen sich Lehrer viel eher in Betragensnoten durch Erwartungen beeinflussen als in der Benotung von Leistungsfächern.

Realitätstest als Realitätskonstruktion

Im sozialen Verhalten treten überraschend starke Effekte der Erwartungsbestätigung auf. Ein Beispiel ist die Wirkung der Erwartung, dass eine Person aggressiv eingestellt ist. Die Bezeichnung Feindseligkeit kann das feindselige Verhalten hervorrufen, das damit angesprochen wird (Snyder/Swann 1978). Der Grund dafür liegt darin, dass die Erwartung der Feindseligkeit dazu führt, dass Vorkehrungen getroffen werden, um sich gegen die Feindseligkeit zu schützen. Solche Vorkehrungen bestehen aber darin, dass in aggressiver Weise der eigene Vorteil gesucht wird. Auf diese Weise wird der Zielperson vermittelt, der gegenüber die Erwartung der Feindseligkeit besteht, selbst auch eine aggressive Durchsetzung ihrer Interessen anzustreben. Damit wird die Zielperson zu dem Verhalten verleitet, das ihr fälschlicherweise von Beginn an zugeschrieben wurde.

Personen, die einen feindseligen Interaktionspartner erwarteten, verhielten sich feindseliger und riefen damit die Feindseligkeit hervor, die sie erwartet hatten. Daher kann von einer *Verhaltensreziprozität* gesprochen werden. Darüber hinaus wird den Zielpersonen des Stereotyps der Feindseligkeit zugeschrieben, dass sie aggressiv sind. Das ist ein Beispiel für den Korrespondenzfehler (s. Kapitel »Fehler und Fallen der sozialen Urteilsbildung«), da eine durch die Situation hervorgerufene Verhaltenstendenz (nämlich durch die wahrnehmende Person und ihre falsche Erwartung induziert) als Persönlichkeitsmerkmal der stereotypisierten Person identifiziert wird. Verrückte Welt! Die falsche Erwartung der wahrnehmenden Person findet sich wieder als Persönlichkeitseigenschaft der stereotypisierten Person. In diesem Fall wird der Realitätstest zu einer Realitätskonstruktion, bei der die subjektiven Erwartungen gegenüber den objektiven Verhältnissen die Oberhand behalten. Das ist ein Beispiel für die Berechtigung eines sozialpsychologischen Ansatzes, der davon ausgeht, dass die Realität durch soziale Konstruktionen gefiltert wird (Gergen 1985, 1994).

Erwartungseffekte sind auch für angewandte Fragestellungen von großer Bedeutung. So überprüften Word u.a. (1974) die Hypothese, dass schwarze Bewerber von weißen Interviewern zurückhaltender behandelt werden als weiße Bewerber und dass diese Unterschiede in der Behandlung dazu führen, dass sich schwarze im Unterschied zu weißen Bewerbern in der Bewerbungssituation weniger vorteilhaft darstellen können. Die Ergebnisse zweier Experimente zeigten, dass die Interaktion von schwarzen und weißen Personen durch eine sich selbst erfüllende Prophezeiung charakterisiert war. Schwarze Bewerber wurden distanzierter behandelt (z.B. setzte der weiße Interviewer seinen Stuhl weit entfernt von ihnen auf den Boden und führte mit ihnen ein kürzeres Gespräch). Weiterhin wurde gezeigt, dass dieses distanzierte Interaktionsverhalten, wenn es absichtlich herbeigeführt wird, auch gegenüber weißen Bewerbern dazu führte, dass sie sich in der Bewerbungssituation weniger vorteilhaft darstellen können.

Diese Ergebnisse lassen folgenden Schluss zu: Die schwarze Hautfarbe wirkt sich in Interview-Situationen, die einer Bewerbung entsprechen, wie ein Stigma aus, das zu einer größeren Distanz zwischen Interviewer und Bewerber führen kann. Das Stigma des Bewerbers ruft ein Vermeidungsverhalten des Interviewers hervor, das sich negativ auf die Selbstdarstellung der interviewten Person auswirkt. Das ungünstige Selbstdarstellungsverhalten schwarzer Bewerber kann also durch ihre Stigmatisierung hervorgerufen werden, die mit der Hautfarbe zusammenhängt. Diese Stigmatisierung kann den Effekt haben, dass die Leistung von Schwarzen, die sich in Interaktion mit Weißen darstellen, als weniger positiv eingeschätzt wird (vgl. Crocker u.a. 1998). In dem folgenden Kapitel »Über Stereotype« wird die Bedeutung der Sich selbst erfüllenden Prophezeiung für den Realitätsgehalt von Stereotypen aufgezeigt.

Über Stereotype

Stereotype lassen sich als Zuschreibungen von psychologischen Merkmalen auf eine große menschliche Gruppe definieren, die bis zu einem gewissen Ausmaß von anderen geteilt wird (Tajfel 1969). Beispiele sind Geschlechterstereotype, die die Voreingenommenheit der Beschreibung von Frauen und Männern betreffen (vgl. Kapitel »Einstellungen als soziale Orientierungssysteme«). Das Gegenteil zu der Verwendung von Stereotypen besteht darin, die einzelne Person zu würdigen. Somit besteht ein Wettbewerb in der Eindrucksbildung zwischen dem Rückgriff auf Stereotype und der Verwendung von diagnostischen Einzelfallinformationen.

Zwar können kontrollierte Prozesse das Ergebnis automatischer Prozesse in der Urteilsbildung korrigieren, aber die durch automatische Prozesse hervorgerufenen impliziten Kognitionen üben vielfach einen Einfluss auf Einstellungen und Eindrucksbildung aus. Dieser Sachverhalt kann natürlich nicht so interpretiert werden, dass die Verwendung von Stereotypen Schicksal ist (Macrae/ Bodenhausen 2000). Wir alle wissen, dass wir häufig vor der Entscheidung stehen, auf Stereotype zurückzugreifen oder es zu lassen und stattdessen nach individueller und diagnostischer Information zu suchen, und uns für letztere Alternative entscheiden (Deaux/Lewis 1984). Die empirischen Ergebnisse zu Geschlechterstereotypen lassen erkennen, dass sie im Alltag vermutlich nicht eine so große Rolle spielen, wie manche annehmen, da sich *diagnostische Einzelfallinformationen* (z.B. über physisches Aussehen, Beruf und Persönlichkeitseigenschaften) unter Standardbedingungen durchsetzen. Eine Frau muss also z.B. nicht schicksalhaft damit rechnen, dass sie gegen ihren Lebensentwurf als Hausfrau und Mutter stereotypisiert wird. Im Gegenteil wird sie mit ihren persönlichen Eigenschaften und Attributen die Eindrucksbildung über sich unter Standardbedingungen steuern können.

Nur unter ganz speziellen Bedingungen, die das Auftreten automatischer Prozesse begünstigen, scheint es zu einer Verselbstständigung der Stereotype in dem Sinn zu kommen, dass die Person keine hinreichende Korrekturen verwendet, wenn sie zu einem vorurteilsvollen Urteil gelangt ist. Das ist vermutlich immer dann der Fall, wenn das Nachdenken der Person durch ablenkende Zusatzaufgaben teilweise blockiert ist, sodass sie nur noch eine geringe kognitive Kapazität für die Herstellung einer vorurteilsfreien Eindrucksbildung zur Verfügung hat.

Ein einfaches Beispiel dafür stellt die Stereotypisierung in Abhängigkeit davon dar, ob eine Person Frühaufsteher oder Morgenmuffel ist (Bodenhausen 1990). In unserem Zusammenhang lässt sich sagen, dass Frühaufsteher dadurch gekennzeichnet sind, dass sie schon früh am Morgen über ihre kognitive Kapazität vollständig verfügen können. Hingegen sind Morgenmuffel dadurch gekennzeichnet, dass sie erst relativ spät in Schwung kommen, sodass sie am frühen Morgen die volle kognitive Kapazität noch nicht zur Verfügung haben. Stattdessen sind sie besonders leistungsfähig in den Abendstunden, in denen sie ein Hoch haben. Die Folge davon ist, dass Frühaufsteher, die morgens getestet werden, weniger Stereotype verwenden sollten als Frühaufsteher, die abends getestet werden. Umgekehrt ergibt sich die Annahme, dass Morgenmuffel, die morgens getestet werden, mehr Stereotype verwenden sollten als Morgenmuffel, die abends getestet werden und ihre volle kognitive Kapazität für die Durchführung kontrollierter Informationsverarbeitung, die vermutlich der Korrektur von vorurteilsvollen Urteilen dient, zur Verfügung haben. Die Ergebnisse stimmten mit diesen Voraussagen überein.

Wie Stereotype ihre eigene Wahrheit erzeugen können

Wie schon angedeutet, haben die Prozesse der Erwartungsbestätigung eine besondere Bedeutung, wenn sie an Stereotype gekoppelt sind. Falsche Erwartungen, die Stereotypen entsprechen, haben eine erhöhte Wahrscheinlichkeit, in der Realität umgesetzt zu werden. Darüber hinaus kann argumentiert werden, dass Stereotype durch sich selbst erfüllende Prophezeiungen verstärkt werden. Das Vorurteil der wahrnehmenden Person kann eine kausale Rolle für das Verhalten der stereotypisierten Person spielen. Dann erzeugen Stereotype ihre eigene soziale Realität.

Ein Beispiel ist das Stereotyp, das mit *physischer Attraktivität* verbunden ist. Untersuchungen zeigen, dass physisch attraktive Frauen mit einer Vielzahl von positiven Eigenschaften assoziiert werden (Dion u.a. 1972). Dieses Stereotyp kann die Erwartung erzeugen, dass die Interaktion mit einer attraktiven Frau angenehmer verläuft, weil sie freundlicher und unterhaltsamer sein wird. Auch wenn es keine tatsächlichen Unterschiede zwischen attraktiven und weniger attraktiven Frauen im Hinblick auf ihre Freundlichkeit gibt, kann doch die falsche Erwartung dazu führen, dass solche Unterschiede hervorgerufen werden.

Um diese Annahme zu überprüfen, wurde Männern, die sich über eine Telefonleitung mit Frauen unterhielten, das Foto einer Frau vorgelegt, das ihrer Gesprächspartnerin willkürlich zugeordnet wurde, obwohl angegeben wurde, dass es das Foto der Gesprächspartnerin sei (Snyder u.a. 1977). Ein Teil der Männer nahm an, dass ihre Gesprächspartnerin, die von dem Foto nichts wusste, im Aussehen besonders attraktiv sei. Im Anschluss daran fand eine Unterhaltung statt, die im Hinblick auf die gezeigten Verhaltensweisen der Gesprächspartner durch neutrale Beurteiler ausgewertet wurde, indem getrennt die Gesprächsanteile des Mannes und der Frau vorgespielt wurden.

Es zeigte sich, dass die Frauen, die für attraktiv gehalten wurden, Verhaltensweisen zeigten, die mit dem Stereotyp der attraktiven Frau in Übereinstimmung stehen. Die Ursache für diese sich selbst erfüllende Prophezeiung liegt in dem unterschiedlichen Verhalten der Männer. Die Auswertung ihres Verhaltens zeigte, dass sie dann, wenn sie eine attraktive Frau am anderen Ende der Leitung erwarteten, geselliger, interessanter, humorvoller und mit mehr Initiative auftraten. Sie gaben sich einfach mehr Mühe, eine interessante Unterhaltung zu führen, was sich dann reziprok in einem interessanteren Gespräch mit den Gesprächspartnerinnen niederschlug. Ein zehnminütiges Telefongespräch reichte aus, um die Wirkung des *Stereotyps der physischen Attraktivität* zu entfalten, das der einfachen

Regel folgt »Was schön ist, ist gut« (Berscheid/Walster 1974). Auch hier kann wieder festgestellt werden, dass das, was als falsche Erwartung beginnt, in der sozialen Realität fortgesetzt wird.

Zwei Stufen der Annäherung an die soziale Wirklichkeit

Häufig sprechen Menschen darüber, dass ihre Erfahrungen ihre Ansichten bestätigt haben. Die Realität stellt sich so dar, wie sie erwartet worden ist. Menschen scheinen eine starke Präferenz dafür zu haben, ihre Wissensstrukturen und Vorstellungen zu bestätigen. Sätze wie »Das habe ich immer schon gewusst« sind in diesem Zusammenhang verräterisch. Sie deuten auf die Tendenz hin, neue Ereignisse auf der Grundlage von Schemata und Erwartungen zu interpretieren, die im Laufe der Sozialisation erworben worden sind.

Was bedeutet das für Stereotype? Warum gibt es sie überhaupt, wenn es doch so ist, dass die große Mehrheit unserer Bevölkerung für Gleichheit und Vorurteilsfreiheit eintritt? Tatsächlich ist es aber so, dass Stereotype überall zu finden sind. Ein Beispiel sind die Stereotypisierungen von Frauen gegenüber Männern oder von Männern gegenüber Frauen. Welche Frau hat nicht schon den Gedanken erwogen, ob nicht alle Männer kommunikationsgestört sind? Welcher Mann hat nicht schon darüber nachgedacht, dass nicht alle Frauen unpraktisch veranlagt sind? Oder denken wir an die Politik. Hat nicht jeder von uns schon mit dem Gedanken gespielt, dass alle Politiker korrupt und bestechlich sind? Hinzu kommen die Vorurteile gegen Ausländer, die im Übrigen diejenigen sind, von denen am heftigsten bestritten wird, dass es sie gibt. Viele von uns werden es weit von sich weisen, dass sie Vorurteile gegenüber bestimmten ethnischen Gruppen verwenden. Wenn ich in einer Veranstaltung die Frage stellen würde, welche Stereotype für Chinesen gelten, würde vermutlich Schweigen eintreten. Trotzdem ist es so, dass Eigenschaften wie *verlässlich*, *anmutig* und *ruhig* auf Chinesen angewendet werden. Andererseits lässt sich z.B. das Stereotyp der Frau durch Merkmale wie *freundlich*, *emotional* und *romantisch* beschreiben, jedenfalls unter walisischen Studierenden (Macrae u.a. 1995).

Die Verwendung *impliziter Stereotype* (s. oben) führt zu der Annahme, dass Menschen auch dann, wenn sie Vorurteile ablehnen, in gewissem Sinne mit Stereotypen leben müssen. Die automatische Bereitstellung kultureller Gegebenheiten, die Stereotype über verschiedene Personengruppen einbeziehen, lässt sich durch willentliche Vermeidung nicht ohne weiteres ausschließen. Vielmehr bedarf es einer kontrollierten zusätzlichen Informationsverarbeitung, um die automatische Aktivierung von Stereotypen zu neutralisieren (Devine 1994).

Nach diesen Überlegungen besteht der Unterschied zwischen Personen, die hoch und niedrig vorurteilsvoll sind, darin, dass die hoch vorurteilsvollen Personen ihre stereotypen Ansichten akzeptieren und in ihre Kommunikation aufnehmen, während niedrig vorurteilsvolle Personen die aktivierten Stereotype bewusst negieren und eine Gegenposition beziehen. Kontrollierte Verarbeitungsprozesse erscheinen als der Schlüssel, mit dem man Vorurteile überwinden kann. Das erfordert die Absicht, persönliche Überzeugungen von Gleichheit und Vorurteilsfreiheit zu verwirklichen.

Das Problem der Stereotypisierung beruht darauf, dass Erkenntnisgewinn in zwei Stufen abläuft (Gilbert 1991; s. oben). Nicht alle Sachverhalte werden in der gleichen Weise überprüft. Feststellungen werden zunächst einmal als wahr akzeptiert, bevor in einem zweiten Schritt überprüft wird, ob sie falsch sind. Dementsprechend kann zwischen zwei kognitiven Verarbeitungsstufen unterschieden werden:

- *Stufe der Repräsentation,* auf der ein Verstehen und gleichzeitiges Akzeptieren von Sachverhalten statt findet;
- *Stufe der Bewertung,* die auf eine Bestätigung oder Nichtakzeptierung des Sachverhalts hinausläuft.

In Übereinstimmung mit diesem Modell wurde schon von Bertrand Russell (1921) darauf hingewiesen, dass Zweifel auf Akzeptanz folgt: Anfangs glauben wir alles, danach entsteht Skepsis. Eine Folge dieses Zwei-Stufen-Verfahrens besteht darin, dass es aufwändiger ist, etwas nicht zu glauben, als es zu glauben. Diese Asymmetrie kommt auch in der Sprache zum Ausdruck, da wir zwar *wahr* und *unwahr* unterscheiden, aber nicht *falsch* und *unfalsch*. In Übereinstimmung mit dieser Asymmetrie steht, dass die Wahrheit einer Aussage schneller beurteilt werden kann als ihre Falschheit. Die Verneinung einer Aussage erfolgt erst, nachdem sie vorher bestätigt wurde (Gilbert 1991).

Akzeptanz tritt also in Einheit mit dem Verstehen auf. »Der große Meisterirrtum des menschlichen Geistes besteht darin, zu viel zu glauben.« (Bain 1859; zit. n. Gilbert 1991, S. 116) Es findet eine unwillentliche und automatische Akzeptanz von Feststellungen während des Verstehens statt, was die Gefahr des Irrtums mit sich bringt, wenn der Sachverhalt falsch ist und die Stufe der Bewertung ausfällt. Ein solches zweistufiges System hat seine Vorteile, wenn die Aussagen überwiegend zutreffend sind. Es hat aber auch Nachteile, die dann deutlich werden, wenn Aussagen falsch sind und die kognitive Verarbeitung verkürzt ist. Die zur Verfügung stehende kognitive Kapazität ist möglicherweise durch bestimmte Aufgaben besetzt, die schon ausgeführt werden, sodass nur in unzureichendem Maße kognitive Kapazität auf die Widerlegung eines Sachverhalts konzentriert werden kann. Eine Person, die mehrere Dinge gleichzeitig überlegt, ist nur unzureichend in der Lage, die Stufe der Bewertung zu vollziehen, sodass die Tendenz entsteht, auf der Stufe der Repräsentation stehen zu bleiben. So werden Behauptungen leicht wie Daten behandelt, ohne dass sie auf ihre Richtigkeit überprüft worden sind.

Gibt es Beispiele dafür, die auf die Asymmetrie zwischen Bestätigung und Widerlegung verweisen? Ein Beleg ist das Festhalten an Behauptungen, die in ihrem Wert diskreditiert worden sind Perseveranz. Es fällt offensichtlich schwer, Information, die als ungültig entlarvt worden ist, vollständig zu ignorieren. Schon das bloße Lesen einer Information führt zu ihrer Akzeptanz, die im Nachhinein nicht vollständig rückgängig gemacht werden kann. Daher kann das Auftreten von Bestätigungsfehlern nicht verwundern. Strategien zur Bestätigung von Hypothesen werden häufiger angewandt als Strategien zu ihrer Widerlegung.

Die Unterscheidung von zwei Verarbeitungsschritten lässt sich auf Stereotype anwenden. Auch hier lassen sich zwei Stufen der Verwendung unterscheiden (Gilbert/Hixon 1991):

- *Aktivierung des Stereotyps,* z.B. durch die äußere Erscheinung einer Person;
- *Anwendung des Stereotyps* auf die konkrete Person.

Stereotype werden automatisch ausgelöst. Der Einzelne hat keine oder nur geringe Kontrolle darüber, ob Stereotype wachgerufen werden. Wenn eine Person z.B. einen Schwarzen sieht, werden automatisch Vorstellungen über die Eigenschaften von Schwarzen, wie sie in Stereotypen enthalten sind, aktiviert. Daher ist eine Aussage wie »Ich habe keine Stereotype!« nicht so zu verstehen, als wenn Stereotype nicht ausgelöst werden könnten.

Für hartnäckige Zweifler an der automatischen Aktivierung von Stereotypen wurde ein Experiment entwickelt, das die Wirkung von Stereotypen im vorbewussten Bereich lokalisiert (Macrae u.a. 1995). Die Vorgehensweise bestand darin, dass während der Bearbeitung einer Bildschirmaufgabe stereotype Eigenschaften einer Personengruppe (z.B. Chinesen) so kurzfristig auf dem Bildschirm gezeigt wurden, dass eine bewusste Wahrnehmung nicht möglich war. Dieses unterschwellige Priming löste eine Stereotypisierung aus, die dazu führte, dass Begriffe, die durch die stereotypisierten Eigenschaften nahe gelegt wurden, schneller erkannt wurden. Wenn also z.B. stereotype Eigenschaften von Chinesen im Priming verwandt wurden, ergab sich eine beschleunigte Wahrnehmung des Begriffs »Chinese«. Da die Voraktivierung durch unterschwellige Wahrnehmung nicht bewusst erfolgte, kann auch nicht von einer bewussten Steuerung durch das Stereotyp gesprochen werden. Vielmehr handelt es sich um einen automatischen Prozess.

Untersuchungsergebnisse zeigen, dass durch unterschwelliges Priming sowohl Personen, die Vorurteile haben, als auch solche, die keine haben, auf der Grundlage von Stereotypen reagieren. Was unterscheidet dann aber Personen, die Vorurteile haben, von solchen, die sie nicht haben? Die Antwort liegt in der zweiten Phase, die sich auf die Anwendung von Stereotypen bezieht (Devine 1989, 1994). In der Anwendungsphase kommen kontrollierte Prozesse der bewussten Steuerung der Bewertung zur Geltung. Die Person setzt sich mit der Frage auseinander, ob sie das Stereotyp anwenden möchte oder nicht. Wenn jemand von Vorurteilsfreiheit und Gerechtigkeit überzeugt ist, wird er oder sie die Anwendung des Stereotyps vermeiden, sodass das Verhalten vorurteilsfrei ist. Die Frage des vorurteilsvollen Verhaltens entscheidet sich in der Anwendungsphase, wenn eine Person sich dem Vorurteil ausliefert oder aber sich davon abgrenzt.

Lernen von Stereotypen

Die Sozialisationsforschung zu Geschlechterstereotypen legt die Vermutung nahe, dass Stereotype in der Kindheit als Teil der kulturellen Wissensstruktur gelernt werden (Trautner 1991). Das gilt vermutlich auch für ethnische Stereotype. Schon die Alltagserfahrung im Kindergarten zeigt, dass Stereotype gegenüber Ausländern unter den Kindern verbreitet sind. Kinder im Alter von fünf bis sieben Jahren bewerten verschiedene Nationalitäten unterschiedlich (Barrett/Short 1992). Acht- bis Zehn-Jährige verwenden dann auch mit einer gewissen Übereinstimmung Eigenschaften, die sie den Nationalitäten zuweisen.

Wie schon erwähnt, wurde das Vorhandensein von Stereotypen im Kindesalter auch für Geschlechterstereotype unter Beweis gestellt. Jüngere Kinder benutzen Stereotype in undifferenzierterer Form als ältere Kinder. Sechsjährige verwenden eine *rigidere Stereotypisierung* von Jungen und Mädchen als ältere Kinder, die eine *flexible Stereotypisierung* bevorzugen:

- Die sechsjährigen Kinder ordnen Feststellungen, die unter das Geschlechtsrollenstereotyp fallen, eindeutig der einen oder der anderen Geschlechtsgruppe zu. Sie behaupten z.B., dass nur Jungen Fußball spielen, Mädchen aber nicht.
- Zehnjährige sind vorsichtiger in ihren Aussagen. Sie meinen, dass Jungen Fußball spielen, aber nicht ausschließlich. Umgekehrt verhält es sich bei Verhaltensweisen, die unter das weibliche Stereotyp fallen, wie z.B. Mit-Puppen-Spielen.

Die Tatsache, dass ältere Kinder, Jugendliche und Erwachsene Stereotype flexibel verwenden, hat eine positive und eine negative Seite:

- Flexible Vorurteile lassen Ausnahmen zu und tragen dazu bei, dass Widersprüche akzeptiert werden. Während rigide Stereotype als verbohrt und uneinsichtig erscheinen, sind abgeschwächte Vorurteile nicht ganz so extrem.
- Andererseits sind flexible Stereotype kaum zu widerlegen. Wenn ein Kind z.B. glaubt, dass überwiegend Mädchen mit Puppen spielen, wird diese Annahme durch einen Jungen, der mit Puppen spielt, nicht wirklich widerlegt. Das Stereotyp wird nicht erschüttert, auch wenn das Gegenteil der Erwartungen auftritt.

Bestätigung vs. Widerlegung

Der Verweis auf Ausnahmen belegt, dass es wesentlich leichter ist, ein Stereotyp zu bestätigen, als es zu widerlegen. Bestätigung wirkt verstärkend auf das Stereotyp, während Widerlegung in ihrer Bedeutung für das Stereotyp abgewertet wird. Hinzu kommt, dass es kognitiv weniger Aufwand bereitet, eine Bestätigung des Stereotyps festzustellen als seine Widerlegung. Bestätigungstendenzen können sich außerdem in vielfältigen Strategien niederschlagen. Dazu zählt das *konfirmatorische Hypothesentesten* durch die einseitige Formulierung von Fragen (Snyder/Cantor 1979).

- Wenn der Interviewer davon ausgeht, dass die befragte Person als *Bibliotheksaufsicht* tätig ist, können Fragen formuliert werden wie: »Welche Bücher liest du, wenn es dir langweilig wird?«
- Wenn eine Person befragt wird, die als *Gruppenleiter* in einem Feriencamp tätig ist, könnte eine Frage lauten: »Welche geselligen Aktivitäten stehen abends auf dem Programm?«

Während die erste Frage dazu führt, dass die Person eine Antwort gibt, die sie als eher introvertiert erscheinen lässt, was mit dem Stereotyp einer Bibliothekarin übereinstimmt, trägt die zweite Frage dazu bei, dass die befragte Person als extravertiert erscheint, weil sie vermutlich Verhaltensweisen schildern wird, wie sie für Extraversion typisch sind. Damit bestätigt sie aber das Stereotyp eines Gruppenleiters, das eine extravertierte Komponente beinhaltet.

Stereotype: Eine erste Zusammenfassung

Menschen interpretieren ihre (soziale) Umwelt in Begriffen, deren Anwendung Abgrenzungen erfordert, z.B. zwischen *hell* und *dunkel*, *Tisch* und *Stuhl* oder *Fast food* und *gutes Essen*. Denken in Kategorien erweist sich als nützlich, weil die Umwelt dadurch strukturiert wird und die Kommunikation erleichtert wird. Begriffliches Denken bedeutet aber auch eine Vereinfachung der Realität, die häufig auch zur Einebnung von Unterschieden innerhalb einer Kategorie (Assimilation) und zur Überbetonung oder sogar Extremisierung des Unterschieds zwischen Kategorien (Kontrast) führt (s. unten).

Personen und Personengruppen werden in *sozialen Schemata* repräsentiert, die durch ein assoziatives Netzwerk dargestellt werden können (Stangor/Lange 1994). Schemata sind hierarchisch organisiert, wobei konkrete mit abstrakten Ebenen verbunden sind. Soziale Schemata setzen häufig auf der mittleren Abstraktionsebene an, auf der die äußere Erscheinung thematisiert wird. Daraufhin erfolgt eine soziale Kategorisierung auf einer übergeordneten Ebene, aus der dann Eigenschaften und Verhaltensweisen abgeleitet werden. Oft wird auf *Prototypen* zurückgegriffen, um die Attribute einer typischen Person in einer sozialen Kategorie zu kennzeichnen. Daraus werden Erwartungen über die Eigenschaften von Gruppenmitgliedern abgeleitet und Gefühle ausgelöst, die der Gruppe gegenüber bestehen (z.B. Angst vor Bedrohung).

Ein Beispiel kann den Ablauf veranschaulichen. Eine Person wird auf Grund ihrer Kleidung als *Zigeuner* kategorisiert. Wir verwenden hier den Begriff des Zigeuners (im Englischen gipsy) als eine der weit verbreiteten stereotypen Bezeichnungen für Sinti und Roma. Aus dieser Bezeichnung leiten sich stereotype Eigenschaften ab (z.B. *unbeständig, unzuverlässig*), die sich in Erwartungen einzelner Verhaltensweisen auswirken (z.B. *wechselt häufig den Aufenthaltsort, hält Versprechen nicht ein*).

In diesem Ablauf der Stereotypisierung stellt die Verknüpfung von physischen Merkmalen mit stereotypen Eigenschaften die entscheidende schematische Zuordnung dar (Stephan 1989). Die Aktivierung des sozialen Schemas bzw. des Stereotyps kann über eine automatische Enkodierung erfolgen (unterschwellige Voraktivierung des sozialen Schemas = unterschwelliges Priming) oder über eine kontrollierte Enkodierung. Automatische Aktivierung bedeutet, dass Stereotype vorbewusst wirksam werden können, ohne dass sie einer bewussten Kontrolle zugänglich sind (= implizite Stereotype).

Der Inhalt von Stereotypen wird schon in der frühen Kindheit gelernt. Einmal erworben, tendieren Stereotype dazu, ihre eigene Realität zu schaffen. Dabei spielt die Dominanz von Bestätigung gegenüber Widerlegung im kognitiven Prozess eine bedeutsame Rolle. In diesem Zusammenhang lässt sich ein zweistufiger Prozess vorstellen, auf dessen erster Stufe Stereotype wachgerufen werden, die dann auf der zweiten Stufe korrigiert werden. Wenn die zweite Stufe entfällt, z.B. wegen kognitiver Überlastung, werden Stereotype intensiviert, und es kann zu einer Ausdehnung des stereotypen Denkens auf verwandte Inhalte kommen, das sich wie eine Infektion ausbreiten kann.

Soziale Diskriminierung

Soziale Kategorisierung und soziale Identität

Eine spezielle Auswirkung des Prozesses der sozialen Kategorisierung – Kontrast und Assimilation in der Urteilsbildung (vgl. Sherif/ Hovland 1961) – wird in Untersuchungen zur *Theorie der Reizklassifikation* thematisiert (Tajfel 1969). *Assimilation* bedeutet, dass die Ähnlichkeit der Personen innerhalb einer Gruppe überschätzt wird. Der *Kontrasteffekt* bewirkt, dass die Unähnlichkeit zwischen Mitgliedern unterschiedlicher Gruppen überschätzt wird. Das gilt vor allem für ähnliche Reize (z.B. Linien), die gerade noch der einen Gruppe (z.B. der kürzeren Linien) und schon der anderen Gruppe (der längeren Linien) angehören. Für solche ähnlichen Reize, die unterschiedlichen Kategorien zugeordnet sind, wird der Unterschied auf Grund der Reizklassifikation überschätzt.

Eine Studie mit 14- und 15-jährigen Schülern zeigte, dass die Kategorisierung in unterschiedliche Gruppen Stereotypisierung und Intergruppen-Diskriminierung zu Gunsten der Binnengruppe hervorrief (Tajfel u.a. 1971). Das verweist darauf, dass nicht nur neutrale Stimuli wie Linien, sondern auch Personen auf Grund ihrer Gruppenzuordnung verändert wahrgenommen werden.

Zur Veranschaulichung sei auf eine Untersuchung verwiesen, die typisch ist für eine ganze Reihe von ähnlichen Studien (Dann/Doise 1974). Eine willkürliche Klassifikation wurde hergestellt, indem Soldaten gebeten wurden, eine Serie von Bildern zu beurteilen, die Blutzellen zeigten, die mit einem Mikroskop aufgenommen worden waren. Den Soldaten wurde mitgeteilt, dass sie auf Grund ihrer Präferenz für bestimmte dieser Bilder in zwei Gruppen eingeteilt wurden. Nachdem die Soldaten ihrer Gruppe zugeordnet worden waren, erfuhren sie, dass ihre Gruppe im Wettbewerb mit der anderen Gruppe stehe. Der Gewinn jeder Gruppe werde unter ihren Gruppenmitgliedern gleichmäßig aufgeteilt. Im weiteren Verlauf sollten die Soldaten Gewinne zwischen der eigenen Gruppe und der anderen Gruppe aufteilen. Ihre Aufteilungsentscheidungen ließen eine Präferenz für die eigene Gruppe erkennen, da sie Entscheidungen trafen, bei denen die eigene Gruppe höhere Gewinne erhielt als die andere Gruppe. Diese Neigung zur *Favorisierung der Binnengruppe* wurde auch dann deutlich, wenn deshalb auf höhere Gewinnauszahlungen verzichtet werden musste (die es aber nicht ermöglichten, die eigene Gruppe zu bevorzugen).

Zusammenfassend kann festgestellt werden, dass eine willkürliche Klassifikation in zwei Gruppen eine *soziale Diskriminierung* zu Gunsten der Binnengruppe auslöste, die sich als relativ robust erwies. Dieses Ergebnismuster trat auch in anderen Untersuchungen auf, sodass die Folgerung nahe gelegt wird, dass minimale Gruppenunterschiede regelmäßig soziale Diskriminierung auslösen (St. Claire/Turner 1982; Turner u.a. 1979).

Eine verwandte Theorie zur Erklärung von sozialer Diskriminierung ist die *Theorie der sozialen Identität* (Tajfel/Turner 1986). Ihr Thema ist die Steigerung des Selbstwertgefühls durch eine entsprechende Selbstkategorisierung. Dabei geht es um die Herstellung von Gemeinsamkeiten zwischen dem Ich und sozialen Gruppen, denen es sich zuordnen kann. Welche Bezugsgruppen werden in die Ich-Identität aufgenommen? Wie konstituiert sich die soziale Verbundenheit der Person? Mit welchen Gruppen identifiziert sie sich?

Mit dem Thema der *sozialen Identität* hängt der *soziale Vergleich* mit anderen zusammen. Es geht um die Konkurrenz zwischen »wir« und »denen«, zwischen Binnengruppe und Fremdgruppe. Eine andere Konkurrenz ist die zwischen sozialer Identität und *persönlicher Identität*, die auf persönlichen Neigungen und persönlichen Beziehungen beruht. Die Frage, ob eine Person mehr ihrer sozialen oder persönlichen Identität in einer bestimmten Situation Bedeutung gibt, verweist auf die Betonung von »wir« gegenüber »ich« (Simon 1997). Wenn das »wir« bestimmend ist, überwiegt die kollektive Identifikation (z.B. bei einem Katholiken als positive Bewertung der Katholiken); wenn das »ich« dominiert, überwiegt die individuelle Identifikation (z.B. ich als besonderer Mensch).

Die Theorie der sozialen Identität geht von einem Streben nach positivem Selbstwert aus, wie es vielfach gefunden wurde (Baumeister 1998). Menschen streben an, sich positiv zu bewerten, auch dann, wenn sie Fehler gemacht haben. Ein bekanntes Beispiel ist die externale Attribution nach Misserfolg (Stevens/Jones 1976; vgl. Kapitel »Fehler und Fallen der sozialen Urteilsbildung«). Das Streben nach positivem Selbstwert äußert sich auch darin, dass Personen nach einer positiven sozialen Identität streben. Im Bereich von Gläubigen und besonders von Fundamentalisten finden sich dafür viele Beispiele. Weltweit betrachtet stellt die Religion vermutlich eine der wichtigsten Quellen für die Bereitstellung positiver sozialer Identität dar.

Voraussetzung für den Aufbau einer positiven sozialen Identität ist *soziale Kategorisierung*. Wenn zwischen »wir« und »denen« differenziert wird, kann die eigene soziale Identität positiv gegenüber anderen Gruppen betont werden. Soziale Vergleiche dienen in diesem Zusammenhang als Beweismittel dafür, anderen überlegen zu sein. Diese Vergleiche erfolgen nicht zufällig, sondern folgen einem systematischen Muster: Die Dimensionen des sozialen Vergleichs werden als wichtig erachtet und bevorzugt betrachtet, auf denen die eigene Gruppe eine Überlegenheit zu besitzen scheint. Da viele dieser Dimensionen eine starke subjektive Bewertungskomponente beinhalten, fällt es darüber hinaus vielfach leicht, sich selbst anderen gegenüber als überlegen darzustellen. Wie will man schon objektiv erfassen, ob eine Religion eine tiefere und echtere Gläubigkeit verwirklicht als eine andere? Wie will man messen, ob eine Religion wahrer ist als eine andere? Wer kann schon objektiv feststellen, ob ein Volk als Nation großartiger ist als ein anderes? Wahrgenommene Überlegenheit ist hochgradig subjektiv und Ausdruck von »impression management«.

Die Nazis sind ein prägnantes Beispiel, da es ihnen gelungen ist, in völlig willkürlicher Weise die Überlegenheit des deutschen Volkes zu konstruieren, und das zu einem Zeitpunkt, zu dem Verachtung wegen Rassismus und Unmenschlichkeit angemessen gewesen wäre. Dieses Beispiel und andere zeigen, dass das Erlebnis der Überlegenheit hochgradig manipulierbar ist. In der heutigen Welt ist kaum vorstellbar, dass es eine Gruppe, die es darauf anlegt, nicht schafft, sich den Eindruck zu verschaffen, dem Rest der Menschheit überlegen zu sein. In diesem Zusammenhang spielen ethnozentrische Stereotype eine Schlüsselrolle.

Diese Subjektivität kann in traditionelleren Gesellschaften weniger stark ausgeprägt gewesen sein, in denen Statusunterschiede zwischen »oben« und »unten« als stabil und legitim wahrgenommen wurden (Tajfel 1982). Möglicherweise war aber die Akzeptanz einer negativen sozialen Identität zu keinem Zeitpunkt in der menschlichen Geschichte ein stabiles Phänomen. Die Geschichte von Bürgerkriegen, die nahezu in allen Staaten und Gegenden dieser Welt besteht, verweist darauf, dass Gesellschaften, die auf großer Ungleichheit zwischen den Schichten aufgebaut sind, auf längere Sicht selten stabil sind.

Offensichtlich sind nicht alle Gruppen gleich gut geeignet, um einen Beitrag zur Erhöhung des Selbstwertes einer Person auf dem Wege der kollektiven Identifikation mit der Gruppe zu leisten. So sind Gruppen, die historisch, sportlich oder kulturell zu den Verlierern zählen, aus Sicht des Strebens nach einer positiven sozialen Identität problematisch. Ein weiterer Hinweis auf günstige Identifizierungsziele ergibt sich, wenn man die Größe der Gruppe berücksichtigt (Brewer 1999). Vermutlich können große Gruppen weniger zur positiven sozialen Identität einer Person beitragen als kleinere, exklusive Gruppen.

Abschließend wenden wir uns zwei weiteren Fragestellungen der Theorie der sozialen Identität zu: Worauf beruht die Binnengruppenfavorisierung und lassen sich neben den bekannten negativen Auswirkungen im Bereich der sozialen Diskriminierung auch positive Effekte der Bildung einer positiven sozialen Identität nennen?

Ist Stolz auf die Binnengruppe immer mit einer Abwertung anderer Gruppen verbunden? Logisch betrachtet ist es vorstellbar, dass Gruppenmitglieder stolz auf sich sind, ohne dass sie andere verachten müssen. Binnengruppenfavorisierung kann entweder auf Stolz auf die Binnengruppe oder auf Hass auf die Fremdgruppe beruhen oder auf beidem (Brewer 1999). Erst in Konfliktsituationen kommt vermutlich eine Dynamik in Gang, die Stolz auf die Binnengruppe an Hass auf die Fremdgruppe koppelt (Duckitt/Mphuthing 1998). Dann werden auch die *ethnozentrischen* Stereotype, die vorher nur latent als Teil des kulturellen Erbes virulent waren, in voller Schärfe angewandt, sodass eine hasserfüllte Atmosphäre überwiegt, die durch Vorurteile gerechtfertigt wird. Als Erklärung dafür bietet sich die Hypothese des stellvertretenden Personalismus an (s. Kapitel »Forschungsmethoden der Sozialpsychologie«): Die wahrgenommene Bedrohung durch fremde Gruppen setzt einen intensiven Abwertungsprozess gegenüber denen in Gang, die das eigene Wohlergehen in Frage stellen. Die Drohung mit Niederlage und Verlust von Privilegien kann ein Feuerwerk von inhumanen Glaubenssystemen zünden, das dann auf die Gegner angewandt wird.

Der Begriff der *Binnengruppen-Solidarität* signalisiert, dass kollektive Identifikation auch positive Auswirkungen haben kann. Personen, die sich mit einer bestimmten Gruppe intensiv identifizieren, tendieren dazu, sich auch für Mitglieder dieser Gruppe, die Hilfe brauchen, stärker zu engagieren (Simon u.a. 2000). Daher ergibt sich in der zusammenfassenden Bewertung ein zwiespältiges Bild: Einerseits trägt das Streben nach positiver sozialer Identität zu Spannungen zwischen religiösen, ethnischen und nationalen Gruppen bei; andererseits beinhaltet die kollektive Identifikation und das damit einhergehende ausgeprägte *Wir-Gefühl* auch die Möglichkeit, sich für Mitmenschen zu engagieren, denen man vertraut und die man als Freunde oder »Brüder« bzw. »Schwestern« ansieht.

Die Theorie der sozialen Identität lässt sich gut durch nationale Identitäten (z.B. Franzosen) veranschaulichen. So finden sich auf europäischer Ebene unterschiedliche nationale Identitäten, die von den Mitgliedern der einzelnen Nationen mit mehr oder weniger Stolz aufrechterhalten werden (s. Kapitel »Forschungsmethoden der Sozialpsychologie«). Diese nationalen Identitäten haben eine ähnliche Verursachung wie die soziale Identität eines Gruppenmitglieds. Allerdings kommen Faktoren wie Tradition, Massenkommunikation und wirtschaftliche Interessen hinzu. Auf diese Weise kann es geschehen, dass an die Stelle von individueller Bedürfnisbefriedigung eine Erwartung oder eine Illusion der Bedürfnisbefriedigung tritt. Erfolgreiche Politiker zeichnen sich gerade dadurch aus, dass sie ihren Wählern suggerieren, dass sie deren Interessen vertreten und durchsetzen werden. Damit haben wir schon auf einen weiteren Ansatz zur Erklärung von sozialer Diskriminierung vorgegriffen.

Theorie des realistischen Gruppenkonflikts

Das menschliche Leben beinhaltet den Wettbewerb um knappe Ressourcen, der in der Soziobiologie thematisiert wird. Eine Folge dieser nicht ganz glücklichen Ausgangssituation besteht darin, dass Gruppen um den Besitz von Werten und Gütern konkurrieren. Wir hatten schon ein Beispiel für einen *Interessenkonflikt* zwischen Gruppen genannt, nämlich den Konflikt zwischen Schwarzen und Weißen in den USA um das Thema der gemeinsamen Beschulung (s. Kapitel »Forschungsmethoden der Sozialpsychologie«).

Weitere Beispiele für reale Konflikte sind Auseinandersetzungen um Wasser, wie sie in verschiedenen Krisengebieten dieser Erde ausgetragen werden. Gegenwärtig bestehen sechs internationale Konflikte, die wegen knapper Wasservorräte ausgetragen werden und die überwiegend in Afrika stattfinden (z.B. Sudan vs. Äthiopien; Fischer Weltalmanach 2001, Karte XL). Der Kampf um knappe Ressourcen kann Intergruppenkonflikte auslösen, die sich als Kampf um die Vorherrschaft über wertvolle Mittel deuten lassen. Solche Auseinandersetzungen hat es in der Geschichte immer wieder gegeben. Sie stellen einen wichtigen Motor für die Planung und Ausführung von Eroberungskriegen dar, wie sie z.B. das Zeitalter des Kolonialismus geprägt haben.

In der Theorie des realistischen Gruppenkonflikts (Sherif 1966) wird angenommen, dass die Ursache für soziale Konflikte auf Gruppenebene in dem Wettbewerb der beteiligten Gruppen liegt. Die Belege für diese Annahme wurden in Experimenten mit Schülern gesammelt, die in Ferienlagern ihre Sommerferien verbrachten. Der Ablauf dieser Feldexperimente war der Folgende: Die Schüler des Ferienlagers wurden in zwei Gruppen unterteilt. Diese wurden in Wettkämpfen »aufeinander losgelassen«. Die Folge war die Entwicklung von ausgeprägten Feindschaften zwischen den Gruppen, die besonders deutlich wurde, als eine Gruppe die Wohnräume der anderen Gruppe überfiel und verwüstete. Gleichzeitig formierte sich eine Gruppenidentität innerhalb der Gruppen, die z.B. durch Gruppennamen zum Ausdruck gebracht wurde.

Die Theorie des realistischen Gruppenkonfliktes lässt sich zwanglos mit der Theorie der sozialen Identität verbinden. Der grassierende Konflikt erhöht in vielen Fällen das Bewusstsein der eigenen Gruppenzugehörigkeit, die einem vorher vielleicht nur latent bewusst war. Außerdem löst die wahrgenommene Bedrohung der eigenen Erfolge durch die Wettbewerber einen Prozess der Abwertung der Mitglieder der verfeindeten Gruppen aus, wie er in der Hypothese des stellvertretenden Personalismus (Cooper/Fazio 1986) vorhergesagt wird.

Eine weiter gehende Annahme besteht darin, dass Kooperation zwischen den Mitgliedern verfeindeter Gruppen zum Abbau des Konflikts beitragen kann. Natürlich besteht das Problem darin, wie verfeindete Gruppen zu kooperativen Aktionen veranlasst werden sollen. Eine Möglichkeit dazu ist das Vorhandensein von *übergeordneten Zielen*, die die verfeindeten Gruppen nur gemeinsam verwirklichen können. In den Ferienlagerexperimenten wurden solche Ziele vorgegeben, indem eine gemeinsame Bedrohung simuliert wurde (z.B. Zusammenbruch der Wasserversorgung des Lagers), die nur gemeinsam überwunden werden konnte. Solche kooperativen Aufgaben trugen dazu bei, dass die Feindschaft zwischen den Gruppen abgebaut werden konnte.

↳ Kontakthypothese

Gruppenprozesse

Dieses Kapitel stellt eine Auswahl aus der Vielzahl von Gruppenphänomenen dar. Im ersten Teil geht es um Theorien, die den Zusammenhalt in Gruppen erklären. Warum fühlen sich Mitglieder mit ihrer Gruppe verbunden? Im zweiten Teil wird das Thema von Konformität und Veränderung aufgegriffen, wobei Mehrheits- und Minderheiteneinfluss gegenübergestellt werden. Im dritten Teil schließlich wenden wir uns einer negativen Fassette der Gruppendynamik zu, die mit der Befolgung von Befehlen zusammenhängt, die von Führungspersonen gegeben werden. Die Rolle von Gruppenprozessen wird, von der Frage der Kooperation ausgehend, noch einmal in dem Kapitel »Solidarität« thematisiert.

Gruppenzusammenhalt

Was hält Gruppen zusammen? Mit dieser Frage haben sich schon viele Sozialpsychologen beschäftigt. Die Antworten unterscheiden sich im Einzelnen, stimmen aber vielfach darin überein, dass der Zusammenhalt von Gruppen durch gemeinsame Ziele und deren Erreichung gefördert wird (im Sinne von Binnengruppen-Solidarität, s. Kapitel »Über Stereotype«). Die Suche nach einer passenden Gruppe wird häufig dadurch in Gang gesetzt, dass eine Person ein bestimmtes Ziel alleine nicht erreichen, aber darauf hoffen kann, mit Hilfe der Gruppe erfolgreich zu sein (vgl. Kapitel »Solidarität«). Ein Beispiel ist die Bildung einer Wohngemeinschaft. Jeder Einzelne kann sich eine Wohnung, die seinen Vorstellungen von einem angemessenen Wohnstandard entspricht, nicht leisten. Wenn sich aber mehrere zusammentun und als Mieter gemeinsam auftreten, kann eine gute Wohnqualität sichergestellt werden. In der Gruppe der Mitglieder der WG wird also ein Ziel erreicht, das alleine unerreichbar ist.

Unter *Gruppenkohäsion* versteht man die Bindung an eine Gruppe bzw. ihre Attraktivität. Sie wird durch verschiedene Faktoren verstärkt (Baron/Greenberg 1998). Dazu zählt eine äußere Bedrohung. Am Beispiel der Wohngemeinschaft kann das veranschaulicht werden. Wenn ein Streit mit dem Vermieter entsteht, der sich den Mietern gegenüber feindselig verhält, sollte dadurch der Gruppenzusammenhalt unter den Mitgliedern der Wohngemeinschaft verstärkt werden. Ein weiteres Kriterium ist die Bildung von exklusiven und überschaubaren Gruppen. Das entspricht der Realität der Wohngemeinschaft, die dieses Merkmal im Allgemeinen aufweist. In solchen exklusiven Gruppen ist auch die Wahrscheinlichkeit erhöht, dass eine soziale Identität als Gruppenmitglied entwickelt wird, die einen Stolz auf die Gruppe beinhaltet (Brewer 1999). Ein weiteres Kriterium für Gruppenkohäsion ist die Erfolgserwartung, die im Beispiel der Wohngemeinschaft vorausgesetzt werden kann, wenn das Ziel der Verbesserung des Wohnstandards erreicht wird.

Ein letztes Kriterium, das genannt werden kann, ist auf den ersten Blick überraschend. Wenn Hindernisse überwunden werden müssen, um Mitglied der Gruppe zu werden, wird die Attraktivität der Gruppe im Allgemeinen höher eingeschätzt, als wenn man ohne Schwierigkeiten Mitglied werden kann. Wenn also die Wohngemeinschaft ein neues Mitglied durch eine umfangreiche Prozedur unter verschiedenen Bewerbern auswählt, sollte das neue Mitglied die Attraktivität der Gruppe höher einschätzen, als wenn das neue Mitglied auf informellem Wege und ohne weitere Prüfungen in die Wohngemeinschaft aufgenommen worden wäre. Dieser Zusammenhang kommt durch Dissonanzreduktion (s. Kapitel »Einstellungen und soziale Orientierungssysteme«) zu Stande, weil das Gruppenmitglied dazu neigt, den großen Aufwand, den die Erreichung der Gruppenmitgliedschaft bedeutet, dadurch zu rechtfertigen, dass es die Gruppe aufwertet.

Gruppen, die einen hohen Zusammenhalt aufweisen, besitzen in der Regel auch eine funktionierende Rollenverteilung. Dadurch werden häufige Reibereien vermieden, die sich als Konflikte belastend niederschlagen können. Wenn die Rollenverteilung eingehalten wird, wird dadurch der Wert der Gruppe bestätigt. Sie erscheint als leistungsfähig und gut organisiert. Ein weiteres Merkmal der

Gruppenkohäsion besteht darin, dass viel gemeinsame Zeit miteinander verbracht wird. Am Beispiel der Wohngemeinschaft dürfte das sehr häufig bestätigt werden, sodass sie auch in diesem Punkt eher zu einer erhöhten Attraktivität der Gruppe, die zusammen in einer Wohnung wohnt, beiträgt.

Ein allgemeines Schema der Gruppenkohäsion sieht wie folgt aus (Hogg 1992, S. 25): Das Vorhandensein von individuellen Zielen, die nur in Kooperation mit anderen realisiert werden können, führt dazu, dass eine Gruppe aufgesucht wird. Dadurch kommt es zur Vereinigung von Individuen, die sich zusammenfinden, um gemeinsam ein Ziel zu verwirklichen (vgl. Kapitel »Solidarität«). Daher ist die folgende Zusammenarbeit durch gegenseitige Abhängigkeit und kooperative Interaktion gekennzeichnet. Jedes einzelne Mitglied der Gruppe ist davon abhängig, dass die anderen sich beteiligen, und jedes Gruppenmitglied erwartet von allen anderen, dass sie kooperativ zusammenarbeiten. Auf diese Weise wird eine gegenseitige Bedürfnisbefriedigung angestrebt. Dem lässt sich hinzufügen, dass sich die beteiligten Gruppenmitglieder auch gegenseitig als Quelle der Bedürfnisbefriedigung wahrnehmen. Das Resultat ist eine positive Bewertung der Gruppe insgesamt, die sich in der Gruppenkohäsion niederschlägt. Nach dieser Analyse ist das Auftreten der Bedürfnisbefriedigung in der Gruppe entscheidend für die Entwicklung von Gruppenzusammenhalt.

Kehren wir nun zurück zu der Frage, wie sich Gruppenkohäsion erklären lässt. Ein gemeinsames Element vieler Erklärungen ist die gemeinsame Zielerreichung. Ein Beispiel dafür ist die Theorie von Sherif (1966), der das Auftreten von Gruppenzusammenhalt als das Ergebnis von kooperativer Interaktion ansieht (vgl. Kapitel »Über Stereotype«). Die Kooperation dient der Zielerreichung, wenn eine individuelle Aufgabenlösung nicht möglich ist. Stattdessen wird eine Gruppe gebildet. Die Gruppenbildung besteht darin, dass eine anfänglich lose Zusammenarbeit in der Zuteilung von Funktionen und Aufgaben stabilisiert wird. Der Gruppenzusammenhalt wird letztlich auf die erfolgreiche Zielerreichung zurückgeführt (Hogg 1992).

Eine ähnliche Analyse ist in der *Kooperationstheorie* von Deutsch (1973) enthalten, in der davon ausgegangen wird, dass Kooperation sich entwickelt, wenn Personen voneinander abhängig sind, um ihr Ziel zu erreichen. Das Beispiel ist wieder die Wohngemeinschaft, in der eine solche Interdependenz der Gruppenmitglieder gegeben ist. Diese Abhängigkeit bei der Bedürfnisbefriedigung führt zu gemeinsamen Aktivitäten, die, wenn sie erfolgreich sind, den Gruppenzusammenhalt erhöhen. Der Gruppenzusammenhalt wird als interpersonelle Attraktion aufgefasst, die sich zwischen den interdependenten Gruppenmitgliedern entwickelt.

Einen weiteren verwandten Erklärungsansatz bietet die *Austauschtheorie* (Thibaut/Kelley 1959), die den Gruppenzusammenhalt auf das Belohnungsniveau in der Gruppe zurückführt. Eine Gruppe ist dann für die Gruppenmitglieder attraktiv, wenn sie häufig Belohnungen erhalten, die ihnen wertvoll sind. Je häufiger der Austausch von Belohnungen unter den Gruppenmitgliedern auftritt und je höher die Belohnungen bewertet werden, desto größer sollte die Attraktivität der Gruppe sein. Der Zusammenhang zur Bedürfnisbefriedigung ist offensichtlich. Interpersonelle Belohnungen führen zu interpersoneller Attraktion, die den Gruppenzusammenhalt stiftet (Hogg 1992).

In der lerntheoretischen Tradition wird angenommen, dass die Belohnungen, die in der Gruppe ausgetauscht werden, einen Verstärkungswert besitzen. Eine Möglichkeit besteht darin, dass diese Verstärkungen im Sinne einer klassischen Konditionierung wirken. Wenn das einzelne Gruppenmitglied belohnt wird und sich über die Belohnung freut, kann diese Freude auf die Gruppe generalisiert werden bzw. auf den Kontext, in dem die Gruppe arbeitet. Das angenehme Erlebnis, das mit der Belohnungserfahrung verbunden ist, wird auf alle Personen generalisiert, die in der Nähe oder die ähnlich sind (Byrne 1971). Dadurch gewinnt die Gruppe als Ganzes eine positive Valenz.

Eine weitere Erklärungsmöglichkeit, die von Festinger (1950) favorisiert wird, besteht darin, dass die Gruppe dazu beiträgt, ein Dilemma des Individuums zu lösen. Das Individuum steht in einer komplexen sozialen Umwelt, die Unsicherheit erzeugt, was die geeignete Orientierung angeht (vgl. Kapitel »Wer vertraut wem?«). Gerade in unserer heutigen Zeit, die durch Globalisierung und Internet gekennzeichnet ist, dürfte das Ausmaß der individuell erlebten Unsicherheit eher groß sein. Hier kommt die Funktion der Gruppe zum Tragen, die darin besteht, die eigenen Meinungen und Einstellungen der Gruppenmitglieder zu validieren. Wenn andere ähnliche Einstellungen vertreten wie das einzelne Gruppenmitglied, entsteht dadurch eine Bestätigung des eigenen Weltbildes. Der Verstärkungswert einer solchen Bestätigung sollte umso größer sein, je größer die Unsicherheit der Person im Hinblick auf ihre Meinungen und Einstellungen ist. Die Gruppe verschafft dem einzelnen Gruppenmitglied eine sichere Position im sozialen Raum. Dadurch gewinnt sie für das individuelle Gruppenmitglied eine große Bedeutung, da sie ihm oder ihr ein Orientierungssystem liefert.

Das sollte besonders dann der Fall sein, wenn die Ähnlichkeit unter den Gruppenmitgliedern groß ist. Diese Ähnlichkeit kann sowohl per Zufall auf dem Hintergrund gemeinsamer kultureller Erfahrungen eintreten, aber auch darauf zurückgehen, dass eine Assimilation neuer Gruppenmitglieder an die schon vorhandenen Gruppennormen stattfindet. Darüber hinaus ist auch daran zu denken, dass sich die »alten« Gruppenmitglieder an ein neues Gruppenmitglied akkomodieren. In der Regel dürfte aber die Assimilation größer sein als die Akkomodation. Diese Anpassungsprozesse lassen sich am Beispiel der Wohngemeinschaft verdeutlichen: Im Allgemeinen wird sich ein neues Mitglied der WG stärker anpassen müssen als sich die schon erfahrenen WG-Mitglieder an das neue Mitglied anpassen. Wie auch immer der Beitrag der Einzelnen zur Vereinheitlichung der Meinungen und Einstellungen ausfällt, das Ergebnis ist Ähnlichkeit, die in sich belohnend ist, weil sie die Meinungen der Gruppenmitglieder sozial bestätigt. Dem entspricht das Ergebnis, dass Ähnlichkeit in Einstellungen die interpersonelle Attraktion steigert (Byrne 1971).

Einen etwas anderen Erklärungsansatz verwendet Heider (1958), wenn er eine *Balance* zwischen verschiedenen Kognitionen postuliert. Nach Heiders *Balancetheorie* besteht die Tendenz, dass unausgeglichene kognitive Systeme in ausgeglichene Systeme verwandelt werden. In diesem Zusammenhang ist ein wichtiges kognitives Element die Einheit, die die Gruppe bildet. Ein Gruppenmitglied nimmt die Gruppe als Einheit wahr und diese Einheit wird durch eine Plus-Beziehung kognitiv repräsentiert. Wenn nun gleichzeitig Antipathie gegenüber den Gruppenmitgliedern besteht, liegt auf der affektiven Ebene eine Minus-Beziehung vor.

Damit entsteht eine Unausgeglichenheit, die im Allgemeinen früher oder später aufgelöst wird. Eine Möglichkeit der Auflösung der Unausgeglichenheit besteht darin, dass die Gefühle in Übereinstimmung mit der Gruppeneinheit gebracht werden, sodass die Antipathie von Sympathie abgelöst wird. Auf diese Weise findet eine kognitive Restrukturierung statt, bei der eine größere Ausgeglichenheit der Kognitionen erreicht wird. Allein durch diesen kognitiven Mechanismus sollte die Tendenz ausgelöst werden, dass Gruppenmitglieder untereinander Sympathie entwickeln. Während die vorher genannten Erklärungen die Frage der gemeinsamen Zielerreichung und die damit verbundene Bedürfnisbefriedigung betonen, wird in der Balancetheorie die Herstellung von ausgeglichenen kognitiven Strukturen, die die soziale Wirklichkeit und die Mitgliedschaft in Gruppen im Besonderen repräsentieren, in den Vordergrund der Betrachtung gerückt. Im Endergebnis sollte wieder die Tendenz entstehen, dass Gruppenmitgliedschaft mit Gruppenzusammenhalt zusammenhängt.

Das Phänomen des Gruppenzusammenhalts ist aus der Alltagserfahrung unmittelbar bekannt. Die genanten Erklärungen liefern nun verschiedene Puzzlestücke, die das Alltagsphänomen aufklären können. Jede dieser Erklärungen, die sich z.T. überschneiden, trägt zum Verständnis von Gruppenzusammenhalt bei. Die Entwicklung von sozialer Identität hängt eng mit der Entwicklung von Gruppenkohäsion zusammen. Die Attraktion der Gruppe wird in eine positive soziale Identität übersetzt (s. Kapitel »Über Stereotype«).

Konformität und Veränderungen

Jeder hat das Gefühl, eine besondere einzigartige Persönlichkeit zu repräsentieren, mancher stärker und mancher schwächer (Simon u.a. 2000). Dieses Gefühl mag zutreffen, wenn ein differenziertes Bild des Selbst erfasst wird. Die individuelle Kombination von Präferenzen, Fähigkeiten, Meinungen und Zielsetzungen ist nicht kopierbar, sondern einmalig.

Anders sieht es aus, wenn die Frage nach der Übereinstimmung in einzelnen Themenbereichen gestellt wird. Wir wissen, dass Menschen eines bestimmten Kulturkreises dazu tendieren, ähnliche Einstellungen zu vertreten (Byrne u.a. 1970). Ähnlichkeit ist die Regel, Unähnlichkeit die Ausnahme. Ein Beispiel für *Konformität* findet sich in der Mode, in der über die Jahre immer wieder neue (alte) Trends auftreten, die auf große Akzeptanz stoßen. In einem gegebenen sozialen Setting wie dem Büro oder dem Hörsaal findet sich eine große Übereinstimmung in der Selbstdarstellung und äußeren Erscheinung der Personen, die die jeweilige Einrichtung benutzen.

Dieses Phänomen lässt sich auf die Orientierung an Bezugsgruppen zurückführen. Menschen bilden in Gruppen, denen sie sich zuordnen, soziale Normen, die entweder übernommen werden, wenn sie schon vorhanden sind, oder spontan entwickelt werden, wenn die Situation neu ist (Sherif 1936). Die Gruppe wird als Maßstab benutzt, gegen die die eigene Meinung eingeschätzt wird. Daher wird sie als *Bezugsgruppe* bezeichnet. Außerdem besteht die Tendenz, sich der Meinung der Bezugsgruppe anzupassen. Diese Tendenz beruht auf einem Bedürfnis nach Selbstbewertung, das durch die Bezugsgruppe befriedigt wird. Die Person stellt auf dem Wege eines sozialen Vergleiches fest, ob sie mit der Gruppennorm übereinstimmt oder davon abweicht (vgl. Kapitel »Über Stereotype«). Wenn eine Abweichung gegeben ist, entsteht ein Druck zur Uniformität, der eine Annäherung an die Mehrheitsmeinung auslöst (Festinger 1950).

Die Konformitätsforschung zeigt, dass die Übereinstimmung mit anderen nicht notwendigerweise darauf beruht, dass die Bezugsgruppe eine vernünftige oder rationale Handlungsstrategie verfolgt. Menschen gleichen sich auch solchen Vorgaben an, die als willkürlich zu bezeichnen sind oder auch als ethisch problematisch. Ein extremes Beispiel stellt die Nachgiebigkeit gegenüber Autoritäten dar, die menschenverachtende Anweisungen geben (Milgram 1974, s. unten).

Der Uniformitätsdruck in Gruppen kann unterschiedliche Formen annehmen. Neben direkten Anweisungen besteht auch die Möglichkeit, dass mit Abweichlern das Gespräch gesucht wird, um sie von ihrer abweichenden Meinung abzubringen (Schachter

1951). Unbelehrbare Abweichler werden allerdings zurückgewiesen, und sie erhalten die weniger attraktiven Aufgaben. Sie werden auch leicht das Ziel von Spott und Hohn.

Das Auftreten dieser Konformitätstendenzen auf der Basis von Bezugsgruppen steht außer Frage (Collins/Raven 1969). Allerdings erweist sich diese Sichtweise als einseitig, insofern eine asymmetrische Beziehung zwischen Einflussnehmer und Einflussempfänger angenommen wird. Ähnlich wie in der Beziehung zwischen Eltern und Kind lange Zeit die Macht der Eltern überschätzt und die Macht der Kinder unterschätzt wurde, lässt sich auch für den Prozess der sozialen Beeinflussung im Allgemeinen feststellen, dass die Asymmetrie der Einflussnahme überbetont wurde (Moscovici 1976). Einflussprozesse sind grundsätzlich symmetrisch, und es bedarf besonderer Konstellationen, um asymmetrische Abhängigkeiten entstehen zu lassen, wie etwa in den Gehorsamkeitsexperimenten von Milgram (1974). Wenn die Rollen von Mitarbeitern und Vorgesetzten eindeutig zugewiesen worden sind und wenn der Vorgesetzte seine Vorgaben in rigider Weise verfolgt, entsteht tatsächlich eine asymmetrische soziale Situation. Das sind aber Extremsituationen, die von vielen alltäglichen Abläufen abweichen.

Während die Psychologie der Bezugsgruppe den Mehrheitseinfluss als beherrschend ansieht, wird in der Psychologie des Minderheiteneinflusses die Frage thematisiert, welchen Einfluss Außenseiter oder kleine Gruppen von Abweichlern ausüben können. Auf diese Frage werden zwei wichtige Antworten gegeben (Moscovici 1985):

- Minderheiten können genauso wie Mehrheiten einen Einfluss ausüben, wenn dieser auch häufig verzögert auftritt und an bestimmte Bedingungen geknüpft ist.
- Der Einflussprozess von Minderheiten verläuft grundsätzlich qualitativ unterschiedlich im Vergleich zu dem Einflussprozess von Mehrheiten.

Der Weg des Einflusses von Minderheiten besteht darin, dass sie alternative Denkmöglichkeiten suggerieren, an die die Mitglieder der Mehrheit vorher nicht gedacht haben. Dadurch wird ein kognitiver

Konflikt erzeugt, der Nachdenken auslöst, das zu einer Neubewertung der Evidenz führt. Ohne die Darstellung des Minderheitenstandpunktes wäre ein solcher Denkprozess nicht zu Stande gekommen. Die Neubewertung der Evidenz bedeutet häufig eine Veränderung des ursprünglichen Standpunktes.

Wann üben Minderheiten und Abweichler einen sozialen Einfluss aus? Eine wichtige Bedingung besteht darin, dass sie konsistent auftreten. Damit ist gemeint, dass die Mitglieder der Minderheit in ihrem Standpunkt übereinstimmen und zu unterschiedlichen Zeitpunkten denselben Standpunkt vertreten (Moscovici u.a. 1969; Nemeth/Wachtler 1973). Wenn z.B. zwei Beurteiler von sechs Beurteilern konsistent blaue Farben als grün bezeichnen, werden 8,4% der unvoreingenommenen Beurteiler dazu veranlasst, blaue Farben als grün zu etikettieren.

Wenn ein Beurteiler über mehrere Durchgänge einen Minderheitenstandpunkt vertritt, kann er oder sie die Präferenz der Majorität verschieben und eine neue Realitätssicht hervorrufen. Die Wiederholung des abweichenden Standpunkts führt zu einer effektiven Vertretung des Standpunkts, weil die Minorität damit signalisiert, dass sie eine eigene Perspektive besitzt, an die sie glaubt. Die Glaubwürdigkeit der Minderheit kann noch verstärkt werden, wenn sie ihren Standpunkt auf heroische Art und Weise vertritt (vgl. Kapitel »Einstellungen als soziale Orientierungssysteme«). Damit ist gemeint, dass sie so sehr von ihrem Standpunkt überzeugt ist, dass sie Nachteile für sich selbst in Kauf nimmt. Rebellen, die gegen die bestehende Ordnung aufstehen und trotz persönlicher Nachteile zu ihrer Sichtweise stehen, rufen häufig Bewunderung hervor und regen neue Denkprozesse an, weil ihre Position als überzeugend wahrgenommen wird. Damit nutzen sie einen Effekt, der generell in der Beeinflussung von Einstellungen auftritt (Eagly u.a. 1978; Koeske/Crano 1968).

Ein Problem der Realisierung von hoher Konsistenz besteht darin, dass sie als rigide im Sinne von dogmatisch und extrem aufgefasst werden kann. Wenn ein Kommunikator als dogmatisch erscheint, tritt eine ideologische Blockierung auf, die eine kognitive Verarbeitung seiner Argumente verhindert. Besser ist es für den Kommunikator, zwar konsistent zu argumentieren, aber auch Flexibilität erkennen zu lassen, damit das Publikum den Standpunkt der Minderheit nicht komplett zurückweist (Mugny 1975). Wenn verglichen wird, ob eine konsistente Argumentation in dogmatischer Weise vorgebracht wird, indem extreme Standpunkte vertreten werden, oder in flexibler Weise, indem auf den Standpunkt der Zielperson eingegangen wird, erweist sich der flexible Darstellungsmodus als erfolgreicher. Hingegen hat ein dogmatischer Standpunkt keinen einheitlichen Einfluss. Vielmehr wird die Tendenz zur Bipolarisation verstärkt, die darin besteht, dass neben einem positiven Einfluss auch ein negativer (Bumerang-)Effekt ausgelöst wird.

In entsprechenden Untersuchungen wurde ein Standpunkt als dogmatisch bezeichnet, der in einer antimilitaristischen Argumentation Begriffe wie »Diktatur des Proletariats« und »revolutionäre Gewalt« verwandte. Wenn auf solche Reizworte verzichtet wurde, erwies sich die Kommunikation als einflussreicher. Zusammenfassend kann man feststellen, dass der moderate Ton des Kommunikators zum Erfolg einer Kommunikation, die ansonsten konsistente Argumente verwendet, beiträgt.

Häufig ist die Mehrheit, die mit einem Minderheitenstandpunkt konfrontiert wird, nicht willens, öffentlich nachzugeben. Dahinter steht z.T. eine Sorge um einen Gesichtsverlust, der durch eine Meinungsänderung ausgelöst werden könnte. Daher entsteht eine interessante Asymmetrie zu der Situation des Mehrheitseinflusses. Der Mehrheitseinfluss schlägt sich im Allgemeinen in öffentlicher Konformität nieder, während die private Meinung weniger deutlich beeinflusst wird. Bei Minderheiteneinfluss ist es genau umgekehrt: Er wirkt sich eher auf die private Meinung der Mehrheitsmitglieder aus, während ihre öffentliche Meinungskundgebung unbeeinflusst bleibt.

Damit stellt sich die Frage, wie eine Veränderung der privaten Meinung erfasst werden kann. Dazu stehen zwei Ansätze zur Verfügung:

- Neben dem Hauptthema der Kommunikation kann auch berücksichtigt werden, dass damit verwandte Themen vorhanden sind, deren Einschätzung durch die Kommunikation mit beeinflusst werden kann. Untersuchungsergebnisse zeigen, dass Personen, die sich scheuen, ihre Meinung auf Grund einer Kommunikation in dem angesprochenen Bereich zu verändern, eine Meinungsänderung in Bereichen zeigen, die indirekt mit dem Thema der Kommunikation zusammenhängen. Dieser Transfereffekt wurde in einer Untersuchung bei spanischen Schülerinnen demonstriert, die eine Kommunikation erhielten, in der für die Möglichkeit der Abtreibung argumentiert wurde. Wenn die Kommunikation durch eine Minderheit vertreten wurde, wirkte sie sich nicht unmittelbar auf die Einstellung zur Abtreibung aus, aber auf die Einstellung zur Empfängnisverhütung, die nach der Kommunikation positiver wurde (Perez/Mugny 1987).

- Eine zweite Methode zur Erfassung des Einflusses von Minderheiten wurde entwickelt, indem von der Tatsache Gebrauch gemacht wurde, dass Farben ein Nachbild erzeugen. Blau erzeugt z.B. das Nachbild gelb, während grün das Nachbild rot hervorruft. Die meisten Beurteiler sind sich über diese Zusammenhänge zwischen Komplementärfarben nicht bewusst, sodass von einer Erfassung der Beeinflussung auf der Grundlage von unbewussten Prozessen gesprochen werden kann (Moscovici/Personnaz 1980). Die Beurteiler sahen blaue Dias, die von vorinstruierten Teilnehmern als grün bezeichnet wurden. Nach 15 Durchgängen, in denen der Verbündete konsistent die grüne Antwort gab, wurden die Beurteiler instruiert, ihre Einschätzung des Nachbildes auf einem Farbrad einzustellen. Die Farbeinschätzungen wurden durch den Verbündeten nur schwach beeinflusst. Hingegen wurde die Wahrnehmung der Komplementärfarbe deutlich durch den Minderheitsstandpunkt verändert, da sie in Richtung auf Rot, also die Komplementärfarbe von grün, verschoben wurde. Das war aber nur der Fall, wenn die Antworten des Verbündeten als Minderheitenstandpunkt dargestellt worden waren. Wenn sie als Mehrheitsstandpunkt deklariert wurden, erwies sich, dass als Nachbild überwiegend die Komplementärfarbe von blau, also gelb, wahrgenommen wurde.

Die Untersuchungen zur Beeinflussung der Farbwahrnehmung sind ein beeindruckender Beweis für die Stärke des Minderheiteneinflusses, der sich gegenüber der bewussten Kontrolle der Beurteiler verselbstständigt. Wie lässt sich der besondere Einfluss der Minderheit in diesen Experimenten erklären? Eine Antwort besteht darin, dass bei der Beurteilung objektiver Tatbestände die Tendenz besteht, dass die Meinung von unähnlichen Vergleichspersonen informativer ist als die Meinung von ähnlichen Vergleichspersonen, die der eigenen Bezugsgruppe angehören (Goethals/Darley 1977; Crano 1994). Bei Faktfragen, wie sie etwa im Falle der Beurteilung von Farbdias im Mittelpunkt stehen, möchte man gerne wissen, wie Personen antworten, die einen abweichenden sozialen Hintergrund aufweisen. Diese Tendenz, bei der Beurteilung der objektiven Wirklichkeit auf die Einschätzungen von unähnlichen Personen besonderen Wert zu legen, trägt dazu bei, dass die Minderheit immer dann Einfluss gewinnt, wenn es sich um Themen handelt, die eine objektive Grundlage haben.

Tatsächlich sind viele Innovationen, die wir in den letzten Jahrzehnten erlebt haben, auf Themen bezogen, die mit technischen Entwicklungen zusammenhängen. Der Siegeszug der Informationstechnologie beruht nicht zuletzt darauf, dass ihre Vorteile objektivierbar sind. In solchen Bereichen sollten abweichende Minderheiten, die neue Techniken, Verfahrensweisen und Reaktionsmuster propagieren, besonders erfolgreich sein.

Autoritätsgehorsam und Aggression

Konformität bezieht sich oft auf kleinere Alltäglichkeiten, die, für sich genommen, von geringer Bedeutung sind. Als sich Stanley Milgram mit Konformitätsexperimenten befasste, war er unzufrieden darüber, dass in diesem Experimenten – wie in vielen Alltagssituationen – relativ harmlose Formen von Konformität studiert wurden. Er interessierte sich für Konformität, die Vorstellungen von Humanität und Menschenrechten widerspricht, die gesellschaftliche Werte und soziale Normen verletzt und von der die Mehrzahl der Menschen (einschließlich der Wissenschaftler) überzeugt sind, dass sie sehr unwahrscheinlich sind. Da solche Formen der Konformität in verschiedener Hinsicht eine eigene Dynamik besitzen, führte Milgram dafür einen neuen Begriff ein: *Autoritätsgehorsam*. Damit wird schon gekennzeichnet, wie diese unmoralische Konformität ausgelöst werden kann: durch Befehle von Autoritäten, die ihr Ansehen missbrauchen.

Die Unterschiede zwischen Konformität im klassischen Sinne und Autoritätsgehorsam sind die Folgenden: Konformität ist dadurch gekennzeichnet, dass gleichrangige Personen sich gegenseitig beeinflussen. Konformität lässt sich als Nachahmung anderer auffassen. Es gibt keine expliziten Anweisungen oder Aufforderungen, sich konform zu verhalten. Im Gehorsamkeitsexperiment liegen die Dinge anders. Es ist eine Hierarchie gegeben (vgl. Kapitel über »Wer vertraut wem?«), wobei die Gehorsamkeit nicht als Nachahmung gedeutet werden kann, sondern als Befehlsausführung. Es gibt ausdrückliche Aufforderungen, sich entsprechend zu verhalten.

Besonders deutlich ist der Unterschied zwischen Konformität und Gehorsam, wenn die Teilnehmer entsprechender Experimente im Nachhinein ihr Verhalten rechtfertigen. Wer Konformität gezeigt hat, tendiert dazu, das Ausmaß des sozialen Drucks, der ausgeübt wurde, zu minimieren, vermutlich um die eigene Autonomie in der Selbstdarstellung aufzuwerten. Umgekehrt reagieren Personen im Gehorsamkeitsexperiment. Sie verweisen auf den Versuchsleiter als die verantwortliche Person und versuchen, ihre eigene Handlungsautonomie zu minimalisieren, um so die Verantwortung abzuwehren (vgl. Kapitel »Prosoziales Verhalten«).

Milgram (1974) führte eine umfangreiche Serie von Experimenten durch, in denen er die Auftretenshäufigkeit und die Ursachen des Autoritätsgehorsams untersuchte. Da es sehr instruktiv ist, diese Experimente genauer zu kennen, werden sie im Folgenden einzeln dargestellt. Viele Zeitgenossen der Forschung von Milgram waren sich anfänglich nicht bewusst, dass er nicht nur einige wenige Experimente durchgeführt hatte sondern ein groß angelegtes Forschungsprojekt, dessen Zielsetzung weit über die Frage hinausging, ob Autoritätsgehorsam auftritt oder nicht. Anfangs wurden nur wenige Studien veröffentlicht. Die Gesamtheit der Studien verdeutlicht den theoretischen Ansatz, die Reichweite und die Bedingungen des Autoritätsgehorsams besser als die anfänglich veröffentlichten Untersuchungen. Sie macht auch deutlich, dass Milgram keinesfalls nur darauf fixiert war, ein hohes Ausmaß von Autoritätsgehorsam zu induzieren. Vielmehr ist über die Hälfte der Studien der Frage gewidmet, unter welchen Bedingungen Autoritätsgehorsam gering ist. Die Standardbedingung wurde als experimentelles Paradigma genommen, in dem hoher Autoritätsgehorsam auftritt. Die meisten weiteren Versuchsbedingungen richteten sich auf die Frage, wie das Ausmaß des Gehorsams in der Standardbedingung reduziert werden kann.

Heute wird kaum noch jemand bezweifeln, dass die Milgram-Studien einen wichtigen – wenn auch pessimistischen – Beitrag zu unserem Verständnis menschlichen Verhaltens geleistet haben, obwohl sie aus ethischer Perspektive fragwürdig bleiben. Das hängt damit zusammen, dass das Ziel des experimentellen Verfahrens darin bestand zu zeigen, ob sich eine Verletzung von ethischen Spielregeln durch den Experimentator in unmoralischem Verhalten der Versuchsteilnehmer niederschlägt.

Eine letzte Bemerkung sei der Schilderung der einzelnen Versuchsbedingungen vorausgeschickt: Zwar wurden die einzelnen Versuche als Experimente berichtet, doch im Überblick wird deutlich, dass sie besser als Versuchsbedingungen eines Superexperiments zu deuten sind. Damit entfällt auch die Kritik, die beinhaltet, Milgram (1974) habe nur beschreibende Studien und keine hypothesentestende Studien durchgeführt (vgl. Kapitel »Forschungsmethoden der Sozialpsychologie«).

- **Bedingung 1: Standardablauf.** Das erste Experiment stellt den Standard dar, mit dem die weiteren Variationen verglichen werden können. Es handelte sich um eine Schüler-Lehrer-Situation, die durch den Experimentator beaufsichtigt wurde und in der die Teilnehmer die Rolle des Lehrers übernahmen. Sie wurden darüber informiert, dass eine Studie über Bestrafungslernen durchgeführt wurde. In Übereinstimmung mit dieser Ankündigung las der Lehrer eine Serie von Wortpaaren vor, um danach das erste Wort zu nennen und vier weitere Wörter, von denen der Schüler das richtige Wort durch Drücken eines Knopfes angeben sollte. Für jede der vorprogrammierten falschen Antworten des Schülers, der ein Verbündeter des Versuchsleiters war, sollte der Lehrer dem Schüler einen Elektroschock geben. Nach jedem Durchgang wurde nach einer falschen Antwort das Schockniveau erhöht, sodass am Anfang sehr niedrige Elektroschocks gegeben werden, die aber zunehmend durch starke und schließlich durch bedrohliche Schocks abgelöst wurden. Der Teilnehmer saß zusammen mit dem Versuchsleiter in einem Raum, während sich der Schüler in einem anderen Raum befand, in dem er an einen Elektroschockapparat angeschlossen war (der aber nicht wirklich funktionierte, obwohl die Teilnehmer glaubten, dass er Elektroschocks erzeugte). Außerdem wurde der Schüler wie auf einem elektrischen Stuhl festgeschnallt, um angeblich störende Bewegungen zu vermeiden. Der Schüler hatte seine Rolle sorgfältig eingeübt. Er war ein 47-jähriger Buchhalter, der auf die meisten Versuchsteilnehmer einen sympathischen Eindruck machte. Der Versuchsleiter wurde von einem 31-jährigen Biologielehrer gespielt, der den grauen Kittel eines Technikers trug und den Versuch sachlich und distanziert durchführte.

Insgesamt standen 30 Schockstufen zur Verfügung, die in verschiedene Gruppen eingeteilt waren: leichter Schock, mäßiger Schock, schwerer Schock, sehr schwerer Schock, Gefahr (!), bedrohlicher Schock und XXX. Die einzelnen Schockstufen wurden durch Voltangaben gekennzeichnet, die von 15–450 Volt reichten. Wenn der Lehrer zögerte, mit dem Experiment fortzufahren, wurde er von dem Experimentator aufgefordert weiterzumachen. Dazu werden Formulierungen wie die folgenden verwendet: »Bitte fahren Sie fort.« »Das Experiment erfordert, dass Sie weitermachen.« »Sie müssen unbedingt weitermachen.« »Sie haben keine Wahl, Sie müssen weitermachen.«

Die Ergebnisse fielen wie folgt aus: Der durchschnittlich gegebene Maximalschock betrug 27 Schockstufen. Der Prozentsatz der Versuchspersonen, die bis zur 30. Schockstufe das Experiment durchführten, betrug erschütternde 65%.

- **Bedingung 2: Standardablauf mit akustischer Rückkopplung.** Der Ablauf des Experiments entspricht dem von Experiment 1, außer dass eine verbale Rückmeldung des Opfers eingeführt wurde. Das Opfer stöhnte und begann bei höheren Schockstärken zu schreien. Außerdem waren Rufe zu hören: »Versuchsleiter, holen Sie mich hier raus.« »Ich will in diesem Experiment nicht länger mitmachen.« »Ich weigere mich weiterzumachen.« Oder: »Ich kann den Schmerz nicht aushalten.« Bei den höchsten Schockstärken schwieg das Opfer, das sich außerdem in dieser Phase des Experiments weigerte, Antworten zu geben.˙

Zu den Ergebnissen. Der durchschnittliche gegebene Maximalschock betrug 27,5 Schockstufen. Der Anteil der Teilnehmer, die den Versuch bis zum bitteren Ende durchführten, lag erneut sehr hoch und mit 62,5% nahe an dem Prozentsatz des ersten Experiments.

- **Bedingung 3: Ein Versuchsraum.** Das folgende Experiment entsprach dem zweiten. Es unterschied sich aber dadurch, dass das Opfer sich im gleichen Raum wie der Teilnehmer befand, nur wenige Meter entfernt, sodass guter Sichtkontakt bestand. Unter diesen Bedingungen sank der durchschnittlich gegebene Maximalschock auf 20,80 Schockstufen und der Prozentsatz gehorsamer Versuchspersonen auf 40%.

- **Bedingung 4 (direkte Berührung).** Entsprach weitgehend dem zweiten Experiment, nur dass der Lehrer direkt neben dem Schüler saß und seine Hand auf eine Schockplatte pressen musste, damit der Schock appliziert wurde. Unter diesen dramatischen Umständen sank der durchschnittlich gegebene Maximalschock auf 17,88 Schockstufen und der Prozentsatz gehorsamer Versuchspersonen betrug 30%. Die im Vergleich zu Experiment 2 verringerte Bereitschaft, Autoritätsgehorsam zu zeigen, verweist auf den Umstand, dass es leichter ist, auf einen Knopf zu drücken, der einen Mechanismus zum Bombenabwurf über der Zivilbevölkerung aktiviert (natürlich lasergesteuert und videoüberwacht), als diese persönlich in direktem Kontakt anzugreifen. Allerdings verweisen die Ergebnisse darauf, dass auch unter diesen besonders schrecklichen Bedingungen nahezu ein Drittel der Teilnehmer zum äußersten bereit ist. Das Massaker von My Lai während des Vietnamkriegs, das ja nur ein besonders großes Massaker neben vielen kleineren gegenüber der vietnamesischen Zivilbevölkerung war, verdeutlicht, dass Autoritätsgehorsam auch nach den Nazis noch ein relevantes Thema geblieben ist.

Zusammenfassend kann man im Hinblick auf die ersten vier Experimente feststellen, dass die Höhe des Maximalschocks von Experiment 1 bis Experiment 4 kontinuierlich sank. Je unmittelbarer und näher der Kontakt mit dem Opfer war, desto geringer fiel die Aggression aus. Damit ist eine erste wichtige Determinante des Autoritätsgehorsams gefunden: Menschen sind umso bereitwilliger, sich unmoralisch zu verhalten, je weniger sie unmittelbar mit den Gräueltaten konfrontiert werden. Eine Teilgruppe der Bevölkerung lässt sich allerdings auch dadurch nicht von Unmenschlichkeit abhalten, dass ihre Ausführung Körperkontakt mit den Opfern erfordert.

- **Bedingung 5: Etablierung einer zweiten Standardbedingung.** Während die ersten vier Experimente in einem wissenschaftlichen Labor der Yale University durchgeführt wurden, fanden die folgenden Experimente im Keller der Yale University statt. Die akustische Rückkopplung wurde abgeändert, indem der Schüler eine Bemerkung über einen Herzfehler fallen ließ. Der verbale Protest des Schülers wurde fortgesetzt. In dieser neu geordneten Versuchsanordnung ergab sich eine durchschnittlich gegebene Schockstufe von 24,55 und ein Prozentsatz gehorsamer Teilnehmer von 65%. Somit sind die Ergebnisse vergleichbar zu der ursprünglichen Standardbedingung.
- **Bedingung 6: Neue Mitwirkende.** Diese und die folgenden Bedingungen wurden mit neuem Experimentator und neuem Schüler durchgeführt. Im Unterschied zu dem ursprünglich eingesetzten Experimentator wirkte der neue eher sanft und harmlos. Demgegenüber wirkte das Opfer eher hart und stabil. Die Ergebnisse waren die folgenden: Die durchschnittlich gegebene Schockstärke betrug 22,20, der Prozentsatz der gehorsamen Versuchspersonen lag bei 50%. Die Bedingungen 5 und 6 sprechen für die Generalisierbarkeit der Befunde, die in der ursprünglichen Standardbedingung auftraten.

- **Bedingung 7: Ohne Experimentator.** In diesem Experiment verließ der Versuchsleiter nach den anfänglichen Instruktionen den Versuchsraum und gab seine weiteren Anordnungen über Telefon. Unter diesen Bedingungen ergab sich eine niedrige Rate des Gehorsams mit 20,5%. Die maximal gegebene Schockstärke betrug im Durchschnitt 18,15.

- **Bedingung 8: Weibliche Teilnehmer.** Der einzige Unterschied zu der neuen Standardbedingung (Bedingung 5) bestand darin, dass Frauen als Lehrerinnen auftraten. Alle vorherigen Experimente waren mit Männern durchgeführt worden. Die Ergebnisse entsprachen weitgehend denen mit Männern: Durchschnittliche gegebene Schockstufe: 24,73, Prozentsatz der gehorsamen Versuchspersonen: 65%. Frauen sind offensichtlich nicht das bessere Geschlecht, zumindest wenn es um Autoritätsgehorsam geht. Die Ergebnisse, die mit Männern gewonnen wurden, lassen sich vermutlich auf Frauen generalisieren.

- **Bedingung 9: Juristische Haftung kombiniert mit Vorbedingungen.** An diesen und den weiteren Versuchen nahmen wiederum nur Männer teil. Sie unterschrieben ein Formular mit dem Wortlaut: »Da ich mich an diesem Forschungsexperiment aus freiem Willen beteilige, entlasse ich die Yale-University und die an ihr Beschäftigen aus jeglicher juristischer Haftung, die sich aus meiner Teilnahme ergeben könnte.« Außerdem stellte das Opfer mündlich die folgende Bedingung: »Ich bin bereit mitzumachen, aber nur unter der Bedingung, dass Sie mich rauslassen, wenn ich das will; das ist meine einzige Bedingung.« Der Prozentsatz der gehorsamen Prsonen sank auf 40%. Die durchschnittlich gegebene Schockstufe betrug 21,40.

- **Bedingung 10: Außerhalb der Universität.** Vielfach wurden sozialpsychologische Experimente kritisiert, weil sie im Labor stattfanden. Dieses Experiment fand außerhalb der Universität in einem Bürohaus in Bridgeport in der Nähe von New York City statt. In dieser Industriestadt bestand keine erkennbare Verbindung zur Universität. Die Untersuchung wurde scheinbar durch »Research Associates of Bridgeport« durchgeführt. Die Ergebnisse waren wie folgt: Durchschnittlich gegebene Schockstufe: 20,95, Prozentsatz gehorsamer Versuchspersonen: 47,5%.

- **Bedingung 11: Moralische Autorität.** Der Versuchsablauf entsprach dem von Bedingung 5, außer dass dem Lehrer erklärt wurde, er könne bei jeder Prüfungsfrage eine beliebige Schockhöhe wählen. Die durchschnittlich gegebene Schockstufe betrug 5,5 und der Prozentsatz gehorsamer Versuchspersonen 2,5%. Autoritätsgehorsam setzt also in der Regel eine unmoralische Autorität voraus.
- **Bedingung 12: Schüler fordert Fortsetzung.** In dieser Variation des Versuchs verbot der Versuchsleiter, bei 150 Volt den Versuch fortzusetzen, während der Schüler um eine Fortsetzung bat, obwohl er zuvor schon mit schmerzlichen Schreien auf die Schocks reagiert hatte. Im Ergebnis fand sich eine durchschnittlich gegebene höchste Schockstufe von 10 und 0% Personen, die die maximale Schockstärke einstellten.
- **Bedingung 13: Befehle ohne Autorität.** In dieser Versuchsanordnung verabschiedete sich der Versuchsleiter, nachdem er den Versuch erklärt hatte. Zurück blieb das Opfer, ein Verbündeter des Versuchsleiters, der die Rolle des Versuchsleiters übernahm, aber denselben Status wie die Teilnehmer hatte, und der echte Versuchsteilnehmer. Die Ergebnisse verwiesen auf ein geringes Niveau des Gehorsams. Die durchschnittlich gegebene Schockstufe betrug 6,25 und der Prozentsatz der Personen, die den Maximalschock applizierten, belief sich auf 20%.
- **Bedingung 13a: Teilnehmer ist nur indirekt beteiligt.** In dieser Bedingung gab ein »gewöhnlicher Mensch« Befehle. Wenn diesen keine Folge geleistet wurde, übernahm er kurzerhand selbst die Applizierung der Schocks und instruierte die Teilnehmer, Buch zu führen (Schockdauer aufzeichnen). Manche Teilnehmer leisteten Widerstand. Proteste waren an der Tagesordnung. Fünf der 16 gingen körperlich gegen den Versuchsleiter vor, um ihn daran zu hindern, den Schüler zu schocken.
- **Bedingung 14: Rollentausch zwischen Versuchsleiter und Schüler.** In dieser Bedingung fungierte die Autoritätsperson als Opfer, während ein »gewöhnlicher Mensch« die Befehle erteilte. Der Schüler äußerte eine Abneigung, den Versuch durchzuführen, worauf der Versuchsleiter die Rolle des Opfers übernahm, während das ursprüngliche Opfer als Versuchsleiter agierte und

dieser Rolle entsprechend eine Erhöhung der Schocks bei Fehlern des Schülers anordnete. Die durchschnittlich gegebene höchste Schockstufe war mit 10 relativ gering. Keine Versuchsperson stellte den Maximalschock ein.

- **Bedingung 15: Autoritäten widersprechen sich.** In dieser Bedingung gaben zwei Autoritätspersonen widersprüchliche Befehle. In dieser Versuchsanordnung waren zwei Versuchsleiter anwesend, die Autorität besitzen. Während der eine dafür plädierte, den Versuch abzubrechen, wies der andere darauf hin, dass es das Experiment erfordert, dass bis zum Schluss weitergemacht wird. Die Ergebnisse wiesen auf einen geringen Gehorsam. Die höchste Schockstufe betrug im Durchschnitt 10 und 0% der Versuchspersonen erreichten die Stufe des Maximalschocks.

- **Bedingung 16: Zwei Autoritäten, von denen eine die Schülerrolle übernimmt.** In diesem Versuch sind zwei Versuchsleiter anwesend, von denen einer die Rolle des Opfers übernimmt, um eine fehlende Versuchsperson zu ersetzen. Der zweite Versuchsleiter gibt die Anweisungen wie üblich. In dieser Bedingung wird eine hohe Konformität erzielt: Höchste durchschnittliche Schockstufe 23,5, 65% machten weiter bis zum Maximalschock. Somit kann festgestellt werden, dass eine Autorität als Opfer keinen Vorteil gegenüber einem »gewöhnlichen« Opfer hatte.

- **Bedingung 17: Drei Versuchsteilnehmer von denen zwei sich gegen die Befehle des Versuchsleiters auflehnen.** In dieser Versuchsanordnung saß der echte Teilnehmer neben zwei weiteren Lehrern, die durch Verbündete des Versuchsleiters gestellt wurden und die sich der Ausführung der Schockbefehle widersetzten. Das Ergebnis ist ein geringer Gehorsam: 16,45 Maximalschock und 10% gehorsame Versuchspersonen bis zum Schluss. Der Widerstand von anderen Lehrern gegenüber der Befolgung der Befehle scheint die wirksamste Art und Weise zu sein, durch die die Autorität des Versuchsleiters unterminiert wird. Damit stimmen Ergebnisse überein, die zeigen, dass sich Gruppen von echten Versuchsteilnehmern häufig gegen die Befolgung unmoralischer Befehle auflehnen (Gamson u.a. 1982).

- **Bedingung 18: Teilnehmer als Zuschauer.** In dieser Variante wurde der Teilnehmer davon freigestellt, die Schocks tatsächlich zu erteilen. Diese Aufgabe wurde durch eine weitere vorinstruierte Person erledigt, während der echte Teilnehmer Hilfstätigkeiten ausübte. Dieser Ablauf verringerte das Ausmaß des Widerstandes gegenüber der Autorität des Versuchsleiters auf ein Minimum: Der durchschnittlich gegebene Maximalschock betrug 28,65, der Prozentsatz gehorsamer Teilnehmer, die bis zum vorgesehenen Ende des Versuchs Unterstützung leisteten, erreichte einen Rekordwert von 92,5%. Diese Bedingung zeigt, dass Mitglieder bürokratischer Organisationen für Autoritätsgehorsam besonders anfällig sind (s. auch Meeus/Raajimakers 1995).

Zusammenfassung. Der hohe Grad des Autoritätsgehorsams, wie er in den Standardbedingungen beobachtet wurde, lässt sich auf die Wirkung mehrerer parallel ablaufender Prozesse zurückführen, die sich gegenseitig ergänzen und zusammen die ungeahnt hohe Bereitschaft zur Nachgiebigkeit gegenüber einer unmoralischen Autorität verursachen:

- Der Auftritt der Autoritätsfigur repräsentiert eine Expertenmacht, die wissenschaftlich begründet ist und Nachgiebigkeit ihren Anweisungen gegenüber erzeugt. Die Spekulation ist erlaubt, dass die Nachgiebigkeit gegenüber Autoritäten durch die Evolution des Menschen vorgebahnt ist, sodass vermutet werden kann, dass der experimentelle Ablauf in den Standardbedingungen an eine soziobiologisch vorgeprägte Handlungsbereitschaft appelliert.
- Die penetrant wirkenden Aufforderungen, mit dem Experiment fortzufahren, wenn der Teilnehmer zögert, schafft die Atmosphäre eines unangenehmen sozialen Drucks, auf die die meisten Teilnehmer mit Nachgiebigkeit reagieren, vermutlich weil sie dem Druck nicht standhalten können und sich zu schwach fühlen, um entscheidenden Widerstand zu leisten.
- Die schrittweise Steigerung der Gewalt löst einen »foot-in-the-door«-Effekt aus, von dem in einer Vielzahl von Studien gezeigt

werden konnte, dass er Nachgiebigkeit (unabhängig von dem Auftreten von Autoritäten) erzeugen kann (vgl. DeJong 1979). Dieses schrittweise Einschleichen eines inhumanen Verhaltens, das sich immer weniger rechtfertigen lässt, entspricht im Prinzip dem Mechanismus, der ursprünglich von Freedman/Fraser (1966) im Zusammenhang mit prosozialem Verhalten gezeigt wurde: Die Zustimmung dazu, eine kleine Gefälligkeit auszuüben, bahnt die Bereitschaft, einer größeren Gefälligkeit zuzustimmen.

- Die hohe Konsistenz des Versuchsleiters in den Standardbedingungen erhöht seine Überzeugungskraft, besonders wenn der Kontrast mit dem Schüler berücksichtigt wird, der erst seine Bereitschaft erklärt, an dem Versuch teilzunehmen, bevor er anfängt, gegen die Schocks zu protestieren. Wie die Forschung zu Minderheiteneinflüssen gezeigt hat, ist Konsistenz ein wichtiger Faktor, der den Erfolg einer Minderheit sichert (s. oben).

- Räumliche Distanz zwischen Täter und Opfer enthemmt die Täter, während räumliche Nähe Hemmmechanismen gegen die Ausübung von Gewalt aktiviert.

- Durch die Anwesenheit von zwei Tätern (Versuchsleiter und Teilnehmer) wird eine Diffusion der Verantwortung ermöglicht (vgl. Kapitel »Prosoziales Verhalten«). In diesem Fall löst sich die Verantwortung für das massive Fehlverhalten »in Luft auf«. Der Täter kann sich immer sagen, dass er nur auf Befehl handelt und deshalb nicht haftbar für seine Taten ist. Viele Naziverbrecher, von denen wohl der bekannteste Adolf Eichmann ist, haben auf diese Weise ihre Schuld zu leugnen versucht.

Wer vertraut wem?

Die Thematik des Vertrauens weist eine hohe Alltagsrelevanz auf. Im Beruf wie im Privatbereich stellt sich immer wieder die Frage, ob wir einer Person Vertrauen schenken sollten oder ob Misstrauen angebracht ist. In Action-Filmen wird immer wieder gezeigt, dass Vertrauen an der falschen Stelle tödlich enden kann. Wenn sich ein Geheimdienstmitarbeiter auf seinen Teamkollegen verlässt, der die Seiten gewechselt hat, steht die Pensionierung (wenn nicht Schlimmeres) unmittelbar bevor. Aber auch in weniger dramatischen Kontexten stellt sich die Vertrauensfrage, etwa wenn es darum geht, ob sich Kooperation auszahlt (s. Kapitel »Solidarität«).

Bevor wir uns ausführlicher mit dem Thema des Vertrauens im Alltag befassen, wenden wir uns zunächst der Frage zu, wie sich Vertrauen definieren lässt. Im Weiteren gehen wir auf zwei weiterführende Themen ein: Vertrauen in Organisationen und Vertrauen im pädagogischen Bereich, um dann schließlich auf die Zukunft des Vertrauens zu blicken.

Wie ist Vertrauen definiert?

Der Begriff »*Vertrauen*« ist unterschiedlich definiert worden. Eine Richtung geht dahin, dass Vertrauen notwendig ist, um die komplexe soziale Wirklichkeit zu reduzieren, um Handlungssicherheit zu gewinnen (Luhmann 1973; vgl. Kapitel »Gruppenprozesse«). Ein anderes Verständnis geht dahin, dass sich Vertrauen auf die Verlässlichkeit von Versprechen bezieht (Rotter 1980). Petermann (1992, S. 15) gibt einen Überblick über verschiedene Vertrauensdefinitionen. Eine relativ umfassende Definition wurde von Schlenker u.a. (1973, S. 419) gegeben: »Vertrauen ist ein sich Stützen auf Informationen, die man von einer anderen Person über unsichere Umweltzustände und deren nachfolgende Konsequenzen in einer riskanten

Situation erhalten hat.« Zwischenmenschliches Vertrauen bewirkt, dass man sich in einer riskanten Situation auf Informationen einer anderer Person über schwer abschätzbare Tatbestände und deren Konsequenzen verlässt.

Ein Bereich, in dem Vertrauen besonders häufig angesprochen wird, bezieht sich auf romantische Beziehungen. Rempel u.a. (1985) haben das Vertrauen in romantischen Beziehungen einen Fragebogen entwickelt, der drei Skalen enthält, die sich als Stufen der Vertrauensentwicklung interpretieren lassen. Sie werden im Folgenden an einigen Feststellungen aus dem Fragebogen illustriert:

Vorhersagbarkeit
- »Ich weiß, wie mein Partner handeln wird. Ich kann immer darauf zählen, dass mein Partner so handelt, wie ich erwarte«.
- »Das Verhalten meines Partners ist sehr wechselhaft. Ich kann mir nie sicher sein, mit was er mich als Nächstes überraschen wird.«

Während die erste Feststellung hohe Vorhersagbarkeit beinhaltet, verweist die zweite auf niedrige Vorhersagbarkeit.

Verlässlichkeit
- »Mein Partner ist eine sehr ehrliche Person, und selbst wenn er oder sie etwas sehr Unwahrscheinliches erzählt, vertrauen ihm die Leute, dass sie die Wahrheit hören.«
- »Mein Partner ist nicht unbedingt jemand, den andere als vertrauenswürdig ansehen.«

Während die erste Feststellung positive Verlässlichkeit beinhaltet, enthält die zweite Hinweise auf mangelnde Verlässlichkeit.

Treue
- »Selbst wenn die Zeiten sich ändern und die Zukunft unsicher ist, vertraue ich darauf, dass mein Partner immer bereit ist, mir Stärke zu geben; komme, was da wolle.«
- »In der Zukunft liegen so viele Unsicherheiten und zu viele Dinge können sich auch in unserer Beziehung ändern.«

Während die erste Feststellung hohe Treue beinhaltet, verweist die zweite auf niedrige Treueerwartungen.

Ein anderer Anwendungsbereich der Vertrauensforschung sind Organisationen. Hier wird das Thema des Vertrauens mit Fragen der Bindung an das Unternehmen und der Identifikation mit dem Unternehmen in Verbindung gebracht, während Misstrauen auf »innere Kündigung« verweist (s. unten).

Vertrauen im Alltag

Während in bestimmten Berufsrollen die Vertrauensfrage auf der Grundlage der gegebenen Rollenverteilung zu beantworten ist, kann in anderen alltäglichen Bereichen frei gewählt werden, wem eine Person vertraut. In diesem Zusammenhang ergibt sich die Frage: »Wer vertraut wem?«, deren Beantwortung auf Merkmale wie Alter, Geschlecht, soziale Schicht und soziale Beziehung zwischen den Personen verweist (Bierhoff/Buck 1997).

Eine erste Hypothese besagt, dass Frauen eher Vertrauen erhalten als Männer. Diese Annahme ergibt sich, wenn man ein Geschlechterstereotyp zu Grunde legt, wonach Frauen eher bereit sind, Selbstöffnung zu zeigen und auf die Intimität anderer einzugehen. Die Ergebnisse einer Befragung zeigten, dass diese Annahme keine Unterstützung erhält: Frauen werden nicht häufiger als Männer der hohen Vertrauensstufe zugeordnet.

Außerdem fand sich, dass Alter und soziale Schicht kein Kriterium für Vertrauenszuweisung sind. Ganz anders verhält es sich, wenn nach der Sozialbeziehung der Vertrauensperson gefragt wird. Handelt es sich um Freunde, Lebensgefährten oder Ehegatten auf der einen Seite oder handelt es sich um Arbeits- und Studienkollegen, Bekannte oder Nachbarn auf der anderen Seite. Die Ergebnisse zeigten, dass die Sozialbeziehung einen großen Unterschied für die Vertrauenszuweisung macht. Freunden, Lebensgefährten und Ehegatten wurde viel eher vertraut als Bekannten, Arbeits- und Studienkollegen oder Nachbarn. Beziehungsbereiche, in denen viel Intimität erlebt wird, werden eher dem hohen Vertrauensbereich zugeordnet, während solche Bereiche, die durch größere Distanz gekennzeichnet sind oder sogar durch Wettbewerb, mit geringer Vertrauenszuweisung rechnen müssen.

Sowohl Vertrauen als auch Misstrauen werden gegenüber Personen erlebt, die einem ähnlich sind. So haben Vertrauenspersonen eher das gleiche Geschlecht, sind eher gleich alt und gehören eher der gleichen sozialen Schicht an. Diese Selektivität der Vertrauensbeziehung gilt auf allen Vertrauensstufen: sowohl bei hohem Vertrauen als auch bei niedrigem Vertrauen. Das deutet darauf hin, dass Ähnlichkeit als Ausdruck der Interaktionsstruktur zu verstehen ist (vgl. Kapitel »Gruppenprozesse«). Wenn Personen gleichen Geschlechts oder gleichen Alters häufig miteinander zusammenkommen, haben sie auch mehr Gelegenheit, Vertrauensbeziehungen oder auch Misstrauensbeziehungen zu entwickeln. Wenn hingegen wenig Kontakt besteht, kann auch nicht Vertrauen oder Misstrauen entstehen. Damit wird indirekt die Annahme von Schweer (1996) bestätigt, wonach aus fehlendem Vertrauen nicht automatisch geschlossen werden kann, dass Misstrauen besteht. Vielmehr kann fehlendes Vertrauen genauso wie fehlendes Misstrauen Ausdruck von geringer Interaktionshäufigkeit mit bestimmten Personen sein.

Vertrauen in Organisationen

Generell gilt, dass sich in Organisationen Vertrauen nur langsam aufbaut (Taylor 1990), vermutlich weil die Bedingungen für die Bildung von Vertrauen eher ungünstig sind (s. unten). Vertrauen lässt sich nicht durch eine einzige Maßnahme herstellen. Vielmehr ist eine Vielzahl von Bedingungen erforderlich, damit Vertrauen zwischen den Mitarbeitern und der Unternehmensführung entsteht. Dazu zählen (Butler 1991):

- Konsistenz des Verhaltens im Sinne von Vorhersehbarkeit und Verlässlichkeit;
- Erfüllung von Versprechen (wenn ein Weihnachtsessen angesetzt worden ist, kann es nicht kurzfristig aus dem Programm genommen werden);
- wahrgenommene Fairness;
- wohlwollende Intentionen, die sich in loyalem Verhalten niederschlagen;

- Ehrlichkeit und Integrität;
- Diskretion in persönlichen Problemen;
- Kompetenz.

Untersuchungsergebnisse zeigen, dass die Herstellung dieser Bedingungen des Vertrauens mit dem tatsächlich wahrgenommenen Vertrauen, wie es durch einen Fragebogen von Johnson-George/Swap (1982) gemessen wird, hoch zusammenhängt. Ein weiteres Ergebnis besteht darin, dass Gegenseitigkeit in der Beziehung zwischen Mitarbeitern und Vorgesetzten besteht. Wenn eine Bedingung des Vertrauens durch den Vorgesetzten erfüllt wird, besteht die Tendenz, dass sie auch durch den Mitarbeiter erfüllt wird.

Mit dem Thema der Gegenseitigkeit ist eine zentrale Frage der Vertrauensbildung in Organisationen angesprochen (Grunwald 1997). Reziprozität lässt sich als innere Grundhaltung kennzeichnen, aber auch als wechselseitiger Austausch von Wohltaten, Dienstleistungen und Informationen, als Äquivalenz von Leistung und Gegenleistung und als generalisierte Norm (vgl. Kapitel »Prosoziales Verhalten« und »Solidarität«). Für die Fragestellung des Vertrauens ist die zuletzt genannte Bedeutung der Reziprozität von besonderer Relevanz. Die Erfüllung der Norm der Reziprozität stellt einen wichtigen Beitrag dar, der die Bereitschaft zum Vertrauen fördert.

In diesem Zusammenhang ist das Prinzip der Equity (Walster u.a. 1978) unmittelbar bedeutsam. Die Erfüllung von Equity stellt eine wichtige Voraussetzung für vertrauensvolle Zusammenarbeit dar. Equity bedeutet, dass die Relation von Leistungen einer Person zu ihren Belohnungen denselben Quotienten ergibt wie bei einer zweiten Person, deren Leistungen ebenfalls zu ihren Ergebnissen in Beziehung gesetzt wird. Anders ausgedrückt: Wer mehr leistet, sollte mehr verdienen. Dann ergibt sich die Einschätzung einer fairen Beziehung, die in der Feststellung zum Ausdruck kommt: »Ich erhalte das, was mir zusteht.« (Grunwald 1997) Hingegen sind unverdiente Belohnungen im Sinne von Überbezahlung genauso ungerecht wie Benachteiligung im Sinne von zu geringer Bezahlung. Von diesen zwei Möglichkeiten der Unfairness ist die Benachteiligung belastender als der Erhalt von unverdienten Belohnungen.

Die Verletzung der Equity und damit der Fairness in Organisationen ruft Gefühle von Enttäuschung, Ärger, Unzufriedenheit und Wut hervor. Außerdem entsteht der Wunsch, die Gerechtigkeit wiederherzustellen. Eine Folge davon kann darin bestehen, dass Mitarbeiter ihre Anstrengungen reduzieren, weil sie sich aus Protest zurücknehmen.

Vertrauen in Organisationen ist ein sich selbst verstärkendes System (Schneider 1976; Zand 1977), wobei Vorleistungen von beiden Seiten erforderlich sind. In Übereinstimmung mit diesem Modell wurde festgestellt, dass das Vertrauen von Anwälten und ihren Sekretärinnen durch eine hohe Paarkorrelation gekennzeichnet ist: Die Wahrscheinlichkeit, dass die Sekretärin ihrem Anwalt vertraut, ist besonders hoch, wenn der Anwalt der Sekretärin vertraut (Butler 1991).

Vertrauen unter den Mitgliedern einer Organisation fördert ihre Leistungsbereitschaft und trägt zu einer erfolgreichen Aufgabenbewältigung bei (Bierhoff/Müller 1993). Die Bedeutung des Vertrauens in Organisationen hängt damit zusammen, dass Organisationen bei ihren Mitarbeitern häufig Misstrauen hervorrufen (Kramer 1994; Neubauer 1997). Misstrauen kann begründet oder unbegründet sein. Misstrauen ist begründet, wenn z.B. Versprechungen für die weitere Karriere gemacht werden, die nicht eingehalten werden. Fälle von unbegründetem Misstrauen treten dann auf, wenn Personen auf Grund ihrer Unsicherheit verstärkt über mögliche Hinweise auf Normverletzungen und Wertinkongruenzen nachdenken. Dann kommt eine Heuristik ins Spiel, die mit dem Motto »Weil ich so viel darüber nachgedacht habe, muss es wahr sein« beschrieben werden kann.

Durch die anfängliche Verunsicherung, die z.B. für neue Mitarbeiter zu erwarten ist, entsteht eine übertriebene Beschäftigung mit Misstrauen gegenüber der Organisation, die schließlich zu einer Erwartungsbestätigung (s. Kapitel »Sich selbst erfüllende Prophezeiung«) beitragen kann. Dann wird durch das eigene misstrauische Verhalten ein Reaktionsmuster der Vorgesetzten hervorgerufen, das Misstrauen rechtfertigt.

Das Thema des Vertrauensbruchs ist für Organisationen besonders relevant, da es auch auf der Basis von irrationalem Misstrauen zu Stande kommen kann. In größeren Organisationen lässt sich kaum vermeiden, dass Vorgänge auftreten, die potenziell Misstrauen bei den Mitarbeitern hervorrufen. Das ist auch deshalb der Fall, weil Mitarbeiter, durch ihre Stellung bedingt, sich in einer hohen Abhängigkeit von der Organisation befinden und insofern viel zu verlieren haben.

Ein weiterer Bereich, auf den Neubauer (1997) aufmerksam macht, ist die wichtige Rolle des Vertrauens in den Beziehungen zwischen Organisationen, etwa wenn es um *just-in-time*-Lieferungen geht. Die Koordination zwischen Organisationen wird durch persönliche Beziehungen der Repräsentanten der Unternehmen, die für diese Aufgabe zuständig sind, vermittelt. Daher ist sie in hohem Maße von dem Vertrauen abhängig, das zwischen diesen Repräsentanten besteht. Koordination zwischen Firmenrepräsentanten, die sog. *boundary roles* innehaben, verlaufen erfolgreich, wenn bestimmte Bedingungen erfüllt sind (Curall/Judge 1995):

- offene und ehrliche Kommunikation;
- Herstellung von informellen Vereinbarungen;
- Vertrauen an Stelle von Überwachung;
- gemeinsame Koordination der Aufgabenabwicklung.

Wenn die Frage nach Vertrauen in Organisationen aufgeworfen wird, geht es auch um das Thema der Führung. Generell ist eine mitarbeiterorientierte Führung, die ein unterstützendes Klima und gegenseitige Kooperation fördert, für den Aufbau von Vertrauen in Organisationen geeignet (Schweer 1996).

Vertrauen im pädagogischen Bereich

Vertrauen spielt zwischen Lernenden und Lehrenden eine große Rolle. Vertrauen in der Schule unterliegt einem Kreisprozess, wenn Lehrer das vertrauensvolle Verhalten der Schüler verstärken, wodurch wiederum das vertrauensfördernde Verhalten der Lehrer gesteigert wird (Neubauer 1991). Ein Problem der Vertrauensentwicklung im schulischen Bereich, das im Übrigen auch im Bereich von Organisationen relevant ist, besteht in der größeren Positions-

macht der Lehrer gegenüber den Schülern, was zu einem Macht-
gefälle führt. Unter diesen Umständen wird es den Statusschwächeren erschwert, vertrauensvolles Verhalten zu demonstrieren, weil es
leicht als Strebertum interpretiert werden kann (Jones/Pittman
1982). Somit entsteht ein Dilemma für die Statusschwächeren, da
sie deutlich machen müssen, dass ihr vertrauensvolles Verhalten
nicht als Nachgiebigkeit und Einschmeicheln zu interpretieren ist.
Dieses Problem ist aus der Sicht der Statusstärkeren weniger relevant, da ihr Verhalten seltener auf verdeckte Motive zurückgeführt
wird (Thibaut/Riecken 1955).

In einer Untersuchung bei Studierenden und Schülern wurde
deutlich, dass die Lehrer-Schüler-Beziehung in ihrem Vertrauens-
potenzial einen mittleren Rangplatz erhielt (Schweer 1997). Die
Möglichkeit einer potenziellen Vertrauensbeziehung wurde zwischen Personen, die eine intime Beziehung haben, als besonders
groß eingeschätzt, während sie zwischen Politikern und Wählern
als besonders niedrig eingeschätzt wurde. Aber auch die Einschätzung des Vertrauens zwischen Schülern und Lehrern, Studierenden
und Dozenten und Mitarbeitern und Vorgesetzten war eher gering
ausgeprägt. In diesen Bereichen wurde eine Vertrauensbeziehung
zwar nicht als völlig ausgeschlossen eingeschätzt, aber auch nicht
als hochgradig wahrscheinlich (Schweer 1997).

In einer weiteren Untersuchung ging es um die Frage, welche
vertrauensrelevanten Dimensionen des Lehrerverhaltens von Lernenden identifiziert werden (Schweer 1997). Diese Frage zielt auf
eine implizite Vertrauenstheorie der Schüler und Studierenden ab.
Die Antworten ließen sich in fünf Dimensionen gruppieren:

- persönliche Zuwendung. Beispiel: »Lehrender interessiert sich
  für persönliches Wohl der Lernenden«;
- fachliche Kompetenz und Hilfe. Beispiel: »Lehrender ist bei
  fachlichen Problemen ansprechbar«;
- Respekt. Beispiel: »Lehrer blamiert Lernenden nicht vor anderen«;
- Zugänglichkeit. Beispiel: »Lehrer interessiert sich für die Belan-
  ge der Lernenden«;
- Aufrichtigkeit. Beispiel: »Lehrer gibt Unwissenheit zu«.

Diese Liste von Dimensionen zeigt, dass das Vertrauen sowohl auf Kompetenz als auch auf zwischenmenschlichen Fähigkeiten beruht (vgl. Butler 1991). Die fünf Dimensionen des Lehrerverhaltens hängen systematisch mit dem Vertrauen in die Lehrperson zusammen. Bei hohem Vertrauen sind die einzelnen Dimensionen positiver ausgeprägt als bei niedrigem Vertrauen. Darüber hinaus zeigte sich, dass die Vertrauenssituation mit der Einschätzung der Lernsituation zusammenhing. Bei hohem Vertrauen erschien der Unterricht als partizipativer, das Engagement der Lehrer wurde als höher eingeschätzt und es fanden sich eine größere Zufriedenheit mit der Ausbildung und eine günstigere Einschätzung des persönlichen Lernerfolgs (Schweer 1997). Diese Ergebnisse verweisen auf die Schlüsselrolle des Vertrauens der Lernenden in die Lehrenden, wenn es um die Frage von Lernerfahrungen und Bewertung der pädagogischen Situation geht.

Da sich die Einschätzungen der Befragten als subjektive Bewertungen kennzeichnen lassen, die sich in objektiv gleichen Lernsituationen unterscheiden, ergeben sich keine einfachen Patentrezepte, durch die eine hohe Vertrauensintensität hergestellt werden kann. Was ein Schüler als persönliche Zuwendung wahrnimmt oder als fachliche Kompetenz des Lehrenden, muss von seinen Mitschülern nicht geteilt werden. Vielmehr finden sich in der subjektiven Interpretation der Lehrsituation große Unterschiede, die auf individuelle Erwartungen und subjektive Vertrauenstheorien verweisen (Schweer 1997).

Zukunft des Vertrauens

Wie wird sich das interpersonelle Vertrauen in Zukunft entwickeln? Die Antwort auf diese Frage ist eng daran geknüpft, dass eine zunehmende Komplexität der sozialen Umwelt eintritt. Damit sind die Voraussetzungen gegeben, unter denen Vertrauen für die Handlungsplanung von entscheidender Bedeutung wird. Dabei entsteht die paradoxe Situation, dass sich Vertrauen durch sich selbst rechtfertigen muss, ohne dass eine endgültige Rückversicherung möglich ist (Heisig 1997).

Da Vertrauen immer ein Risiko der Enttäuschung beinhaltet, lässt es sich nicht vollständig absichern. Allerdings gibt es die Möglichkeit, Vertrauen der Bürger durch bürokratische Organisationen zu gewinnen. Solche Systeme sind meist sehr rigide, da sie sich auf die Erhaltung des Status quo konzentrieren und Risikominimierung betreiben. Im Zeitalter der Postmoderne (Giddens 1991) dürfte eine solche bürokratische Organisation Probleme haben. Die in Deutschland wiederholt beobachteten Modernisierungsblockaden und die häufig konstatierte Reformunfähigkeit verweisen auf die Probleme, die in einer bürokratisch abgesicherten, stagnierenden Gesellschaft enthalten sind, die auf die Herausforderungen der Globalisierung nicht vorbereitet ist.

Dabei entsteht das berechtigte Interesse der Mitglieder der Organisation, ihr Vertrauen weiter absichern zu lassen. Eine Reduktion der Sicherungssysteme trägt dazu bei, dass ein Vertrauensverlust eintritt, der irritierend und beängstigend wirkt. Unter diesen Umständen sind Reformen kaum möglich, und eine nahe liegende Reaktion besteht darin, alles weitgehend beim Alten zu lassen. Auf diese Weise wird eine Krise der Vertrauensbeziehungen vermieden, während gleichzeitig auch ein Umbau des Vertrauenssystems unmöglich wird (Heisig 1997).

Das Schicksal des Vertrauens in Unternehmen ist nicht zuletzt von der Qualifikation der Mitarbeiter abhängig. Eine nahe liegende Annahme besagt, dass das Vertrauen in die Mitarbeiter wächst, wenn ihre Qualifikation hoch ist. Hohe Qualifikation signalisiert Kompetenz, deren Entfaltung einen Vertrauensvorschuss erfordert. Andererseits ist bekannt, dass durch Kontrolle die Eigeninitiative und die Entfaltung von Engagement der Mitarbeiter behindert werden. Bürokratische Hemmnisse und hierarchische Strukturen stehen einer Arbeit im Team im Wege. Eine Voraussetzung für eine Steigerung des Vertrauens liegt in einer dezentralen Organisation, die aus *flachen Hierarchien* und Mitarbeitern, die über eine erweiterte Qualifikation verfügen, besteht (Heisig 1997).

Allerdings ist der Übergang zu flachen Hierarchien mit vielen Problemen verbunden, und es ist keineswegs sicher, dass eine solche Entwicklung durch alle Beteiligten begrüßt wird. Ein Beispiel ist der Übergang von Anwesenheitspflichten, die auf die Minute genau erfasst werden, zu einer Vertrauensarbeitszeit, die auf eine Erfassung der Anwesenheitszeiten verzichtet. Stattdessen werden die Bewältigung von Aufgaben und die Teamarbeit in den Vordergrund gestellt, innerhalb derer die einzelnen Arbeitsabläufe abgesprochen werden. Eine solche Arbeitsorganisation hat für die Mitarbeiter Vor- und Nachteile.

Einerseits geht die Externalisierung der Kontrolle verloren, die es vielen Mitarbeitern erleichtert, die Verantwortung von sich zu weisen. Eine solche Externalisierung der Kontrolle kann das Problem entstehen lassen, dass die Mitarbeiter weniger die Erfüllung ihrer Aufgabe darin sehen, bestimmte Probleme zu lösen, als vielmehr darin, ihre Anwesenheitspflicht zu erfüllen. Auf der positiven Seite ist eine größere Autonomie der Mitarbeiter und größere Selbstbestimmung zu verzeichnen. Die Tätigkeit wird vielfältiger und interessanter und lässt sich besser auf die Erfordernisse abstimmen.

Die Zustimmung zu dem Modell der Vertrauensarbeitszeit ist erwartungsgemäß gemischt. Vermutlich werden die Mitarbeiter, die ein stärkeres Autonomiestreben und größere Bereitschaft zur Übernahme von Eigenverantwortung mitbringen, positiv auf dieses Angebot reagieren. Andere Mitarbeiter, die sich in hierarchischen Verwaltungssystemen wohl fühlen, in denen die Zuständigkeiten und Kompetenzen eindeutig definiert sind und über die Zeit stabil bleiben, werden mit Zurückhaltung auf dieses Arbeitsmodell reagieren, obwohl die Kontrolle verringert und Konformitätsdruck von oben abgebaut ist.

In einer flachen Hierarchie mit Projektgruppen und Teamarbeit gewinnt die Frage an Bedeutung, ob Vertrauen in die Mitarbeiter und die Vorgesetzten besteht. Da die Vorstrukturierung geringer ist und die Komplexität der Arbeitssituation zunimmt, setzt eine engagierte Mitarbeit voraus, dass persönliches Vertrauen entwickelt wird, das nur teilweise durch die Organisation abgesichert ist. In einem solchen Kontext gewinnt das Thema der Befolgung der Spielregeln eine große Bedeutung (vgl. Kapitel »Solidarität«). Befolgung der Spielregeln ist ein Faktor der sozialen Verantwortung (Bierhoff 2000), sodass sich eine Beziehung zwischen sozialer Verantwortung und Vertrauen andeutet: Die Befolgung der Spielregeln durch die

Mitarbeiter rechtfertigt das Vertrauen, während umgekehrt durch das Vertrauen die anderen ermutigt werden, die Spielregeln zu befolgen. Insofern ergibt sich hier eine wechselseitige Abhängigkeit zwischen sozialer Verantwortung und interpersonellem Vertrauen.

Die dargestellte Entwicklung wird noch beschleunigt durch den Siegeszug von Computer-Systemen, die eine umfassende Informationserfassung, Verarbeitung und Verbreitung im Internet ermöglichen. Die Folge ist ein kontinuierlicher Datenfluss, der nur durch qualifizierte Mitarbeiter zu bewältigen ist (Heisig 1997). Der Einsatz von Computer-Systemen beinhaltet auch neue Anforderungen an die Mitarbeiter, die sich durch die Enkodierung von symbolischem Wissen kennzeichnen lassen. Die Rollenverteilung in der Arbeitsorganisation ändert sich ebenfalls, indem an die Stelle von fest umschriebenen Aufgabenfeldern in einer hierarchischen Struktur die Kooperation von Mitarbeitern tritt, die über spezifische Kenntnisse und Kompetenzen verfügen und ein Netzwerk bilden, dessen Zielsetzung die erfolgreiche Bewältigung von Aufgaben und Innovationen darstellt (vgl. Kapitel »Gruppenprozesse«).

Prosoziales Verhalten

Das Thema des prosozialen Verhaltens ist eine der großen Herausforderungen der Sozialpsychologie. Wie lässt es sich erklären, dass Menschen ihre eigenen Interessen zurückstellen und sich für andere engagieren? Oder noch ungewöhnlicher: Wie kann es sein, dass Menschen persönliche Opfer bringen, um anderen zu helfen? Eine naive Psychologie, die davon ausgeht, dass Menschen immer nur das tun, was ihnen nützt, und das vermeiden, was sie schmerzt, kommt jedenfalls bei diesem Thema in Schwierigkeiten.

Prosoziales Verhalten wird im Folgenden einmal aus der Perspektive von Grundlagenwissenschaft und einmal aus der Perspektive der Anwendung behandelt. Aus der erstgenannten Perspektive werden folgende Themen angesprochen: Welche Formen prosozialen Verhaltens lassen sich unterscheiden? Wie entwickelt sich prosoziales Verhalten in den ersten Lebensjahren? Im Weiteren gehen wir auf die wichtigsten Prozesse ein, die zu prosozialem Verhalten führen: Empathie, Schuld und Verantwortung. Außerdem wenden wir uns einem besonders interessanten Bereich zu: Hilfeleistung in akuten Notsituationen. Als Anwendungsbereich haben wir die Themen der ehrenamtlichen Hilfe und der Solidarität ausgewählt, weil sie für die aktuelle gesellschaftliche Diskussion relevant sind. Am Anfang steht jedoch die Frage nach der Definition.

Prosoziales Verhalten eines Akteurs ist dann gegeben, wenn er/sie die Absicht hat, einer konkreten Person eine Wohltat zu erweisen und wenn der Akteur freiwillig handelt (und nicht im Rahmen der Aufgaben, die sich durch dienstliche Rollenverpflichtungen ergeben). Beispiele, die dieser Definition entsprechen, sind (in Klammern finden sich Angaben über die relative Häufigkeit des Helfens in 36 amerikanischen Städten; vgl. R.V. Levine u.a. 1994):

- Einem Blinden, der eine Straße überqueren will, wird Führung angeboten (70%).

- Ein Fußgänger, der seinen Füller auf der Straße verliert, wird von einem Passanten auf den Verlust aufmerksam gemacht (49,5%).
- Ein Verletzter, der am Bein bandagiert ist, verliert auf dem Bürgersteig einen Stapel Blätter, die ein Passant für ihn zusammensucht (60,25%).
- Jemand bittet darum, ein 1-Mark-Stück zu wechseln (49,5%).
- Jemand findet einen verlorenen Brief an der Windschutzscheibe seines Autos mit dem handschriftlichen Vermerk, dass der Brief daneben gefunden wurde (vgl. Kapitel »Forschungsmethoden der Sozialpsychologie«; 76,75%).

Die Bereitschaft zur Hilfeleistung war bei den einzelnen Formen prosozialen Verhaltens unterschiedlich. »Verlust des Füllers« und »Geld wechseln« lagen relativ niedrig, »Verletztes Bein« höher und »Blinde Person« und vor allem »Verlorener Brief« besonders hoch. Für jedes dieser Beispiele ergab die non-reaktive Messung ein substanzielles Ausmaß prosozialen Verhaltens in der Bevölkerung.

Wir werden uns im Folgenden noch ausführlicher mit der Verbreitung von prosozialem Verhalten befassen. An dieser Stelle wird zunächst eine begriffliche Abgrenzung durchgeführt. Prosoziales Verhalten kann von den verwandten Begriffen *hilfreiches Verhalten* und *Altruismus* abgegrenzt werden, die ebenfalls die Beziehung von Helfern und Hilfeempfängern thematisieren. *Hilfreiches Verhalten* ist der am weitesten gefasste Begriff, während der Begriff *prosoziales Verhalten* enger gefasst ist, weil er sich nur auf Handlungen bezieht, die intendiert sind und nicht im Rahmen von dienstlichen Verpflichtungen ausgeführt werden. Was schließlich den Begriff *Altruismus* angeht, so ergibt sich eine zusätzliche Einschränkung dadurch, dass die Motivation des Helfers durch Perspektivenübernahme und Sympathie mit dem Hilfeempfänger charakterisiert ist (Bierhoff 2001a).

Ein Beispiel für *hilfreiches Verhalten* ist die Stewardess, die einem Passagier hilft, sein Gepäck zu verstauen. Beispiele für *prosoziales Verhalten* wurden schon gegeben. Schließlich lässt sich als klassisches Beispiel für *altruistisches Verhalten*, das Gleichnis des barmherzigen Samariters nennen. Im Folgenden befassen wir uns schwerpunktmäßig mit prosozialem Verhalten.

Welche Formen prosozialen Verhaltens lassen sich unterscheiden?

Eine Antwort auf diese Frage lässt sich finden, wenn man die Ähnlichkeit verschiedener Beispiele für hilfreiches Verhalten beurteilen lässt und die kognitive Struktur dieser Urteile ermittelt (Smithson u.a. 1983). Eine solche Analyse führt zu drei Dimensionen:

- Die erste Dimension stellt geplantes Helfen dem spontanen Helfen gegenüber.
- Die zweite Dimension kontrastiert Helfen in ernsthaften Situationen mit nicht ernsthaften Situationen.
- Die dritte Dimension ist charakterisiert durch direkte Hilfe (im Sinne von Tun) im Unterschied zu indirekter Hilfe (im Sinne von Geben).

Diese drei Dimensionen beziehen sich auf unterschiedliche Aspekte. Die erste Dimension (geplant – spontan) charakterisiert die soziale Umgebung. Die zweite Dimension (ernsthaft – nicht ernsthaft) bezieht sich auf die Notlage des Hilfeempfängers. Die dritte Dimension (direkt – indirekt) bezieht sich auf den Typ der Hilfe. Ein Beispiel für hohe Ausprägung der ernsthaften Notlage ist: Eine Frau bittet Sie, ihnen zu helfen, ihren Freund zu einem Krankenhaus zu fahren. Ein Beispiel für geplante Hilfe ist: Tetrapack-Verpackungen aufheben, reinigen und sie einer Gruppe von Studierenden geben, die sie in einem Kunstprojekt verwenden. Ein Beispiel für indirekte Hilfe ist: Geld für einen guten Zweck spenden.

Verbreitung prosozialen Verhaltens im Alltag unter Einbeziehung von Stadt-Land-Unterschieden

Wie oft tritt prosoziales Verhalten im Alltag auf? Handelt es sich um ein regelmäßiges Ereignis oder stellt es eine Ausnahme dar? Die beste Evidenz zur Beantwortung dieser Frage ist Beobachtungsstudien zu entnehmen. Um die Beobachtungssituation zu standardisieren, ist es notwendig, eine Notlage zu simulieren, mit der Passanten konfrontiert werden, ohne dass sie wissen, dass ein psychologisches Experiment durchgeführt wird. Weiter oben wurden schon einige Angaben über die Verbreitung von Hilfeleistung in Alltagssituationen gemacht. Da die konkreten Formen der Hilfe unterschiedlich sind, gibt es auch keine allgemeine Antwort auf die Frage nach der Verbreitung der Hilfeleistung. Vielmehr hängt die Antwort von der Form der Hilfe ab. So ist z.b. damit zu rechnen, dass Hilfeleistung eher unwahrscheinlich wird, wenn sich die Helfer einer Gefahr aussetzen. Weiterhin ist anzunehmen, dass Hilfeleistung mit den Kosten, die mit ihrer Bereitstellung zusammenhängen, variiert. Hohe Kosten sollten die Hilfsbereitschaft reduzieren.

Die Bereitschaft zur Hilfeleistung hängt also in erheblichem Umfang vom Anlass ab. Bei Unfällen, z.b. ein Fahrrad-Sturz ergibt sich die Schätzung, dass etwa jeder dritte Passant eingreift (vgl. Bierhoff 2001b). Damit wird deutlich, dass das Ausmaß der *Zivilcourage* in einer Situation, in der die Bedrohung durch andere gering ist, relativ niedrig ausfällt. Daher ergibt sich die Annahme, dass die Zivilcourage noch wesentlich geringer sein wird, wenn ihre Ausübung mit höheren Kosten im Sinne von Gefahren verbunden ist. Das Thema der Zivilcourage bedarf einer viel gründlicheren Behandlung in unserer Gesellschaft, als es bisher der Fall ist (Frey u.a. 2001). Einige Städte wie Frankfurt, Köln und Essen haben entsprechende Programme begonnen, aber es fehlt an der pädagogischen Umsetzung in Schule und Weiterbildung.

Eine wichtige Determinante der Hilfeleistung ist die Frage, ob es sich um eine städtische oder ländliche Gegend handelt. Zwei Hypothesen wurden aufgestellt, die beide darauf hinauslaufen, dass in der Stadt weniger geholfen wird.

Die Hypothese der Informationsüberlastung geht davon aus, dass Menschen in der Großstadt einem Überangebot an Stimulation ausgesetzt sind (Milgram 1970). Diese Überlastung führt dazu, dass irrelevante Eindrücke aus der weiteren Verarbeitung ausgeschlossen werden, da sie als belanglose Informationen betrachtet werden. Dieser Vorgang kann als eine Anpassung an Informationsüberlastung interpretiert werden. Als Folge davon wird auch weniger auf Signale reagiert, die die Notlage oder Hilfsbedürftigkeit anderer Menschen anzeigen. Dieser Effekt sollte allerdings erst auftreten, wenn ein massives Überangebot an Stimulation gegeben ist, wie es in Millionenstädten zu erwarten ist.

Eine zweite Erklärung beruht auf dem Prinzip der *Diffusion der Verantwortung* (s. unten). Wenn in einer Großstadt in der Regel mehr Personen auf einer Straße oder an einem Platz anwesend sind als in einem ländlichen Bereich, ergibt sich die Folgerung, dass eine Person ihre Verantwortung eher auf die anderen verteilen kann. Da Verantwortungszuschreibung eine wichtige Voraussetzung für Hilfeleistung ist, würde dadurch das Niveau des Helfens in Großstädten reduziert. Beide Hypothesen besagen, dass in Millionenstädten eine geringere Hilfsbereitschaft zu verzeichnen ist als in kleineren Gemeinden. Eine Metaanalyse vorhandener Studien bestätigt diese Voraussage. Über alle Formen der Hilfeleistung hinweg zeigt sich die Tendenz, dass die Hilfeleistung im städtischen Bereich geringer ist als im ländlichen Bereich. Diese Schlussfolgerung wird auch durch die Ergebnisse einer umfassenden Studie in Australien bestätigt, in die 55 Gemeinden eingingen (Amato 1983). Sechs verschiedene Maße der Hilfeleistung wurden berücksichtigt (z.B. einer Person helfen, die 20 Briefumschläge auf dem Bürgersteig verloren hat, oder für einen guten Zweck spenden).

Eine genauere Aufschlüsselung aller vorliegenden Ergebnisse zur Hilfeleistung in Abhängigkeit von der Gemeindegröße führt zu dem Resultat, dass die Hilfeleistung im mittleren Größenbereich am höchsten ausfällt, während sie bei sehr kleinen Gemeinden und in Millionenstädten geringer ist (Steblay 1987). Diese Ergebnisse zeigen, dass der negative Zusammenhang zwischen Größe der Gemeinde und Hilfeleistung nur dann auftritt, wenn Gemeinden in der Größenordnung von 5.000 bis 300.000 Einwohnern mit solchen verglichen werden, die 300.000 und mehr Einwohner aufweisen. Die Resultate stehen nur teilweise in Übereinstimmung mit der Informationsüberlastungshypothese.

Allerdings ist der Test auf der Grundlage der Gemeindegröße nur bedingt aussagekräftig, da eine Gemeinde sich entweder auf einer großen Fläche verteilen kann, sodass relativ wenig Diffusion der Verantwortung zu erwarten ist, oder auf einer relativ kleinen Fläche, wenn die Wohndichte sehr hoch ist. Wenn die Bevölkerungsdichte zur Grundlage der Analyse genommen wird, ergeben sich klarere

Ergebnisse. Die Korrelation zwischen Bevölkerungsdichte und Ausmaß der Hilfeleistung betrug r = −.55. Hingegen war die Korrelation mit der Bevölkerungsgröße nur r = −.38. Diese Ergebnisse wurden auf der Grundlage des Vergleichs der schon genannten 36 amerikanischen Städte gefunden (R.V. Levine u.a. 1994).

Eine weitere Determinante des prosozialen Verhaltens waren die Lebenshaltungskosten, die mit r = −.41 mit der Hilfeleistung korrelierten. In Städten, in denen die Lebenshaltungskosten höher waren, wurde weniger geholfen. Dieser Zusammenhang blieb auch bestehen, wenn die Bevölkerungsdichte als Kontrollvariable berücksichtigt wurde. Daher kann man sagen, dass Bevölkerungsdichte und Lebenshaltungskosten zwei unabhängige Prädiktoren prosozialen Verhaltens sind. Da Lebenshaltungskosten hoch mit dem Einkommen zusammenhängen, ergibt sich die Schlussfolgerung, dass neben der Bevölkerungsdichte auch der soziale Status ein negativer Prädiktor der Hilfeleistung in Städten ist.

Prosoziales Verhalten bei zweijährigen Kindern

Die Entwicklung prosozialen Verhaltens wurde bei 14 Monate alten Kindern (und dann wieder im Alter von 20 Monaten) untersucht (Zahn-Waxler u.a. 1992b). Die Kinder, bei denen es sich um Zwillinge handelte, wurden zu Hause und im Labor in der Anwesenheit ihrer Mutter beobachtet. Tests zur Erfassung prosozialen Verhaltens wurden durchgeführt, und zwar entweder von der Mutter oder einer Experimentatorin. So gab die Mutter z.B. vor, sich am Knie gestoßen zu haben, indem sie mit einem schmerzverzerrten Gesichtsausdruck nach dem Knie griff. In diesen Testsituationen wurden die Kinder auf Video aufgenommen. Anhand dieser Videos wurden verschiedene Reaktionen kodiert:

- *Prosoziales Verhalten:* Das Kind versucht der Mutter oder der Experimentatorin zu helfen.
- *Hypothesentesten:* Das Kind versucht zu verstehen, was vorgeht.
- *Empathische Betroffenheit:* Gesichtsausdruck, Stimme oder Gestik drücken eine Betroffenheit durch die Testsituation aus.

- *Persönliche Belastung:* Das Kind zeigt im Gesichtsausdruck, in der Stimme oder in der Gestik Zeichen von Furcht.
- *Indifferenz:* Das Kind reagiert nicht auf die Testsituation.

Zusätzlich wurde eine freie Spielsituation beobachtet sowie während einer strukturierten Aufgabe das kooperative Verhalten bei den 20 Monate alten Kindern.

Die Test-Retest-Korrelation unter den Merkmalen über sechs Monate war relativ niedrig. Das bedeutet, dass das Ausmaß der empathischen Reaktion mit 14 Monaten nur schwach mit der empathischen Reaktion mit 20 Monaten zusammenhing. Ein Kind, das zum ersten Messzeitpunkt mit Indifferenz reagierte, kann also durchaus zum zweiten Messzeitpunkt prosoziales Verhalten zeigen. Das Ausmaß der Reziprozität des Verhaltens wurde in den freien Situationen (Spiel und strukturierte Aufgabe) untersucht. Es fanden sich Hinweise auf häufiges Auftreten reziproken Verhaltens bei 20 Monate alten Kindern.

Empathie und Hypothesentesten nahmen mit dem Alter zu. Hingegen nahm Indifferenz ab. Die Zunahme der Empathie steht mit der Annahme in Übereinstimmung, dass sich Empathie altersabhängig entwickelt (Hoffman 2000). Außerdem fanden sich Geschlechtsunterschiede. Im Durchschnitt lagen Mädchen höher im prosozialen Verhalten, während Jungen höher in der Indifferenz lagen. Diese Unterschiede stimmen mit der Mehrzahl der Untersuchungen zu Geschlechtsunterschieden in Empathie überein (Lennon/Eisenberg 1987).

Da Zwillinge untersucht wurden, bestand die Möglichkeit, den genetischen Einfluss zu erfassen. Dazu wurden eineiige mit zweieiigen Zwillingen verglichen. Im Alter von 14 Monaten zeigten alle Merkmale einen starken genetischen Einfluss, also mehr Übereinstimmung unter den eineiigen Zwillingen als unter den zweieiigen Zwillingen. Im Alter von 20 Monaten war der genetische Einfluss geringer. Außerdem war er auf Empathie und Indifferenz beschränkt, während er bei 14 Monate alten Kindern auch für prosoziales Verhalten und Hypothesentesten auftrat.

Diese Ergebnisse verweisen auf die *biologische Basis* der Empathie, die mit einem Jahr stärker ausgeprägt ist als mit zwei Jahren.

Vermutlich geht die Abnahme des genetischen Einflusses darauf zurück, dass *Sozialisationseinflüsse* in den sechs Monaten zwischen Test und Retest zugenommen haben. Bei Zweijährigen ist die Bedeutung genetischer Einflüsse relativ gering. Der abnehmende Einfluss genetischer Faktoren auf die Empathie verweist darauf, dass Sozialisationseinflüsse auf das prosoziale Verhalten mit dem Alter kontinuierlich zunehmen. Darunter fallen die Auswirkungen von Erziehungspraktiken und die Vermittlung kultureller Normen (Eisenberg 1986).

In einer weiteren Untersuchung wurden Vergleiche zwischen dem beobachteten Leiden und dem verursachten Leiden einer anderen Person durchgeführt (Zahn-Waxler u.a. 1992a). Während *beobachtetes Leiden* Gelegenheit gibt, Empathie zu empfinden, bedeutet *verursachtes Leiden*, dass das Kind für das Leiden der anderen Person verantwortlich ist. Kompensation nach verursachtem Leiden kann als Wiedergutmachung auf Grund von *Schuldgefühlen* interpretiert werden. Zwischen beobachtetem und verursachtem Leiden bestanden verschiedene Unterschiede:

- Kinder zeigten mehr persönlichen Stress in Situationen von verursachtem Leiden.
- Außerdem zeigten sie in diesen Situationen weniger empathische Reaktionen
- sowie weniger Hypothesentesten.

Die Entwicklung von Empathie und Schuld ist miteinander verbunden (Hoffman 2000). Beide beziehen sich auf das Leiden eines Opfers. Der Unterschied besteht darin, dass Schuld das Bewusstsein, das Leiden verursacht zu haben, einschließt, während Empathie eine Zuschauerreaktion ist. Daher ist die psychologische Bedeutung von Empathie und Schuld unterschiedlich, wie in dem erhöhtem Ausmaß von Stress in der Schuldsituation zum Ausdruck kommt. Außerdem ist Schuld mit mehr Aggression verbunden, besonders bei Jungen, und positive Gefühle werden seltener zum Ausdruck gebracht. Die Reaktionen auf verursachte Leiden können als früher Ausdruck der Gewissensentwicklung interpretiert werden, während die Reaktionen auf beobachtetes Leiden mit Empathie und Mitleiden zusammenhängen. Die Entwicklung des Gewissens kommt in der Übernahme sozialer Verantwortung zum Ausdruck (vgl. Kapitel »Solidarität«).

Prosoziale moralische Entwicklung

Die kognitive Seite des prosozialen Verhaltens wurde in einer Längsschnittuntersuchung erfasst, die elf Jahre dauerte und Kinder in dem Alter von vier bis fünfzehn Jahren einbezog (Eisenberg u.a. 1991). Die Betonung lag auf prosozialen moralischen Urteilen. Während Standardverfahren des moralischen Urteils den Schwerpunkt auf die Rechtfertigung der Verletzung von Vorschriften legen (Kohlberg 1984), ist prosoziales moralisches Urteilen darauf bezogen, welche Gedanken in Situationen ausgelöst werden, in denen die Alternative darin besteht, zu helfen oder nicht zu helfen. Ein prosozialer Konflikt kann z.B. dadurch entstehen, dass prosoziales Verhalten impliziert, zu spät zu einer Verabredung zu kommen.

Generell lassen sich fünf Stufen des prosozialen moralischen Urteilens unterscheiden (Eisenberg 1986):

- hedonistische Orientierung;
- Orientierung an den Bedürfnissen anderer;
- Orientierung an Billigung und stereotyphaften Reaktionen;
- empathische Reaktionen;
- internalisierte Orientierung.

Diese Stufen werden als Sequenz verstanden, die mit relativ primitiven Formen des Denkens beginnt und zu mehr elaborierten Denkformen führt. Das Niveau der moralischen Entwicklung wird auf der Grundlage einer Reihe von Kategorien eingeschätzt, die auf die Geschichten angewendet werden, die Kinder erzählen, wenn ihnen prosoziale Konflikte vorgelegt werden.

In der Längsschnittuntersuchung wurde das prosoziale moralische Urteil zu sieben Zeitpunkten erfasst. Es zeigte sich, dass hedonistisches Denken, das bei Vier- bis Fünfjährigen sehr weit verbreitet war, mit zunehmendem Alter abnahm. Jedoch zeigten Jungen einen leichten Anstieg hedonistischen Denkens als Jugendliche. Bedürfnisorientierung nahm im Alter von sieben bis acht Jahren zu und blieb auf einem hohen Niveau bis zu einem Alter von elf bis zwölf Jahren, bevor sie wieder abnahm.

Ein zusammenfassender Index der Höhe des moralischen Urteils ergab im Altersbereich von elf bis sechzehn Jahren eine generelle Erhöhung des Niveaus des moralischen Urteils. Es ist aber darauf hinzuweisen, dass nur ein Teil der Jugendlichen mit diesem generellen Entwicklungstrend übereinstimmte. Während 32 Jugendliche ein übereinstimmendes Entwicklungsmuster zeigten, ergab sich bei neun Jugendlichen eine Verringerung des Niveaus des moralischen Urteils in diesem Altersbereich.

Man könnte argumentieren, dass moralisches Urteil nichts mit Verhalten zu tun hat. Diese Annahme ist aber voreilig. Im Alter von 15 bis 16 Jahren ergab sich eine positive Korrelation zwischen moralischem Urteil und prosozialem Verhalten (Eisenberg u.a. 1991).

Hilfe in akuten Notsituationen

Hilfe in akuten Notsituationen erfordert Mut und Entscheidungsfindung in einer Stresssituation. Zahlreiche Studien zeigen, dass die Bereitschaft, in einer akuten Notsituation zu intervenieren, bei Zuschauern, die allein mit der Notsituation konfrontiert sind, größer ist als bei Zuschauern, die in Gruppen die Notsituation erleben (Latané/Nida 1981). In einer der ersten Untersuchungen, die diesen Effekt der sozialen Hemmung zeigten (Latané/Rodin 1969), hörten Studierende, dass eine Frau, die im Nebenzimmer des Büros arbeitete, auf einen Stuhl stieg, um dann vom Stuhl zu fallen und stöhnend liegen zu bleiben. Dieser Vorfall dauerte 130 Sekunden und wurde unter verschiedenen Bedingungen simuliert:

- in der Alleinbedingung;
- mit einem zweiten passiven Studierenden, der entsprechend instruiert worden war;
- mit zwei Studierenden, die sich nicht kannten;
- mit zwei Freunden.

In 40% der Fälle, in denen zwei Fremde Zeuge des Unfalls wurden, und in 70% der Fälle, in denen zwei Freunde Zeuge des Unfalls wurden, fand eine Intervention statt. Die individuelle Wahrscheinlichkeit der Intervention ergibt sich mit 22,5% für Fremde und 45,2% für Freunde. Bei dieser individuellen Wahrscheinlichkeit ist berücksichtigt, dass in Gruppen von zwei Personen jeder Einzelne eingreifen könnte. Die korrigierten Interventionsraten sind niedriger als in der Alleinbedingung (70%), aber höher als in der Bedingung mit dem passiven Verbündeten (7%).

Der Effekt der Diffusion der Verantwortung fand sich auch in einer Feldstudie, in der Fahrradsimulationen durchgeführt wurden. Einzelne Passanten griffen eher ein als Gruppen von Passanten (Bierhoff u.a. 1990).

In einer weiteren Untersuchung wurde überprüft, welche Persönlichkeitsmerkmale Helfer in einer akuten Notsituation auszeichnen (Bierhoff u.a. 1991). In Hannover wurden Personen, die bei Unfällen den Opfern geholfen hatten, von den Sanitätern, die nach den Ersthelfern eingetroffen waren, gebeten, einen Fragebogen auszufüllen. Mit dieser Gruppe von Ersthelfern wurden Personen verglichen, die nach Alter, Geschlecht und sozialem Status angeglichen waren und die in einem Fragenbogen angegeben hatten, dass sie in einer entsprechenden Situation nicht eingreifen würden.

Die Ergebnisse verwiesen auf Unterschiede zwischen Helfern und Nichthelfern. In der Gruppe der Ersthelfer war die soziale Verantwortung höher ausgeprägt. Außerdem waren sie stärker durch eine internale Kontrollüberzeugung gekennzeichnet. Ein weiteres Merkmal war, dass sie eher an eine gerechte Welt glaubten (s. unten). Schließlich war auch die empathische Orientierung bei Ersthelfern höher ausgeprägt.

Dieses Ergebnismuster stimmt mit Resultaten überein, die beim Vergleich von Judenrettern mit Personen, die sich in der Nazi-Zeit passiv verhalten haben, gefunden wurden (Oliner/Oliner 1988). Außerdem wurde gezeigt, dass eine prosoziale Persönlichkeit, die durch soziale Verantwortung und Empathie gekennzeichnet ist, mit mehr Zufriedenheit bei ehrenamtlicher Tätigkeit zusammenhing, die wiederum zu einer dauerhaften Bereitschaft führte, ehrenamtlich tätig zu werden (Penner/Finkelstein 1998).

Im Folgenden wenden wir uns der Frage zu, welche Prozesse dem prosozialen Verhalten zu Grunde liegen. Dabei unterscheiden wir zwischen empathischen Prozessen, schuldmotivierter Hilfe und sozialer Verantwortung.

Die Gefühle anderer nachempfinden

Empathie bezieht sich auf die stellvertretenden Gefühle, die den emotionalen Zustand einer anderen Person teilen. Die Bedeutung der Empathie ist relativ weit gefasst. Sie umfasst sowohl kognitive als auch emotionale Komponenten. Wenn Empathie mehr kognitiv interpretiert wird, steht die Übernahme der Perspektive einer anderen Person im Vordergrund. Eine mehr emotionale Interpretation betont das Auftreten von Gefühlen (Bierhoff 2001b).

Die Bedeutung der Empathie wird in der Empathie-Altruismus-Hypothese (Batson 1991, 1995) deutlich. Diese nimmt an, dass Empathie die Voraussetzung für die Ausführung altruistischen Verhaltens ist. Damit ist aber keine *dispositionale Empathie* gemeint, die durch Fragen erfasst wird wie: »Ich bin oft betroffen davon, dass andere Menschen weniger glücklich sind als ich«, oder: »Ich finde das Schicksal von Romanfiguren oft sehr packend.« Stattdessen ist eine *situationsbezogene Empathie* gemeint, die durch die konkrete Notlage einer Person ausgelöst wird.

Es wird angenommen, dass die Voraussetzungen für die Auslösung dieser situationsbezogenen Empathie in der Übernahme der Perspektive des Opfers besteht. Diese wird erleichtert, wenn die Beobachter mit den Opfern eine persönliche Beziehung haben, die z.B. durch Ähnlichkeit, Freundschaft oder Familienzugehörigkeit gekennzeichnet ist, und wenn sie sich in die Opfer hineinversetzen und gezielt ihre Perspektive übernehmen. Die Empathie-Altruismus-Hypothese besagt, dass das empathische Mitleiden nur dadurch reduziert werden kann, dass das Leiden der Opfer beendet wird. Nur bei niedriger Empathie stellt das Verlassen der Situation eine Erfolg versprechende Reaktion dar.

Damit ist auch schon eine wesentliche Vorhersage der Empathie-Altruismus-Hypothese genannt, die auch als 3:1-Muster bezeichnet wird. Eine empathische Person wird hilfsbereit sein, unabhängig davon, ob sie sich der Situation entziehen kann oder nicht. Eine Person, die nicht empathisch orientiert ist, wird nur dann hilfsbereit sein, wenn sie sich der Situation nicht entziehen kann. In diesen drei Bedingungen wird also die Hilfsbereitschaft hoch ausfallen. Hingegen wird sie niedrig ausfallen, wenn bei niedriger Empathie eine leichte Fluchtmöglichkeit vorliegt.

Viele empirische Untersuchungen stehen mit diesem angenommenen 3:1-Muster in Übereinstimmung, allerdings nur, wenn die Kosten der Hilfe niedrig sind (Batson 1991). Wenn die Hilfe ein größeres Opfer verlangte, fanden sich Ergebnisse, die von der Empathie-Altruismus-Hypothese abweichen. Daher stellt sich die Frage, welche Prozesse prosoziales Verhalten auslösen, das durch große Opfer gekennzeichnet ist. Diese Frage verweist auf Schuldgefühle und soziale Verantwortung.

Nach einem Vergehen

Seit einigen Jahren wird die positive Wirkung von Schuldgefühlen für das soziale Zusammenleben hervorgehoben (Baumeister u.a. 1994). Lange Zeit ging man davon aus, dass Schuldgefühle belastend sind und dass man Personen davon befreien sollte, damit sie sich besser selbst verwirklichen können. Stattdessen wird nun verstärkt darauf hingewiesen, dass Schuldgefühle zum harmonischen Zusammenleben der Menschen beitragen können und eine wesentliche Voraussetzung für die Vermeidung von sozialen Konflikten darstellen.

Schuld wird definiert als ein intensiv unangenehmes Gefühl der Missbilligung gegenüber sich selbst, das sich auf jemanden, der sich in Schwierigkeiten befindet, bezieht, verbunden mit dem Bewusstsein, diese Schwierigkeiten verursacht zu haben (Hoffman 1998). Schuldgefühle entstehen bei kleinen Kindern, vorausgesetzt, dass sie in der Lage sind, sich selbst zu erkennen, und dass sie ein rudimentäres Verständnis von richtig und falsch entwickelt haben. Daher wird Schuld (neben Scham und Peinlichkeit) auch als selbstwertrelevante Emotion bezeichnet (Roos 2000). Die Verbindung zwischen Empathie und Schuld wird indirekt bestätigt durch positive Korrelationen zwischen Fragebögen, die beide Merkmale messen (Tangney 1991).

Schuldgefühlen wird die Funktion zugeschrieben, gute Beziehungen mit anderen aufrechtzuerhalten, wenn ein Vergehen oder eine Regelübertretung stattgefunden hat. Frühe Anzeichen für die Entwicklung von Schuld ergeben sich schon im zweiten Lebensjahr. Die Zwillingsforschung zeigt, das Schuldgefühle eine genetische Komponente aufweisen (Zahn-Waxler/Robinson 1995). Allerdings nimmt diese genetische Komponente in zweitem Lebensjahr ab, sodass bei Zweijährigen der Sozialisationseinfluss stärker ist. In dieser Altersgruppe sind genetische Einflüsse auf Schuld nicht mehr auffindbar.

Schuldgefühle schützen interpersonelle Beziehungen, die durch Fehlleistungen und Vergehen eines Interaktionspartners bedroht sind. Wenn jemand eine andere Person durch ein Vergehen irritiert, besteht eine hohe Wahrscheinlichkeit der Vergeltung. Durch Schuldgefühle wird ein solcher Verlauf verhindert, weil die Person motiviert ist, ihren Fehler wieder gutzumachen, sodass eine Vergeltung vermieden wird. Es ist daher nicht verwunderlich, dass Schuldgefühle besonders häufig in engen Beziehungen auftreten. Am ehesten führt interpersonelle Gleichgültigkeit zu Schuldgefühlen. Die Wiederherstellung der Beziehung nach einem Vergehen wird durch Schuldgefühle motiviert. Daher wird Schuld als eine prosoziale Emotion bezeichnet (Baumeister 1998). Eine besondere Variante stellt existenzielle Schuld dar, die ebenfalls für prosoziales Verhalten bedeutsam ist (vgl. Kapitel »Solidarität«).

Für etwas einstehen

Soziale Verantwortung ist zumindest teilweise das Ergebnis von moralischen Entscheidungen. In Übereinstimmung damit wurde festgestellt, dass die Begriffe Verantwortung und moralische Verantwortung nicht weiter unterschieden werden. In zwei empirischen Untersuchungen über die Bedeutung des Begriffs »verantwortlich« wurde gezeigt, dass der Verantwortung eine Dimension zu Grunde liegt, die als freiwillig vs. erzwungen bezeichnet wurde. Die Eigenschaft verantwortlich liegt im mittleren Bereich dieser Dimension. In ihrer Nähe liegen Eigenschaften wie schuldig, rechenschaftspflichtig und tadelnswert. Eine zweite Dimension, die für verantwortlich relevant ist, wurde als Kontrolle vs. Strafe bezeichnet (Shaver 1985; Shaver/Schutte 2001). Kontrollierbar sind Handlungen, die intendiert und vorhersehbar sind, während Strafe mit Personen verbunden wird, die einen Fehler gemacht haben und haftbar sind.

Zwischen sozialer Verantwortung und prosozialem Verhalten besteht eine positive Beziehung. So wurde bei Ersthelfern nach Unfällen festgestellt, dass sie eine hohe Ausprägung sozialer Verantwortung aufwiesen (s. oben). Außerdem spielt Verantwortung eine bedeutsame Rolle in Zusammenhang mit umweltbewusstem Verhalten (Kaiser u.a. 2001). Naturschutz und Vermeidung von Umweltschädigungen hingen mit hoher sozialer Verantwortung zusammen. Das galt sowohl für Verantwortung als Persönlichkeitsmerkmal als auch für Verantwortung als Selbstzuschreibung. Diese Ergebnisse deuten darauf hin, dass Verantwortung prosoziales Verhalten auch dann motiviert, wenn die Kosten relativ hoch sind (vgl. Kapitel »Solidarität«).

Wo liegen die wichtigsten Anwendungsfelder?

Prosoziales Verhalten ist unmittelbar für den Alltag von Menschen bedeutsam. Daher gibt es viele Anwendungsfelder der Forschung über prosoziales Verhalten, z.B. erste Hilfe, freiwilliges Arbeitsengagement, Solidarität und ehrenamtliche Hilfe (vgl. Bierhoff 2001b). Im Folgenden können wir aus Raumgründen nur auf zwei dieser Bereiche ausführlicher eingehen: ehrenamtliche Hilfe und Solidarität. Die anderen Bereiche werden im Folgenden nur kurz angerissen, um ihren Stellenwert zu verdeutlichen.

Bei der Frage der ersten Hilfe geht es darum, wie das Niveau der Hilfsbereitschaft bei Unfällen erhöht werden kann. Da im Allgemeinen 10–15 Minuten vergehen, bis der Rettungswagen am Unfallort nach der Alarmierung eingetroffen ist, kommt Ersthelfern die wichtige Aufgabe zu, den Opfern von Unfällen (z.B. im Haushalt oder im Verkehr) in der Zwischenzeit beizustehen. Um das zu ermöglichen, findet eine Ausbildung in erster Hilfe statt. Die sozialpsychologische Frage bezieht sich darauf, welche Ausbildungsinhalte bereitgestellt werden müssen, damit die Bereitschaft zur Intervention wächst und eine effektive Hilfe geleistet werden kann.

Das Thema des freiwilligen Arbeitsengagements wurde lange Zeit in seiner Bedeutung unterschätzt. Eine funktionierende Organisation ist auf das freiwillige Arbeitsengagement der Mitarbeiter und Mitarbeiterinnen angewiesen (Katz/Kahn 1978). Das betrifft vor allem die gegenseitige Unterstützung, z.B. wenn ein Mitarbeiter durch Aufgaben überlastet ist und andere ihn oder sie unterstützen. In diesem Zusammenhang spricht man von freiwilligem Arbeitsengagement, dessen Auftreten sowohl mit emotionalen Faktoren als auch mit Fragen der Fairness am Arbeitsplatz zusammenhängt (Bierhoff/Herner 1999).

Sich engagieren – anderen helfen und sich gut fühlen?

Millionen von Deutschen engagieren sich für Behinderte, politische Arbeit auf der Ebene der Gemeinde, Hausaufgabenhilfe für Schüler, Besuche bei einsamen Menschen im Altenheim, Telefonseelsorge und Spendensammlungen. Viele ehrenamtliche Helfer verwenden einen beachtlichen Zeitaufwand für den guten Zweck. In Befragungsstudien ergaben sich Durchschnittsangaben von 6–7 Stunden pro Woche (Küpper/Bierhoff 1999).

Wie unterscheidet sich ehrenamtliches Engagement von spontaner Hilfeleistung? Durch mehr Planung, mehr Setzung von Prioritäten und mehr Suche nach Passung zwischen persönlichen Fähigkeiten und Art der Aufgabe. Diese Elemente sind auch in der Definition ehrenamtlicher Hilfe als »freiwillige, nicht auf Entgelt ausgerichtete Tätigkeit im Rahmen von Institutionen und Vereinigungen« (Roth/Simoneit 1993) berücksichtigt. Ehrenamtliche Hilfe ist durch folgende Merkmale charakterisiert:

- Intention, anderen Personen eine Wohltat zu erweisen;
- Freiwilligkeit der Ausübung der Tätigkeit;
- Fehlen einer beruflichen Verpflichtung oder einer direkten Bezahlung der Tätigkeit;
- längerfristige Perspektive, die persönliches Engagement über mehrere Monate oder Jahre einschließt;
- Bindung an eine Organisation, die sich mit der Lösung sozialer oder individueller Probleme im In- oder Ausland befasst.

Dieser Definitionsansatz stimmt in den ersten drei Merkmalen mit der Definition prosozialen Verhaltens überein (Bierhoff 1990). Die zwei weiteren Merkmale sind spezifisch für ehrenamtliche Hilfe. Das ist zum einen das Vorhandensein einer längerfristigen Helferperspektive. Das zweite spezifische Merkmal macht darauf aufmerksam, dass diese Form der Hilfeleistung im Allgemeinen nicht individuell, sondern in organisierter Form stattfindet. Damit ist nichts darüber gesagt, wie groß die Organisationen sind, die die ehrenamtliche Hilfeleistung strukturieren. Es kann sich um große Organisation handeln, die im ganzen Land oder auch im In- und Ausland tätig sind, oder es kann sich um kleine Organisationen handeln, die nur im lokalen Bereich wirken oder die nur ein eng begrenztes Ziel verfolgen.

Lebensentwürfe und Erlebnisqualität

In Übereinstimmung mit naivem psychologischem Denken folgen viele Menschen der irrtümlichen Annahme, dass sie glücklich sind, wenn sie ihre persönlichen Interessen möglichst weitgehend durchsetzen können, wenn sie immer kampfbereit sind und den Widerstand von Feinden überwinden können. Dem liegt die Vorstellung einer unkooperativen sozialen Umgebung zu Grunde, gegen die man die eigenen Interessen durchboxen muss, um zu etwas zu kommen.

Friedman/Rosenman (1985) befassten sich in Studien über die Verbreitung des Herzinfarktes mit der Frage, welche Faktoren außer den schon bekannten klassischen Einflussfaktoren wie Rauchen das Infarktrisiko beeinflussen. Sie kamen zu dem Ergebnis, dass eine bestimmte Art und Weise, mit beruflichen und privaten Problemen umzugehen, einen eigenen Beitrag leistet: Personen, die häufig das Gefühl haben, dass sie unter Zeitdruck stehen, die schon nach 40 Sekunden glauben, dass eine Minute verstrichen ist, die ein schweres Gewicht besonders lange hochhalten, um ihre Kraft zu demonstrieren, die auf Enttäuschungen mit Feindseligkeit und Aggression antworten und die sich als wenig müde einschätzen, obwohl sie einen anstrengenden Tag hinter sich haben, sind eher gefährdet.

Das Muster von Wettbewerb, Ungeduld und Feindseligkeit, wenn Hindernisse auftauchen, wird mit Typ A bezeichnet. Der Typ- A-Mensch scheint nicht besonders glücklich zu sein, obwohl es ihm darum geht, sein persönliches Glück durchzusetzen. Er fühlt sich stattdessen gehetzt und immer unter Zeitdruck. Er wehrt sich heftig gegen die Bedrohung seiner Handlungsfreiheit, um dann jedoch tiefe Hoffnungslosigkeit zu empfinden, wenn Befreiungsversuche fehlgeschlagen sind.

Das Krankheitsrisiko von Typ-A-Personen ist eine Warnung davor, eine übertriebene Verstrickung in egoistische Zielsetzungen als positiven Lebensentwurf aufzufassen. Es gibt alternative Lebensentwürfe, die ein besseres und gesünderes Erfahrungsmuster erzeugen können. Viele Berichte und Untersuchungen lassen sich dahin zusammenfassen, dass Hilfeleistungen, die gegenüber Hilfsbedürftigen erbracht werden, nicht nur den Hilfeempfängern nützlich sind, sondern auch zum Wohlbefinden der Helfer beitragen (Luks/Payne 1991). Viele Helfer erleben ein Hochgefühl, während sie ihre Arbeit tun. Häufig folgt darauf eine Phase, die als beruhigend und glücklich wahrgenommen wird. Menschen, die sich für andere engagieren, tragen vermutlich mehr zu der Entwicklung von eigenen positiven Erlebnissen bei als Menschen, die verbissen um ihr persönliches Glück kämpfen.

Damit Hilfeleistungen diese positiven Rückwirkungen auf den Helfer ausüben, ist die Erfüllung bestimmter Voraussetzungen wichtig (Luks/Payne 1991): Am Anfang steht die Frage, wie ehrenamtliche Helfer einen Einstieg in ein Programm der Hilfeleistung finden. Manchmal ist es gut, mit Bekannten zusammen tätig zu werden, um nicht ganz allein mit den anfänglichen Schwierigkeiten umgehen zu müssen. Die Anfangsphase des ehrenamtlichen Engagements unterliegt anderen Gesetzmäßigkeiten als die spätere Phase, in der ein begonnenes Engagement aufrechterhalten wird. Die Motive der ehrenamtlichen Helfer, die am Anfang ihrer Tätigkeit stehen, müssen nicht mit den Motiven übereinstimmen, die zu einem späteren Zeitpunkt ausschlaggebend sind.

Weiterhin ist es wichtig, den Zeitaufwand realistisch einzuschätzen. Für viele Menschen ist eine ehrenamtlich Tätigkeit von zwei bis sechs Stunden pro Woche sinnvoll, die sie gut mit anderen Pflichten vereinbaren können. Die Situation der Helfer wird begünstigt, wenn sie in einem Netzwerk von Gleichgesinnten arbeiten, aus dem sie positive Rückmeldung und Bestätigung für ihre Arbeit erhalten. Das ist z.B. eher dann der Fall, wenn die Tätigkeit in einer ehrenamtlichen Organisation wie dem Deutschen Roten

Kreuz, amnesty international oder anderen Hilfsorganisationen erfolgt. Eine ähnliche Funktion haben auch Selbsthilfegruppen, wie sie z.b. von Depressiven, Asthmatikern oder HIV-Infizierten gebildet werden.

Nicht jede Form der Hilfeleistung passt zu jedem Helfer (Clary u.a. 1992). Manche Helfer bevorzugen es, mit Opfern persönlich in Kontakt zu kommen. Andere arbeiten an einem guten Ziel mehr aus der Distanz, z.B. indem sie bei amnesty international Gefangene betreuen. Beide Formen der Hilfeleistung sind wertvoll und effektiv, aber es kommt darauf an herauszufinden, welche Form für den einzelnen Helfer besonders befriedigend ist. Die Passung zwischen den Motiven der ehrenamtlichen Helfer und den Aufgaben, mit denen sie sich auseinander setzen, trägt wesentlich dazu bei, dass das ehrenamtliche Engagement aufrechterhalten und positiv erlebt wird.

Gesellschaftliche Bedeutung des freiwilligen Engagements für andere

In einem Beitrag über *Kapitalismus ohne Arbeit* hat der Soziologe Ulrich Beck (1996) den Stellenwert ehrenamtlicher Tätigkeit verdeutlicht. Viele Menschen, die in ihren Berufen erfolgreich sind, können im ehrenamtlichen Bereich ihr berufliches Können einsetzen, indem sie etwa Wirtschaftspläne für Selbsthilfegruppen entwerfen, Schuldner beraten oder Gefahren bei bestimmten Tätigkeiten aufdecken. Auf der Basis der Freiwilligkeit steht ein beachtliches Know-how zur Verfügung, das noch zusätzlich gefördert werden könnte, wenn es gelingen würde, zeitliche befristete Aus- und Umstiegsmöglichkeiten aus dem Beruf zu schaffen.

Befragungen in den USA verweisen auf eine hohe Beteiligung der Bürger an ehrenamtlicher Hilfe. Nach einer Gallup-Umfrage sind etwa 80 Mio. US-Bürger im Jahre 1987 daran beteiligt gewesen, ehrenamtliche Hilfe zu leisten. 21 Mio. Befragte gaben an, fünf oder mehr Stunden in der Woche für diesen Zweck zu investieren. Für neun europäische Länder liegen repräsentative Angaben der EUROVOL-Studie über die Verbreitung ehrenamtlicher Tätigkeit vor (Gaskin u.a. 1996). Die Befragten wurden gebeten anzugeben, ob sie im Jahre 1994 unbezahlte Arbeit im Sinne ehrenamtlicher Tätigkeit ausübten. Dabei ergab sich für die Bundesrepublik Deutschland, dass diese Frage von 18% bejaht wurde. Der Anteil der ostdeutschen Ehrenamtlichen war mit 24% größer als der Anteil der Westdeutschen mit 16%.

Im internationalen Vergleich lag Deutschland mit diesen Zahlen eher im unteren Bereich des ehrenamtlichen Engagements. Länder wie Großbritannien, Belgien und besonders die Niederlande, die mit 38% den höchsten Wert erreichten, erzielten höhere Prozentsätze. Das gilt auch für Schweden, Dänemark und Irland. Vergleichbare Werte wie in Deutschland wurden in Bulgarien festgestellt, wo 19% ehrenamtliche Hilfe leisteten, während in der Slowakei mit 12% ein besonders niedriger Wert erzielt wurde.

Das ehrenamtliche Engagement war bei Männern und Frauen etwa gleich stark ausgeprägt. Es variierte aber in Abhängigkeit von der Altersgruppe (Angaben für Deutschland): Die bis zu 24-Jährigen zeigten mit 23% das größte Engagement, während die 25- bis 45-Jährigen eher niedrigere Werte erreichten. Bei den 45- bis 54-Jährigen fand sich mit 21% noch einmal eine Verdichtung des ehrenamtlichen Engagements, die dann bei den älteren Befragten wieder zurückging.

Welche Gründe wurden für die Nichtbeteiligung an ehrenamtlichen Aktivitäten genannt? 44% der Personen, die keine ehrenamtliche Tätigkeit leisteten, sagten von sich, dass sie bereit wären, an entsprechenden Tätigkeiten mitzuwirken, wenn sie gezielt angesprochen würden. Dementsprechend wurde als Grund für Nichtbeteiligung von 30% genannt, dass sie nicht gefragt wurden. 22% gaben an, dass sie nie darüber nachgedacht hätten. Der größte Prozentsatz konzentrierte sich auf die Antwort »Habe keine Zeit übrig« (47%). Zeitnot ist ein wichtiger Hemmfaktor, der in unserer Gesellschaft mit ihrer beruflichen Belastung und den langen Fahrwegen zum und vom Arbeitsplatz von großer Bedeutung ist. Zeitnot trägt vielfach dazu bei, dass Hilfe nicht geleistet wird (Levine 1987).

Warum ist ehrenamtliche Tätigkeit in Deutschland eher unterentwickelt? Als Hauptgrund kann genannt werden, dass es an Bürgersinn mangelt, wie er in englischsprachigen Ländern und in

Skandinavien, aber auch in den Niederlanden stärker zu finden ist. Daher besteht noch ein erhebliches Entwicklungspotenzial für freiwillige Hilfe. Das wird auch dadurch deutlich, dass gegenwärtig die Tätigkeiten, die von Männern und Frauen ausgeübt werden, sehr unterschiedlich sind. So finden sich Frauen eher im sozial-pflegerischen Bereich, während Männer in Bereichen wir Katastrophenschutz und Feuerwehr zu finden sind. Diese Verteilung kann überwunden werden, indem für Frauen gezielt Bereiche angeboten werden, die bisher typisch von Männern in der ehrenamtlichen Tätigkeit vertreten wurden. Umgekehrt kann auch Männern der Bereich der sozialen Arbeit stärker vermittelt werden.

Für die USA wird berichtet, dass in der Bevölkerung Zielsetzungen von Solidarität, Hilfsbereitschaft sowie Gemeinwohlorientierung einen hohen Rang unter den Motiven einnehmen, vergleichbar mit dem Rang, der den Motiven Selbstverwirklichung, beruflicher Erfolgs sowie der Ausweitung des persönlichen Freiheitsraumes zugewiesen wird (Beck 1996). Engagement für andere und Selbstverwirklichung scheinen zusammenzupassen, da nicht notwendigerweise das eine auf Kosten des anderen realisiert werden muss.

Die Frage nach den Motiven

Welche Motive liegen regelmäßiger, freiwilliger und unbezahlter Mitarbeit in Hilfsorganisationen zu Grunde? Die Beantwortung dieser Frage kann auf der Grundlage der Untersuchung der Bedürfnisse, die erfüllt werden, indem die Tätigkeit ausgeübt wird, beantwortet werden. Im Einzelnen lassen sich folgende Bereiche unterscheiden:

- *Wissen:* Kennenlernen der Menschen, mit denen man es zu tun hat; Üben von Fertigkeiten; Gelegenheit, neue Fertigkeiten zu erwerben, neue Erkenntnisse zu gewinnen, insbesondere in Bereichen, die für die beruflichen Pläne relevant sind.
- *Soziale Anpassung:* Beeinflussung durch Freunde und Familie, die eine ehrenamtliche Tätigkeit vorleben oder nahe legen. Tat-

sächlich gaben nahezu 50% der ehrenamtlich Tätigen an, dass sie durch Freunde oder durch die Familie zu der Tätigkeit gefunden haben.

- *Eigene Werte zum Ausdruck bringen:* Aus dem Gefühl heraus, eine moralische Verpflichtung zu haben, für andere einzutreten und soziale Verantwortung gegenüber Menschen zu realisieren, die sich in einer Notlage befinden oder die der Hilfe bedürfen, wird ein entsprechendes Engagement gesucht.
- *Defensive Einstellungen:* Ausgehend von der Auseinandersetzung mit inneren Konflikten und Ängsten, die sich in Schuldgefühlen und Verunsicherung niederschlagen, wird eine aktive Abwehr dieser Bedrohung angestrebt, indem eine ehrenamtliche Tätigkeit ausgeübt wird.

Eine Untersuchung von Freiwilligen des Roten Kreuzes führte zu zwei Motivbereichen ehrenamtlicher Helfer: altruistische Motive und egoistische Motive (Frisch/Gerrard 1981). Eine Studie, die mit Helfern von HIV-Infizierten durchgeführt wurde, ergab, dass fünf Motive zu unterscheiden sind (Omoto/Snyder 1995):

- *Werte* (wegen meiner humanitären Verpflichtung, anderen zu helfen),
- *Verstehen* (um mehr darüber zu lernen, wie sich Aids verhindern lässt),
- *persönliche Entwicklung* (um Menschen kennen zu lernen, die mir ähnlich sind),
- *Interesse an der Gruppe der Homosexuellen* (wegen meiner Verpflichtungsgefühle gegenüber der Gruppe der Homosexuellen) und
- *Selbstwertsteigerung* (um mein Leben stabiler zu machen).

Von diesen Motiven erwies sich die Wertdimension, die mit Mitgefühl und Verantwortung zusammenhängt, als die wichtigste. Darüber hinaus sind aber auch andere Motive zu beachten, die ebenfalls das ehrenamtliche Engagement beeinflussen. Das Interesse an den Anliegen der Homosexuellen lässt sich als Beispiel für politische Verantwortung auffassen, Verstehen und persönliche Entwicklung als Wunsch, sich persönlich weiterzuentwickeln. Was schließlich die Selbstwertsteigerung angeht, so erhält sie eine niedrige Zustimmung, sodass sie eher von untergeordneter Bedeutung ist. Alle Motive hingen positiv miteinander zusammen (Omoto/Snyder 1995): So waren Personen, die mehr ihre Wertvorstellungen zum Ausdruck bringen wollten, auch eher daran interessiert, sich selbst kennen zu lernen und ihre persönliche Entwicklung voranzutreiben. Sie interessierten sich mehr für die Gruppe der Homosexuellen und sie betonten eher das Motiv der Selbstwertsteigerung.

Diese Untersuchungsergebnisse wurden auch in einer Studie von Mitarbeitern mehrerer Hilfsorganisationen (Deutsches Rotes Kreuz, Freiwillige Feuerwehr, Deutsche Lebensrettungsgesellschaft und amnesty international) bestätigt. Der Verantwortungsbereich erhielt die größte Zustimmung. Demgegenüber wurden soziale Bindungen im Sinne der sozialen Integration, Wunsch nach Selbsterfahrung und das Streben nach Anerkennung (sowohl der individuellen Tätigkeit als auch auf gesellschaftlicher Ebene) als weniger bedeutsam eingestuft (Bierhoff u.a. 1995). Eine weitere Untersuchung zeigte, dass die Bedeutung der Motive von dem Zeitpunkt des Einstiegs in die ehrenamtliche Tätigkeit zur aktuellen Motivation generell zunahm. Der stärkste Anstieg fand sich im Bereich der politischen Verantwortung und des Karrierestrebens, die als zusätzliche Motive der freiwilligen Arbeit erfasst wurden (Tietz/Bierhoff 1996).

Ehrenamtliche Hilfe als Führungsaufgabe

Die Aufgaben der Führung im ehrenamtlichen Bereich sind vielfältig. Zum einen geht es um den Einsatz ehrenamtlicher Helfer im Rahmen bestimmter Aufgaben. Dafür ist es wichtig, dass eine Passung zwischen den Motiven und Einstellungen der ehrenamtlichen Helfer und den Aufgabenerfordernissen hergestellt wird (Clary u.a. 1992). Wenn z.B. ehrenamtliche Helfer durch den Kontakt mit Gleichgesinnten motiviert werden, ist eine ehrenamtliche Aufgabe günstig, die die Möglichkeit zu einer sozialen Einbindung in ein Team bietet.

Zum anderen geht es um die Passung unter den Mitgliedern eines Teams ehrenamtlicher Helfer und ihrer Führung. Die Harmonie wird in der Gruppe gefördert, wenn die Gruppenmitglieder gut zusammenpassen. Die Passung der Mitglieder wird erleichtert, wenn sie in relevanten Merkmalen (z.B. Motiven und Einstellungen) ähnlich sind. Ein Team, in dem einige Mitglieder tätig sind, um ihre Karriere zu fördern, andere wegen der sozialen Einbindung und wieder andere aus sozialer Verantwortung, ist sehr heterogen und schafft leicht innere Verständnis- und Kommunikationsprobleme. Günstiger ist eine Zusammenstellung der Gruppe, bei der die dominanten Motive der Mitglieder übereinstimmen.

Die Tätigkeit in einem Team wird erleichtert, wenn die Gruppenatmosphäre positiv ist (Bierhoff/Müller 1999). Die Gruppenatmosphäre fördert das freiwillige Arbeitsengagement, wie es für ehrenamtliche Hilfe entscheidend ist. Positive Stimmung und positive Gruppenatmosphäre sind wichtige Determinanten der prosozialen Orientierung. Arbeitsengagement aus freien Stücken ist das Ergebnis des Zusammenspiels verschiedener psychischer Funktionen, deren Bedeutung erst ansatzweise erforscht ist (Müller/Bierhoff 1994). Eine der Grundfunktionen ist die Wahrnehmung bzw. Fähigkeit von Personen, den Aufforderungscharakter von Notsituationen für spontane und planvolle Eigeninitiative zu erkennen und entsprechend tätig zu werden. In diesem Zusammenhang ist das *flow*-Erlebnis zu nennen, das ein weitgehendes Aufgehen in der Aufgabe und damit verbundene euphorische Gefühle kennzeichnet (Csikszentmihalyi 1990). Die Aufforderungsstruktur ehrenamtlicher Tätigkeit kann solche *flow*-Erlebnisse auslösen, die als Sinnerfüllung erlebt werden können (Luks/Payne 1991).

Mit einer solchen positiven Erlebniswelt kontrastiert das Phänomen des *Burnouts,* das ursprünglich für berufliche Helfer (z.B. Krankenschwestern und Ärzte) beobachtet wurde (Burisch 1994). Damit wird die Erfahrung des »Ausbrennens« gekennzeichnet, die körperliche, geistige und emotionale Erschöpfung umfasst. Indikatoren des *Burnouts* sind emotionale Auszehrung, Abwertung der Klienten und ungünstige Bewertung der eigenen Leistung.

Burnout kann durch die regelmäßige Konfrontation mit Kranken und Behinderten ausgelöst werden, durch Kompetenzwirrwarr,

Zurückweisung der Hilfe und Enttäuschung über den mangelnden Erfolg des Engagements sowie allgemein durch das Fortbestehen von Elend und Not. Häufig sind gerade die Helfer durch *Burnout* gefährdet, die anfangs mit besonderem Enthusiasmus und Erfolgsorientierung ihre Arbeit tun. Gefühle des *Burnouts* werden auch häufig bei Helfern ausgelöst, die Verwandten, die schwer krank sind oder ein hohes Alter erreicht haben, regelmäßig helfen müssen. Überhaupt ist das »Helfen-Müssen« ein Faktor, der leicht das Gefühl von Hilflosigkeit hervorruft. Die Helfer haben dann das Gefühl, dass sie hoffnungslos in einer Falle sitzen, die jeden Tag erneut zuschlägt und ihnen keinen Ausweg lässt. Sie haben den Eindruck, dass ihre Autonomie und Freiheit verloren gegangen sind.

Die Gefahren des *Burnouts* lassen sich durch eine entsprechende Planung der Hilfeaktivitäten zumindest teilweise vermeiden. Dazu zählt die zeitliche Begrenzung des Engagements genauso wie der Verzicht auf übertriebene Erfolgsansprüche. Wichtig ist auch, dass eine Überforderung durch die Notlage vermieden wird und eine Qualifikation der Helfer gegeben ist, die sie für die Probleme, mit denen sie zu tun haben, kompetent macht. Schließlich lassen sich die Tücken des Helfens dadurch vermeiden, dass man es nicht in der eigenen Familie realisiert. Die Verantwortung sollte konkret, aber auch überschaubar sein, sodass sie durch das konkrete Engagement bestätigt werden kann.

Einstellungen wie »Die Bedürfnisse anderer haben Vorrang vor meinen eigenen« sind hingegen problematisch, da sie Wegbereiter von Enttäuschung und Hilflosigkeit sein können. Ehrenamtliche Helfer können dann Sinnerfüllung finden, wenn sie sich der Freiwilligkeit ihres zusätzlichen Engagements bewusst bleiben und wenn sie die Art des Helfens ausüben, für die sie kompetent und geeignet sind.

Lässt sich das Ausmaß des freiwilligen Engagements vorhersagen? Welche Merkmale sind besonders relevant? Ein wichtiger Einflussfaktor ist die Wichtigkeit der Religion (Küpper/Bierhoff 1999). Befragte, die in ihre religiöse Gemeinde eingebunden waren, die sich als religiös beschrieben und die Religion als wichtig bezeichneten, brachten mehr Zeit für die ehrenamtliche Hilfe auf als Personen, die eine geringe Wichtigkeit der Religion angaben. Die

Wichtigkeit der Religion klärt allein etwa 19% des zeitlichen Ausmaßes der Hilfeleistung auf. Es reicht sogar aus, nur die Frage nach der Wichtigkeit der Religion als Prädiktor der Hilfeleistung zu verwenden, da die weiteren Fragen zur Religion sich damit weitgehend überschneiden.

Die Bedeutung der Religion lässt sich darauf zurückführen, dass die Botschaft der Nächstenliebe, die in den christlichen Religionen verbreitet wird, das Engagement von Kirchenmitgliedern positiv beeinflusst. Eine Untersuchung bei Schülern zeigte im Übrigen, dass die religiöse Einstellung positiv mit der Empathie zusammenhängt (Francis/Pearson 1987). Religiosität kann eine positive Einstellung gegenüber anderen Menschen hervorrufen, der ein Gefühl der Gemeinsamkeit mit anderen zu Grunde liegt (Argyle 1992).

Gibt es noch weitere bedeutsame Merkmale, die über die religiöse Orientierung hinaus das ehrenamtliche Engagement aufklären können? Wie steht es z.B. mit den Motiven der freiwilligen Tätigkeit? Tatsächlich lässt sich zeigen, dass solche Motive bedeutsam sind (Tabelle 4).

Tabelle 4: **Korrelationen zwischen Motiven der Hilfeleistung und freiwilligem Engagement** (Zeit pro Woche; n. Küpper/Bierhoff 1999)			
	Mittelwert	Korrelation	
Soziale Bindung	5.00	.38	s
Selbsterfahrung	5.33	.34	s
Soziale Verantwortung	6.40	–.14	ns
Berufsausgleich	3.13	.22	
Karriere	2.54	.25	s
Politische Verantwortung	5.54	–.23	s

Besonders wichtig ist der Bereich der sozialen Bindung, der am höchsten mit der Länge des Engagements korrelierte. Zusätzlich zu der Wichtigkeit der Religion kann durch die soziale Bindung ein Erklärungsbeitrag für das Ausmaß des Engagements geleistet werden. Die Merkmale Wichtigkeit der Religion und soziale Bindung erklärten zusammen 27% der Hilfeleistungen. Die Ergebnisse zeigen weiter, dass Motive wie Wunsch nach abwechslungsreicher Freizeit und Selbsterfahrung das Ausmaß der Hilfeleistung beeinflussen. Darüber hinaus ist auch der Wunsch nach einem Ausgleich für den Beruf und nach einer Förderung der eigenen Karriere wichtig. Es reicht aber aus, die soziale Bindung zu berücksichtigen, um diese Motivbereiche angemessen bei der Vorhersage der Hilfeleistung zu repräsentieren.

Tabelle 4 zeigt, dass Motive, die sich egoistischen Bestrebungen der Helfer zuordnen lassen, positiv mit dem Ausmaß des freiwilligen Engagements zusammenhängen. Dieses Ergebnis stimmt mit der Annahme überein, dass Selbstverwirklichung durch ehrenamtliches Engagement realisiert werden kann, sodass keinesfalls ein Widerspruch zwischen einer egoistischen Grundhaltung und einer prosozialen Orientierung bestehen muss (Luks/Payne 1991). Egoistische Motive scheinen für die Aufrechterhaltung eines ehrenamtlichen Engagements, wie es bei den untersuchten ehrenamtlichen Helfern thematisiert wurde, von besonderer Bedeutung zu sein. Bei den Befragten handelte es sich um langjährige Mitarbeiter und Mitarbeiterinnen von verschiedenen Hilfsorganisationen, deren Durchschnittsalter 35 Jahre betrug (und die ein relativ hohes Bildungsniveau aufwiesen).

Solidarität

Unter dem Begriff »Solidarität« werden Phänomene zusammengefasst, die das Eintreten für andere betreffen. Aus sozialpsychologischer Sicht kann zwischen Solidarität auf der Grundlage von eigenen Interessen und Solidarität auf der Grundlage von Interessen anderer unterschieden werden (Bierhoff/Küpper 1998). Eine ähnliche Unterscheidung wurde durchgeführt im Hinblick auf prosoziales Verhalten, das egoistisch motiviert ist, und prosoziales Verhalten, das altruistisch motiviert ist (Batson 1991; s. Kapitel »Prosoziales Verhalten«). Während die klassischen Formen der Solidarität, z.B. die Gewerkschaftssolidarität in die erste Kategorie fallen, sind viele Formen der Solidarität, die in den letzten 10 oder 15 Jahren entstanden sind, eher in die zweite Kategorie einzuordnen. Dazu gehören Hilfsmaßnahmen für bedrohte Völker genauso wie Katastrophenhilfe nach Erdbeben oder wirtschaftlichen Problemen.

Solidarität gehört zu den Begriffen, der im Alltag häufig verwendet werden. Daher ist es nicht verwunderlich, dass jeder eine bestimmte Vorstellung mit Solidarität verbindet:

- als Unterstützung Gleichgesinnter;
- als Treue gegenüber der eigenen Gruppe;
- als Schicksalsgemeinschaft mit den benachteiligten Völkern dieser Welt;
- als Vorgriff auf die Lebensbedingungen unserer Kinder und deren Bedrohung durch heutige Umweltzerstörung;
- als Einhaltung der Menschenrechte.

Der Begriff der Solidarität wurde in der französischen Revolution und in der Arbeiterbewegung benutzt, um die Bereiche Politik, Gesellschaft und Moral unter den Gesichtspunkt des Zusammengehörigkeitsgefühls zu stellen (Fetscher 1999; Nissen 1999). Eine andere

Quelle des Solidaritätsbegriffs stammt aus der Theologie, in der Solidarität mit dem Opfertod Christi als Ausdruck der Solidarität Gottes mit den Menschen interpretiert wird (Nissen 1999).

Solidarität beruht häufig auf der Erkenntnis der Akteure, dass sie ihre Ziele auf individuellem Wege nur unzureichend oder überhaupt nicht erreichen können. Ein Zusammenschluss von Gleichgesinnten erscheint für das Erreichen der Ziele Erfolg versprechend (vgl. Kapitel »Gruppenprozesse«). Die Akteure investieren in die Solidarität, um von den gemeinsamen Erfolgen zu profitieren. Diese Solidarität soll den Wettbewerb mit anderen Interessengruppen erfolgreich gestalten. Die Solidaritätsbewegung stellt ihren Mitgliedern bestimmte Gratifikationen in Aussicht, die sie erhalten, wenn sie als Mitglieder ihren Beitrag entrichtet haben. Personen, die keine entsprechenden Vorleistungen erbracht haben, werden in der Regel auch von den Leistungen der Solidargemeinschaft ausgeschlossen.

In diesem Zusammenhang stellt Hechter (1987), einer der bedeutendsten Solidaritätsforscher, fest: »Je größer die durchschnittliche Proportion der privaten Mittel eines jeden Mitglieds ist, die für kollektive Zwecke beigetragen werden, desto größer ist die Solidarität der Gruppe.« (S. 18) Solidarität beinhaltet das Problem des Trittbrettfahrens. Damit ist gemeint, dass eine Person die Leistungen der Solidargemeinschaft in Anspruch nimmt, ohne Beiträge geleistet zu haben. Ein solches Verfahren entspricht einer individuell rationalen Planung, da es günstiger ist, keine Beiträge zu leisten und an den Erfolgen zu partizipieren. Eine solche Präferenz liegt natürlich nicht im Interesse der Solidargemeinschaft, da sie bedroht wird, wenn die Anzahl der Trittbrettfahrer wächst.

Trittbrettfahren lässt sich als eine rationale Wahl interpretieren, wenn man von einem egoistischen Akteur ausgeht. Diese Sichtweise ist auch die, die hinter dem Begriff der Gruppensolidarität von Hechter (1987) steht. Die Annahme ist, dass rationale Egoisten sich dann zusammenschließen, wenn sie gemeinsam ihre Ziele besser verwirklichen können als alleine. Diese rationale Interessenverfolgung kann es wünschenswert erscheinen lassen, sich mit Personen, die die gleichen Interessen haben, zu verbünden. Die Rationalität der Entscheidungen geht aber noch weiter. Es ist noch günstiger, nur an den Erfolgen teilzuhaben, ohne Beiträge geleistet zu haben. Damit wird deutlich, dass aus der Sicht der rationalen Nutzenmaximierung Solidarität immer auch mit dem Problem des Trittbrettfahrens zu tun hat, da dieses letztlich auf einer noch rationaleren Entscheidung beruht. Daher kommt der Frage des Vorhandenseins von Kontrollmechanismen der Gruppensolidarität eine große Bedeutung zu.

Was ist Solidarität?

Hechter (1987) hat über den Begriff der Gruppensolidarität Kooperation auf der Grundlage rationaler Nutzenmaximierung erklärt. Der Begriff der Solidarität ist aber weiter gefasst. Eine ausführliche Definition lautet wie folgt (Wildt 1998, S. 212–213; vgl. Bierhoff/ Fetchenhauer 2001):

»›Solidarität‹ bezeichnet eine engagierte Handlung oder Handlungsbereitschaft eines Akteurs gegenüber einem Rezipienten genau dann, wenn gilt,

I. Bezüglich der unmittelbaren Intention des Akteurs:
- Akteur und Rezipient sind durch *Gefühle* der Zusammengehörigkeit oder Mitgefühl miteinander verbunden.
- Die Motivation des Akteurs ist mindestens teilweise *altruistisch*.
- Der Akteur versteht seine Handlung als *Hilfe* in einer Art Notlage des Rezipienten.
- Diese Notlage wird vom Akteur als *moralisches Problem* verstanden, und zwar als Ursprung einer *Verpflichtung* (meist auch als Unrecht an dem Rezipienten).
- Der Akteur glaubt, dass er *selbst* moralisch verpflichtet ist, entsprechend zu handeln.
- Der Akteur glaubt *nicht,* dass der Rezipient seiner Hilfe ein *Recht* auf diese hat.

II. Bezüglich der Annahmen der Akteurs über Intentionen des Rezipienten:

- Der Akteur unterstellt, dass der Rezipient seine Notlage ähnlich *beurteilt* wie er selbst.
- Der Akteur unterstellt, dass der Rezipient *motiviert* ist und, soweit möglich, ernsthaft versucht, seine Notlage zu bekämpfen.
- Der Akteur unterstellt mindestens die Möglichkeit, dass es analoge Situationen gibt, in denen der *Rezipient* sich (aus ähnlicher Motivation) ihm oder Dritten gegenüber *analog* verhält, verhalten hat oder verhalten wird.« (Alle Hervorhebungen im Original)

Zur Kennzeichnung des Begriffs Solidarität gehört die altruistische Intention, die moralische Verpflichtung, die auf eine Gewissensentscheidung verweist, eine gefühlsmäßige Komponente, die als Mitgefühl bezeichnet werden kann, sowie eine entlastende Sichtweise der Hilfeempfänger, die als unschuldig in Not geraten wahrgenommen werden und von denen angenommen wird, dass sie gute Intentionen haben (vgl. Attribution von Ursachen für Notlagen; Weiner 2001). Während sich die drei letzten Postulate auf die Attribution der Ursache der Notlage beziehen, sind die sechs ersten Postulate Ausdruck der grundlegenden Motivation, die hinter Solidarität steht. Es wird deutlich, dass diese Motivation mehrere Aspekte beinhaltet. Daher liegt es nahe, Formen von Solidarität voneinander abzugrenzen, in denen einzelne Komponenten der Definition im Vordergrund stehen, während andere von sekundärer Bedeutung sind. Tatsächlich finden sich in der philosophischen und soziologischen Literatur verschiedene Abgrenzungen zwischen unterschiedlichen Formen der Solidarität.

Durkheim (1902) unterschied in seiner bahnbrechenden soziologischen Arbeit über die Folgen der Arbeitsteilung der Gesellschaft zwischen mechanischer Solidarität, die auf Ähnlichkeit und Gemeinsamkeit beruht, und organischer Solidarität, die auf Arbeitsteilung beruht. Bergson (1933) stellte natürliche instinktive Solidarität, die auf Familie und Freunde begrenzt ist, und offene Solidarität, die sich auf die gesamte Menschheit bezieht, gegenüber. Bayertz (1998) kontrastierte die Kampfsolidarität, die der gemeinsamen Interessenverfolgung dient und mit der schon erwähnten Gruppensolidarität weitgehend identisch ist, mit der Gemeinschaftssolidarität, die auf dem Eintreten für eine bestimmte Gruppe wie die der eigenen Familie beruht. Voland (1998) stellte Solidarität mit Benachteiligten und Solidarität bei gemeinsamen Interessen gegenüber.

Durch diese verschiedenen Klassifikationen des Begriffs der Solidarität zieht sich gleichermaßen die Idee, dass zwischen einer enger gefassten und einer weit gefassten Solidarität zu unterscheiden ist. Außerdem kann festgestellt werden, das Bergson, Bayertz und Voland jeweils die Idee einer Solidarität bei gemeinsamen Interessen, wie sie in der Gruppensolidarität zum Ausdruck kommt, mit der Idee einer Solidarität, die über den individuellen Standpunkt hinausweist, kontrastieren. Dementsprechend haben Bierhoff/Küpper (1998) eine Unterscheidung zwischen Solidarität bei gemeinsamen Interessen und Solidarität bei unterschiedlichen Interessen durchgeführt.

Diese zwei Formen der Solidarität werden im Folgenden durch einige Beispiele veranschaulicht. Die Gewerkschaftsbewegung, die Frauenbewegung oder auch der Protest der Radfahrer während der Tour de France wegen einer drohenden Doping-Kontrolle verdeutlichen solidarisches Handeln bei gleichen Interessen unter den Beteiligten. Der Kampf in den Abnehmerländern gegen die Benachteiligung von Kaffeebauern in Mittelamerika ist ein Beispiel für die Solidarität bei unterschiedlichen Interessen. Damit begegnen wir einer neuen Form der Solidarität, die sich von der Gruppensolidarität abgrenzen lässt. Ein weiteres Beispiel ist die Solidarität mit äthiopischen Bauern, die sich in Spendenzahlungen auf den Konten von Organisationen, die diese Bauern unterstützen, niederschlägt, oder auch die Unterstützung der Opfer der Flutkatastrophe in Mosambik oder der Erdbebenkatastrophe in Indien.

Die Unterscheidung der Solidarität bei gemeinsamen und unterschiedlichen Interessen lässt sich durch eine empirisch abgesicherte Trennung im Wertesystem rechtfertigen, das auf zwei gegensätzlichen Orientierungen aufgebaut ist, die mit *self-enhancement* (Selbsterhöhung) und *self-transcendance* (Selbstüberwindung) bezeichnet werden (Schwartz 1992):

- Selbsterhöhung umfasst Werte wie Wohlstand, soziale Macht, Autorität, soziale Anerkennung, Ehrgeiz, Erfolg, Einfluss und Vergnügen.
- Selbstüberwindung schließt Hilfsbereitschaft, Ehrlichkeit, soziale Gerechtigkeit, Welt des Friedens, innere Harmonie, Gleichheit und die Einheit mit der Natur ein.

Selbsterhöhung und Selbstüberwindung stehen miteinander in Konflikt. Dieser Gegensatz wurde in mehr als 40 kulturvergleichenden Studien festgestellt (Schwartz 1992). Die Bevorzugung von Werten, die dem einen bzw. dem anderen Pol zugeordnet sind, ist negativ korreliert, sodass Personen, die hohe Werte der Selbsterhöhung aufweisen, eher niedrige Werte der Selbstüberwindung erreichen und umgekehrt (Feather 1995).

Solidarität bei gemeinsamen Interessen ist dem Pol der Selbsterhöhung zugeordnet, da es darum geht, die eigene Situation zu verbessern. Gemeinsames Handeln bei gleichen Interessen lässt sich auch als Kampfsolidarität bezeichnen, weil die Interessenvertretung vielfach gegen die Zielsetzungen anderer Gruppen gerichtet ist, die Widerstand leisten (Bayertz 1998).

Hingegen ist Solidarität bei unterschiedlichen Interessen dem Pol der Selbstüberwindung zugeordnet. Es geht um Überwindung des persönlichen Standpunktes und Erfüllung von moralischen Verpflichtungen gegenüber anderen Personen oder Personengruppen. Diese Beschreibung legt die Frage nahe, ob diese Form der Solidarität nichts anderes als Wohltätigkeit ist, sodass zwischen Altruismus und Solidarität (in dieser Variante) kein Unterschied besteht? Eine Lösung dieses begrifflichen Problems ergibt sich, wenn berücksichtigt wird, dass es sich bei dieser zweiten Form der Solidarität um die Beseitigung von Benachteiligung handelt (Bayertz 1998). Die Solidarität mit unterdrückten Völkern und Gruppen außerhalb der eigenen Gesellschaft oder der eigenen Binnengruppe beinhaltet das Handeln auf Grund eines Wertideals, dem sich die Person verpflichtet fühlt. Sie will gegen soziale Benachteiligung ein Zeichen setzen. Dahinter stehen Gewissensentscheidungen, die die Übernahme von sozialer Verantwortung bedeuten (Bierhoff 2000).

Formen von Solidarität

Häufig wird solidarisches Handeln im Kontext gemeinsamer Interessen thematisiert; wir verwenden einen umfassenderen Begriff der Solidarität, der auch helfendes, unterstützendes und kooperatives Verhalten einbezieht, die eine Überwindung des eigenen Standpunkts beinhalten, während gleichzeitig eine Verpflichtung an ein bestimmtes Wertideal gegeben ist. Es erweist sich als sinnvoll, solidarisches Handeln bei gemeinsamen Interessen als Startpunkt zu nehmen und im Kontrast dazu entsprechendes Handeln bei unterschiedlichen Interessen zu thematisieren. Dem liegt die Idee zu Grunde, dass solidarisches Handeln bei unterschiedlichen Interessen die Überwindung eines egoistischen Handlungsziels darstellt.

Gemeinsame Interessen: Solidarität als soziales Dilemma

Eine Analyse der Solidarität bei gemeinsamen Interessen beruht auf einer Reihe von Erklärungsansätzen, die zunächst im Überblick genannt werden sollen:

- das Gefangenendilemma;
- die *Tit-for-Tat*-Strategie als eine Möglichkeit zur Überwindung eines Gefangenendilemmas;
- die Ziel-/Erwartungstheorie als Hypothese darüber, wann Kooperation realisiert wird;
- die Norm der Reziprozität als Grundgedanke der Herstellung von Solidarität bei gemeinsamen Interessen;
- Gruppendeprivation als Überzeugung, dass die eigene soziale Gruppe ein besseres Ergebnis verdient hat, als sie es tatsächlich erreicht.

Gefangenendilemma

Die Darstellung der Theorie der Gruppensolidarität hat einen wichtigen Beitrag zur Frage des solidarischen Handelns bei gemeinsamen Interessen geleistet. Wie schon erwähnt, stellt der Missbrauch der *Kooperationsbereitschaft* anderer, indem man versucht, sie auszubeuten, ohne selbst Beiträge zu leisten, ein ernsthaftes Problem der Gruppensolidarität dar. Die Versuchung, andere auszubeuten, entsteht in Situationen, die als Gefangenendilemma bezeichnet werden und die zwei Alternativen beinhalten:

- Kooperation im Sinne einer gemeinsamen Nutzenmaximierung,
- Wettbewerb im Sinne einer individuellen Nutzenmaximierung.

Das Gefangenendilemma hat seinen Namen von folgender Anekdote: Zwei Verbrecher werden verhaftet, nachdem sie einen Banküberfall begangen haben. Der Staatsanwalt kann ihnen aber nur unerlaubten Waffenbesitz nachweisen, der mit einem Jahr Gefängnis bestraft wird. Er schlägt jedem der Täter unabhängig voneinander folgenden Deal vor: Wenn er gesteht, während der andere schweigt, wird er freigelassen und der andere erhält 10 Jahre Gefängnis. Wenn beide gestehen, erhält jeder 5 Jahre Gefängnis. Schließlich ergibt sich für den Fall, dass keiner gesteht, dass jeder für 1 Jahr ins Gefängnis muss. In dieser Anekdote steht das Gestehen für die unkooperative Wahl, während Schweigen für die kooperative Alternative steht.

Das Gefangenendilemma präsentiert eine Vielzahl von sozialen Situationen, in denen Kooperation möglich ist, aber von Akteuren, die rationale Egoisten sind, eher nicht gewählt wird. Denn in einem Gefangenendilemma, das nur einmal gespielt wird, ist die unkooperative Wahl rational. Ein weiteres Motiv, das eine unkooperative Wahl nahe legt, ist das fehlende Vertrauen in die Solidarität des anderen Gruppenmitglieds und daraus resultierende Gefühle der Hilflosigkeit (Yamagishi/Sato 1986).

Tit-for-Tat

Wenn das Gefangenendilemma über mehrere Runden gespielt wird, zeigt sich, dass es günstig ist, die Strategie *Tit-for-Tat* einzusetzen. Diese Strategie beinhaltet, dass im ersten Zug mit Kooperation begonnen wird, was als ein positiver Ansatz gekennzeichnet werden kann. Im weiteren Spielverlauf wird nur dann unkooperativ geantwortet, wenn der Mitspieler zuvor unkooperativ gewählt hat (Axelrod 1984).

Tit-for-Tat ist ein sehr erfolgreiches Programm in sozialen Dilemmasituationen. Seine Stärken sind die folgenden:

- *Tit-for-Tat* produziert von sich aus keinen Wettbewerb, sondern bevorzugt immer Kooperation, wenn die Partnerschaftsstrategie kooperativ ist. Diese Eigenschaft hat *Tit-for-Tat* mit allen Strategien gemeinsam, die auf Kooperation basieren und die auch als *nice* bzw. fair bezeichnen werden.
- *Tit-for-Tat* antwortet auf eine Provokation durch eine unkooperative Wahl des Partners mit einer unkooperativen Wahl, sodass eine Ausbeutung vermieden wird.
- *Tit-for-Tat* ist eine Verwirklichung des Gedankens der Gegenseitigkeit und insofern eine einfache und leicht anwendbare Regel.
- *Tit-for-Tat* ist eine Strategie, die ein unkooperatives Verhalten des Partners schnell vergibt. Durch das Reziprozitätsprinzip werden negative Echo-Effekte gering gehalten, die sich dadurch ergeben könnten, dass unkooperative Wahlen eskalieren.

Tit-for-Tat ist besonders erfolgreich, wenn es mit erfolgreichen Programmen spielt. Mit Wettbewerbsprogrammen, die dazu tendieren, insgesamt schlecht abzuschneiden, kommt auch Tit-for-Tat im Allgemeinen schlecht zurecht.

Ziel/Erwartungstheorie

Egoistisches Verhalten ruft Vergeltung hervor und reicht deshalb auf längere Sicht im Allgemeinen nicht aus. In sozialen Beziehungen, die über einen längeren Zeitraum geplant sind und in denen deswegen mit »Rache« für Wettbewerb zu rechnen ist, lernen auch Individualisten den Wert von Kooperation zu schätzen (Pruitt/ Kimmel 1977). Ihre Kooperation wird unter diesen Umständen durch hohe Gewinne, die sich ergeben, wenn Kooperationswillige aufeinander treffen, belohnt. Aus der positiven Erfahrung, dass gemeinsames Handeln erfolgreicher ist, werden Erwartungen an zukünftiges Handeln entwickelt, und es entsteht ein Kreislauf der Kooperation. Voraussetzung dafür ist allerdings, dass die Kooperationswilligen nicht einer Übermacht von Wettbewerbsorientierten gegenüberstehen (Orbell/Dawes 1993).

Bei wiederholten Begegnungen ist Kooperation für alle Spieler des Gefangenendilemmas vorteilhaft. Kooperation wird vor allem dann realisiert, wenn die Erwartung von Gegenseitigkeit in der interpersonellen Beziehung besteht und wenn Vertrauen aufgebaut worden ist. Vermittelt werden diese Bedingungen häufig über Kommunikation unter den Beteiligten. Besonders förderlich ist eine verbindliche Zusage über das eigene kooperative Verhalten, da die Partner durch solche Versprechen füreinander kalkulierbar werden (Chen/Komorita 1994).

Vertrauen ist ein förderlicher Faktor für die Bereitschaft zur Kooperation. In der Ziel-/Erwartungstheorie (Pruitt/Kimmel 1977) werden zwei Bedingungen für solidarisches Verhalten genannt:

- Zielsetzung zu kooperieren,
- Erwartung, dass die andere Person kooperiert (= Vertrauen).

Wegen der Struktur des Gefangenendilemmas reicht die Zielsetzung der Kooperation allein nicht aus, um Kooperation zu rechtfertigen, da eine Ausbeutung droht, wenn die andere Partei kein Vertrauen verdient. Das Ziel der Kooperation wird nur dann erfolgreich in solidarisches Verhalten umgesetzt, wenn die Erwartung besteht, dass die andere Seite auch kooperativ eingestellt ist.

Gegenseitigkeit

Tit-for-Tat ist durch Gegenseitigkeit gekennzeichnet. Damit wird deutlich, dass Solidarität mit der Norm der Gegenseitigkeit zusammenhängt. In Solidaritätsbewegungen sind die Mitglieder bereit, etwas zu geben, weil sie erwarten, auch etwas zu bekommen. Die Erwartung der Gegenseitigkeit schafft eine diffuse Verpflichtung der Rückzahlung (Gouldner 1960), die sich in einer stabilen Sozialbeziehung zu dem Eindruck verdichten kann, füreinander in Notfällen da zu sein. Voland (1998) zählt einige Merkmale auf, die reziproken Altruismus wahrscheinlicher machen:

- regelmäßiger Kontakt unter den Beteiligten, der Vertrauen entstehen lässt,
- stabile soziale Netzwerke, die über Jahre erhalten bleiben,
- Sanktionen gegen Trittbrettfahren.

Gruppendeprivation

Solidarisches Handeln wurde wiederholt im Zusammenhang mit der Frauenbewegung untersucht. Die Ergebnisse einer Studie mit Frauen, die in englischen Frauengruppen aktiv waren, ergab, dass die Identifikation als Frau der stärkste Prädiktor des solidarischen Handelns war, das z.B. öffentliche Proteste und das Schreiben von Briefen an Abgeordnete umfasste (Kelly/Breinlinger 1996). Das entspricht der Rolle der sozialen Identität für das Intergruppenverhalten, wie es in der Theorie der sozialen Identität angenommen wird (Tajfel/Turner 1986). Aber auch Gruppendeprivation (Frauen werden benachteiligt und verdienen eine bessere Behandlung) und Möglichkeiten der politischen Einflussnahme spielten eine bedeutsame Rolle. Gruppendeprivation verweist auf die wahrgenommene relative Benachteiligung, die mit der Zugehörigkeit zu der eigenen Gruppe verbunden ist. Die Möglichkeit der politischen Einflussnahme verweist auf ein Merkmal, das mit dem politischen Prozess und im weiteren Sinne mit dem politischen System zu tun hat. Die Bedeutung der Rolle der wahrgenommenen politischen Einflussnahme für das Protestverhalten wurde auch bei Atomkraftgegnern unter Beweis gestellt (Muller/Opp 1986).

Unterschiedliche Interessen: Solidarität als Hilfeleistung

Die zweite Form der Solidarität, bei der Menschen für die Interessen anderer Menschen eintreten, beruht auf der Wahrnehmung von Benachteiligung anderer Menschen, die Wertideale verletzt und moralische Verpflichtungsgefühle wachruft. Tatsächlich tritt diese Form der Solidarität in den letzten Jahren zunehmend in das Bewusstsein der Öffentlichkeit. Die Erklärungsansätze, die für diese Form der Solidarität gültig sind, umfassen die Norm der sozialen Verantwortung, die Empathie-Altruismus-Hypothese, die besagt, dass Hilfeleistung durch Mitgefühl motiviert wird (s. Kapitel »Prosoziales Verhalten«) und existenzielle Schuld als negatives Gefühl über sich selbst, das aus dem Wissen darüber resultiert, dass andere Menschen leiden und dass dieses Leiden mit dem eigenen Wohlstand zusammenhängt. Weitere Erklärungsansätze sind allgemeine Prinzipientreue, die auf eine Moral der Gerechtigkeit verweist, und der Gerechte-Welt-Glaube, der die Überzeugung beinhaltet, dass jeder das bekommt, was er oder sie verdient. Diese Erklärungsansätze werden im Folgenden weiter erläutert.

Soziale Verantwortung

Soziale Verantwortung stellt eine prosoziale Motivation dar (vgl. Kapitel »Prosoziales Verhalten«). Sie ist auch ein wichtiger Prädiktor für spontanes Helfen, wie es im ehrenamtlichen Engagement zum Ausdruck kommt (Benson u.a. 1980; Bierhoff u.a. 1995; vgl. Kapitel »Sich engagieren«). Auch für freiwilliges Engagement von Studierenden für andere Studierende wurde ein Zusammenhang mit der sozialen Verantwortung festgestellt (Witt/Silver 1994). Soziale Verantwortung lässt sich auf moralische Verpflichtungsgefühle zurückführen, die auf der Internalisierung sozialer Normen beruhen (Schwartz/Howard 1981). Die Befolgung sozialer Normen wird im Sozialisationsprozess gelernt (vgl. Kapitel »Über Stereotype«). Die Norm der sozialen Verantwortung enthält zwei Komponenten (Bierhoff 2000):

- Erfüllung der berechtigten Erwartungen anderer,
- Befolgung der sozialen Spielregeln.

Jemand kann sich solidarisch verhalten, weil er oder sie glaubt, damit berechtigte Erwartungen anderer zu erfüllen. Eine andere Möglichkeit besteht darin, dass jemand die Normen als soziale Spielregeln internalisiert hat und dementsprechend handelt. Ein Beispiel für Erfüllung berechtigter Erwartungen anderer ist die Feststellung: »Ich gehöre zu der Art von Menschen, auf die andere sich verlassen können.« Ein negatives Beispiel für Befolgung der sozialen Spielregeln lautet: »In der Schule hatte ich nicht immer die besten Betragensnoten.« Bei der Erfüllung der berechtigen Erwartung anderer geht es darum, dass sich eine Person im sozialen Leben konsistent und zuverlässig verhält. Hingegen geht es bei der Befolgung der sozialen Spielregeln darum, dass die sozialen Normen in einem gegebenen Kontext eingehalten werden. Während die erste Dimension der sozialen Verantwortung auf innere Wertvorstellungen bezogen ist, befasst sich die zweite Dimension mit der Einhaltung von Vorschriften und Verhaltensstandards, die bestimmte Gesellschaftsgruppen für richtig halten. Diese beiden Komponenten wurden auch in einem Beitrag von Gräfin Dönhoff in *Die Zeit* (1999/Nr. 52) thematisiert, in dem sie die Grundlagen für sozial verantwortliches Verhalten in der Gesellschaft aufzeigte.

Empathisches Mitleiden

Die *Empathie-Altruismus-Hypothese* (s. Kapitel »Prosoziales Verhalten«) stellt empathisches Mitleiden mit den in Not geratenen Personen in den Mittelpunkt der Analyse helfenden Verhaltens. Bei dieser Herleitung von Altruismus aus einem stellvertretenden Gefühl (Empathie) erscheint solidarisches Verhalten zunächst einmal als recht begrenzt. Empathie bezieht sich auf konkrete Personen und deren Notlage. Durch Reportagen, in denen erschütternde Einzelfälle über die Folgen der Benachteiligung gezeigt werden, kann aber auch Empathie mit Unterprivilegierten hervorgerufen werden, die man persönlich nicht kennt. Hier kommt der Berichterstattung in den Medien, die typischerweise auf Einzelfälle abstellt und dadurch die Möglichkeit eröffnet, Mitgefühl zu entwickeln, eine große Bedeutung zu.

Existenzielle Schuldgefühle

Wir hatten schon auf die Bedeutung von Schuldgefühlen für prosoziales Verhalten Bezug genommen (s. Kapitel »Prosoziales Verhalten«). Eine spezielle Variante von Schuldgefühlen stellt existenzielle
Schuld dar. »Weil es mir gut geht, geht es anderen schlecht.« Das ist
die Erkenntnis, die hinter der Entwicklung von existenzieller
Schuld bzw. Schuldgefühlen im Angesicht des Überflusses steht
(Hoffman 2000).

Existenzielle Schuld wird z.B. durch die Konfrontation mit
dem Schicksal unterprivilegierter Personen oder Völker ausgelöst.
Es kann auch sein, dass die Unterprivilegierung der Dritten Welt
insgesamt zur Kenntnis genommen wird, was Schuldgefühle im
Angesicht des eigenen Überflusses auslöst. Dabei spielt die Me-
dienberichterstattung eine besondere Rolle. Existenzielle Schuldgefühle treten dann auf, wenn die Person, die sich im Überfluss sieht,
die Ursache für die Benachteiligung sich selbst zuschreibt (Montada u.a. 1986). Existenzielle Schuld kann individuelle Anstrengungen zur Wiedergutmachung hervorrufen, wie sie z.B. in den Aktivitäten von *amnesty international* sichtbar werden (vgl. Montada
2001).

Allgemeine Prinzipientreue und Gerechte-Welt-Glaube

Moralische Erwägungen und die Beurteilung der Gerechtigkeit in
der Welt können zu ganz unterschiedlichen Konsequenzen führen.
Das lässt sich durch verschiedene Aussagen veranschaulichen, die
in der christlichen Religion zu finden sind. Auf der einen Seite finden sich Feststellungen wie »Liebe deinen Nächsten wie dich
selbst«. Auf der anderen Seite besteht die Überzeugung, dass diejenigen im Jenseits besonders bevorzugt werden, die in ihrem irdi-
schen Leben besondere Erfolge erzielt haben.

Dieser Gegenüberstellung entspricht auf der einen Seite die all-
gemeine Prinzipientreue und auf der anderen Seite der Gerechte-
Welt-Glaube. Während die allgemeine Prinzipientreue, die sich an
Regeln der Gerechtigkeit orientiert, solidarisches Verhalten fördert,

reduziert der Gerechte-Welt-Glaube die Bereitschaft, sich solidarisch zu verhalten. Allgemeine Prinzipientreue beinhaltet eine moralische Sichtweise, die den Anspruch hervorruft, sich in Übereinstimmung mit Prinzipien von Gleichheit und Gerechtigkeit zu verhalten. Der Gerechte-Welt-Glaube fördert andererseits die Überzeugung, dass auch benachteiligte Personen ihr Schicksal selbst verursacht haben. Denn es geht ja darum, dass jeder sein Schicksal verdient, sodass eine implizite Rechtfertigung für ein ungünstiges Lebensschicksal geliefert wird.

Daher sind mit Gerechtigkeitsüberlegungen unterschiedliche Implikationen für Solidarität verbunden. Gerechtigkeit kann dazu führen, dass ein Engagement für Benachteiligte motiviert wird, während auch die Möglichkeit besteht, dass das Schicksal der Benachteiligten gerechtfertigt wird, wenn es als verdient erscheint.

Allgemeine Prinzipientreue kommt in der Theorie von Rawls (1971) zum Tragen, der die Idee vorträgt, dass ein Verteilungsprinzip für Güter gerecht ist, auf das sich die Menschen einigen können, bevor sie wissen, welche Position sie in der Gesellschaft einnehmen werden. Andere Verweise auf Prinzipientreue finden sich in der Theorie der moralischen Entwicklung von Kohlberg (1984), und zwar auf dem nachkonventionellen, autonomen Niveau der moralischen Urteilsbildung. Diese orientiert sich an universellen ethischen Prinzipien und Gerechtigkeitsregeln.

Der Gerechte-Welt-Glaube kann eine Norm der Selbstverantwortlichkeit fördern (Lerner 1980). Überzeugungen, die in diese Richtung gehen, werden in dem Sprichwort: »Jeder ist seines Glückes Schmied« zusammengefasst. Der Gerechte-Welt-Glaube trägt dazu bei, dass Benachteiligung gerechtfertigt wird. Andererseits kann er aber auch individuelle Hilfsbereitschaft motivieren, wenn eine einzelne Person in Not geraten ist und durch eine Hilfeleistung gerettet werden kann (Bierhoff u.a. 1991). Entscheidend ist, ob die Person, die an eine gerechte Welt glaubt, annimmt, dass sie die Notlage beseitigen und dadurch Gerechtigkeit wiederherstellen kann, oder ob sie annimmt, dass die Notlage nicht zu beseitigen ist und insofern ihren Gerechte-Welt-Glaube bedroht.

Schlussbemerkung

Die Unterscheidung zwischen Solidarität bei gemeinsamen Interessen und bei unterschiedlichen Interessen basiert auf der Erkenntnis, dass Solidarität kein einheitlicher Begriff ist. Es gibt zumindest zwei Solidaritäten! Die eine lässt sich am besten durch Nutzenmaximierung und Gruppendeprivation auf der Grundlage einer sozialen Identität interpretieren, während die andere sich auf soziale Verantwortung, moralische Verpflichtung und allgemeine Prinzipientreue zurückführen lässt. Die vorgeschlagene Einteilung der Solidarität findet Unterstützung bei anderen Autoren, die ähnliche Klassifikationen durchgeführt haben. Prüller-Jagenteufel (1999) schlägt eine Zweiteilung auf Grund gemeinsamer oder unterschiedlicher Betroffenheit vor. Er unterscheidet eine con-Solidarität, wenn die solidarisch handelnden Personen in qualitativ gleicher Weise betroffen sind, von einer pro-Solidarität, wenn die handelnde Person und die Zielperson nicht in gleicher Weise betroffen sind. Als Beispiele nennt er Gewerkschaftsarbeit und die Dritte-Welt-Solidarität.

Fetscher (1999) verweist darauf, dass die Unterscheidung egoistisch – altruistisch besser als Gegenüberstellung von materialistisch – nicht materialistisch beschrieben werden kann. Damit verbindet er das Verständnis, dass in materialistischen und nicht materialistischen Orientierungen graduelle Übergänge zu finden sind. Damit wird die nahe liegende Annahme gemacht, dass die Klassifikation in zwei Kategorien über eine Variable gelegt wird, die kontinuierlich ausgeprägt ist.

Ein Problem der Klassifikation liegt darin, die Trennungslinie zwischen gemeinsamen und unterschiedlichen Interessen eindeutig zu ziehen. Es wird immer Grenzfälle geben, die bei der Einordnung in das vorgeschlagene Schema Schwierigkeiten bereiten. Diese Problematik lässt sich am Beispiel der Gegenüberstellung von Gewerkschaftssolidarität und Frauensolidarität veranschaulichen. Beide hatten wir der Solidarität bei gemeinsamen Interessen zugeordnet. Es lässt sich aber vermuten, dass Frauensolidarität stärker in Richtung nicht materialistischer Interessen verschoben ist als Gewerkschaftssolidarität.

Abschließend sei auf eine andere offene Frage verwiesen, die mit der Globalisierung zusammenhängt, die sich auf die Entwicklung der Solidarität unterschiedlich auswirken kann. Zum einen kann es zu einer mediengesteuerten Ausbreitung von Solidaritätsunternehmen kommen (Baringhorst 1999, 2001). Andererseits besteht auch die Möglichkeit, dass Globalisierung zu einem übergreifenden Verständnis der menschlichen Bedürfnisse in unterschiedlichen Kulturen beiträgt (Lohmann 1999).

Literaturverzeichnis

Abelson, R.P./Aronson, E./McGuire, W.J./Newcomb, T.M./Rosenberg, M.J./Tannenbaum, P.H.: Theories of cognitive consistency: A sourcebook. Rand McNally, Chicago 1968.

Alemann, H. von: Der Forschungsprozess. Eine Einführung in die Praxis der empirischen Sozialforschung. Teubner, Stuttgart 1977.

Allyn, J./Festinger, L.: The effectiveness of unanticipated persuasive communications. In: Journal of Abnormal and Social Psychology 62/1961, S. 35–40.

Alloy, L.B./Abramson, L.Y.: Judgments of contingency in depressed and nondepressed students: Sadder but wiser? In: Journal of Experimental Psychology: General 108/1979, S. 441–485.

Amato, P.R.: Helping behavior in urban and rural environments: Field studies based on a taxonomic organization of helping episodes. In: Journal of Personality and Social Psychology 45/1983, S. 571–586.

Anderson, C.A.: Abstract and concrete data in the perseverance of social theories: When weak data lead to unshakeable beliefs. In: Journal of Experimental Social Psychology 19/1983, S. 93–108.

Anderson, C.A./Lepper, M.R./Ross, L.: Perseverance of social theories: The role of explanation in the persistence of discredited information. In: Journal of Personality and Social Psychology 39/1980, S. 1037–1049.

Anderson, C.A./Sechler, E.S.: Effects of explanation and counterexplanation on the development and use of social theories. In: Journal of Personality and Social Psychology 50/1986, S. 24–34.

Anderson, N.H.: Primacy effects in personality impression formation using a generalized order effect paradigm. In: Journal of Personality and Social Psychology 2/1965, S. 1–9.

Argyle, M.: The social psychology of everyday life. Routledge, London 1992.

Aronson, E./Carlsmith, J.M.: Effect of severity of threat on the devaluation of forbidden behavior. In: Journal of Abnormal and Social Psychology 66/1963, S. 584–588.

Aronson, E./Ellsworth, P.C./Carlsmith, J.M./Gonzales, M.P.: Methods of research in social psychology. McGraw-Hill, New York [2]1990.

Aronson, E./Turner, J.A./Carlsmith, J.M.: Communicator credibility and communicator discrepancy as determinants of opinion change. In: Journal of Abnormal and Social Psychology 67/1963, 31–36.

Ashmore, R.D.: Sex stereotypes and implicit personality theory. In: Hamilton, D.L. (Hrsg.): Cognitive processes in stereotyping and inter-group behavior. Erlbaum, Hillsdale 1981, S. 37–81.

Axelrod, R.: The evolution of cooperation. Basic Books, New York 1984.

Babad, E.Y./Inbar, J./Rosenthal, R.: Pymalion, Galatea, and the Golem: Investigations of biased and unbiased teachers. In: Journal of Educational Psychology 74/1982, S. 459–474.

Bain, A.: The emotion and the will. Longmans, Green London 1859.

Baringhorst, S.: Prodesse et delectare: Zur Aufwertung der expressiven Dimension solidarischen Handelns in der modernen Kommunikationsgesellschaft. In: Ethik und Sozialwissenschaften 10/1999, S. 196–198.

Baringhorst, S.: Solidarität – Selbstinszenierung und Erlebnisorientierung. In: Bierhoff, H.W./Fetchenhauer, D. (Hrsg.): Solidarität: Konflikt, Umwelt und Dritte Welt. Leske + Budrich, Opladen 2001, S. 253–272.

Baron, R.A./Greenberg, J.: Behavior in organizations. Allyn & Bacon, Boston 1989.

Barrett, M./Short, J.: Images of European people in a group of 5-10-year-old English schoolchildren. In: British Journal of Developmental Psychology 10/1992, S. 339–363.

Bator, R.J./Cialdini, R.B.: The application of persuasion theory to the development of effective proenvironmental public service announcements. In: Journal of Social Issues 56/2000, S. 527–541.

Batson, C.D.: The altruism question. Toward a social-psychological answer. Erlbaum, Hillsdale 1991.

Batson, C.D.: Prosocial motivation: Why do we help others? In: Tesser, A. (Hrsg.): Advanced social psychology. McGraw-Hill, New York 1995, S. 333–381.

Baumeister, R.F.: Inducing guilt. In: Bybee, J. (Hrsg.): Guilt and children. Academic Press, San Diego 1998, S. 127–138.

Baumeister, R.F.: The self. In: Gilbert, D.T./Fiske, S.T./Lindzey, G. (Hrsg.): The handbook of social psychology, vol. 1. McGraw-Hill, Boston 1998, S. 680–740.

Baumeister, R.F./Stillwell, A.M./Heatherton, T.F.: Guilt: An interpersonal approach. In: Psychological Bulletin 115/1994, 243–267.

Bayertz, K.: Begriff und Problem der Solidarität. In: Bayertz, K. (Hrsg.): Solidarität: Begriff und Problem. Suhrkamp, Frankfurt/M. 1998, S. 11–53.

Beck, U.: Kapitalismus ohne Arbeit. Spiegel 20/1996.

Benson, P., u.a.: Intrapersonal correlates of nonspontaneous helping behavior. In: Journal of Social Psychology 110/1980, S. 87–95.

Bergson, H.: Die beiden Quellen der Moral und der Religion. Diederichs, Jena 1933.

Berscheid, E./Walster, E.: Physical attractiveness. In: Berkowitz, L. (Hrsg.): Advances in experimental social psychology, vol. 7. Academic Press, New York 1974, S. 157–215.

Bickman, L./Zarantonello, M.: The effects of deception and level of obedience on subject's ratings of the Milgram study. In: Personality and Social Psychology Bulletin 4/1978, S. 81–85.

Bierhoff, H.W.: Psychologie hilfreichen Verhaltens. Kohlhammer, Stuttgart 1990.

Bierhoff, H.W.: Neuere Erhebungsmethoden. In: Erdfelder, E./Mausfeld, R./Meiser, T./Rudinger, G. (Hrsg.): Handbuch quantitative Methoden. Psychologie Verlags Union, Weinheim 1996, S. 59–70.

Bierhoff, H.W.: Skala der sozialen Verantwortung nach Berkowitz und Daniels: Entwicklung und Validierung. In: Diagnostica 46/2000, S. 18–28.

Bierhoff, H.W.: Prosocial behaviour. In: Hewstone, M./Stroebe, W. (Hrsg.): Introduction to social psychology. Blackwell, Oxford 2001a.

Bierhoff, H.W.: Prosocial Behaviour. Psychology Press, Hove 2001b.

Bierhoff, H.W./Buck, E.: Wer vertraut wem? Soziodemographische Merkmale des Vertrauens. In: Schweer, M.K.W. (Hrsg.): Vertrauen und soziales Handeln. Luchterhand, Neuwied 1997, S. 99–114.

Bierhoff, H.W./Burkart, T./Wörsdörfer, C.: Einstellungen und Motive ehrenamtlicher Helfer. In: Gruppendynamik 26/1995, S. 373–386.

Bierhoff, H.W./Fetchenhauer, D.: Solidarität: Themen und Probleme. In: Bierhoff, H.W./Fetchenhauer, D. (Hrsg.): Solidarität: Konflikt, Umwelt und Dritte Welt. Leske + Budrich, Opladen 2001, S. 9–19.

Bierhoff, H.W./Herner, M.J.: Arbeitsengagement aus freien Stücken: Zur Rolle der Führung. In: Schreyögg, G./Sydow, J. (Hrsg.): Führung – neu gesehen. de Gruyter, Berlin 1999, S. 55–87.

Bierhoff, H.W./Klein, R./Kramp, P.: Hemmschwellen zur Hilfeleistung. Untersuchung der Ursachen und Empfehlung von Maßnahmen zum Abbau. Forschungsberichte des Bundesanstalt für Straßenwesen. Mainz, Aachen 1990.

Bierhoff, H.W./Klein, R./Kramp, P.: Evidence for the altruistic personality from data on accident research. In: Journal of Personality 59/1991, S. 263–280.

Bierhoff, H.W./Küpper, B.: Sozialpsychologie der Solidarität. In: Bayertz, K. (Hrsg.): Solidarität. Suhrkamp, Frankfurt/M. 1998, S. 263–296.

Bierhoff, H.W./Müller, G.F.: Kooperation in Organisationen. In: Zeitschrift für Arbeits- und Organisationspsychologie 37/1993, S. 42–51.

Bierhoff, H.W./Müller, G.F.: Positive feelings and cooperative support in project groups. In: Swiss Journal of Psychology 58/1999, S. 180–190.

Bierhoff, H.W./Rudinger, G.: Quasi-experimentelle Untersuchungsmethoden. In: Erdfelder, E./Mausfeld, R./Meiser, T./Rudinger, G. (Hrsg.): Handbuch quantitative Methoden. Psychologie Verlags Union, Weinheim 1996, S. 47–58.

Bodenhausen, G.V.: Stereotypes as judgmental heuristics; Evidence of circadian variations in discrimination. In: Psychological Science 1/1990, S. 319–322.

Bogardus E.S.: Measuring social distances. In: Journal of Applied Sociology 9/1925, S. 299–308.

Bootzin, R.R./Herman, C.P./Nicassio, P.: The power of suggestion: Another examination of misattribution and insomnia. In: Journal of Personality and Social Psychology 34/1976, S. 673–679.

Bradley, G.W.: Self-serving biases in the attribution process: A reexamination of the fact or fiction question. In: Journal of Personality and Social Psychology 36/1978, S. 56–71.

Bramel, D.: A dissonance theory approach to defensive projection. In: Journal of Abnormal and Social Psychology 64/1962, S. 121–129.

Bramel, D.: Selection of a target for defensive projection. In: Journal of Abnormal and Social Psychology 66/1963, S. 318–324.

Breckler, S.J.: A comparison of numerical indexes for measuring attitude ambivalence. Educational and Psychological Measurement 54/1994, S. 350–365.

Bredenkamp, J.: Grundlagen experimenteller Methoden. In: Erdfelder, E./Mausfeld, R./

Meiser, T./Rudinger, G. (Hrsg.): Handbuch quantitative Methoden. Psychologie Verlags Union, Weinheim 1996, S. 37–46.

Brehm, S.S./Kassin S.M./Fein, S.: Social psychology. Houghton Mifflin, Boston [4]1999.

Brewer, M.B.: The psychology of prejudice: In-group love or out-group hate? In: Journal of Social Issues 55/1999, S. 429–444.

Brophy, J.E.: Teacher-student interaction. In: Dusek, J.B. (Hrsg.): Teacher expectancies. Erlbaum, Hillsdale 1985, S. 303–328.

Bungard, W.: Die »gute« Versuchsperson denkt nicht. Urban & Schwarzenberg, München 1980.

Burisch, M.: Das Burnout-Syndrom. Theorie der inneren Erschöpfung. Springer, Berlin [2]1994.

Burwen, L.S./Campbell, D.T.: The generality of attitudes toward authority and nonauthority figures. In: Journal of Abnormal and Social Psychology 54/1957, S. 24–31.

Butler, J.K.: Toward understanding and measuring conditions of trust: evolution of a conditions-of-trust inventory. In: Journal of Management 17/1991, S. 643–663.

Byrne, D.: The attraction paradigm. Academic Press, New York 1971.

Byrne, D./Ervin, C.R./Lamberth, J.: Continuity between the experimental study of attraction and real-life computer dating. In: Journal of Personality and Social Psychology 16/1970, S. 157–165.

Byrne, D./Rasche, L./Kelley, K.: When »I like you« indicates disagreement. An experimental differentiation of information and affect. In: Journal of Research in Personality 8/1974, S. 207–217.

Campbell, D.T.: Social attitudes and other acquired behavioral dispositions. In: Koch, S. (Hrsg.): Psychology: A study of a science, vol. 3. McGraw-Hill, New York 1963, S. 94–172.

Carlston, D.E./Cohen, J.L.: A closer examination of subject roles. In: Journal of Personality and Social Psychology 38/1980, S. 857–870.

Carroll, J.S.: The effects of imagining an event on expectations for the event: An interpretation in terms of the availability heuristic. In: Journal of Experimental Social Psychology 14/1978, S. 88–96.

Chaiken, S./Maheswaran, D.: Heuristic processing can bias systematic processing. In: Journal of Personality and Social Psychology 66/1994, S. 460–473.

Chen, X.P./Komorita, S.S.: The effects of communication and commitment in a public goods social dilemma. In: Organizational Behavior and Human Decision Processes 60/1994, S. 367–386.

Cialdini, R.B./Levy, A./Herman, C.P./Evenbeck, S.: Attitudinal politics: The strategy of moderation. In: Journal of Personality and Social Psychology 25/1973, S. 100–108.

Cialdini, R.B./Levy, A./Herman, C.P./Kozlowski, L.T./Petty, R.E.: Elastic shifts of opinion: Determinants of direction and durability. In: Journal of Personality and Social Psychology 34/1976, 663–672.

Clary, E.G./Snyder, M./Ridge, R.: Volunteers' motivations: A functional strategy for the recruitment, placement, and retention of volunteers. In: Nonprofit Management and Leadership 2/1992, S. 333–350.

Clore, G.L./Parrott, G.: Moods and their vicissitudes: Thoughts and feelings as information. In: Forgas, J.P. (Hrsg.): Emotion and social judgements. Pergamon Press, Oxford 1991, S. 107–123.

Collins, B.E./Raven, B.H.: Group structure: Attraction, coalitions, communication and power. In: Lindzey, G./Aronson, E. (Hrsg.): Handbook of social psychology, vol. 4. Addison-Wesley, Reading 1969, S. 102–204.

Colvin, C.R./Block, J./Funder, D.C.: Overly positive evaluations and personality: Negative implications for mental health. In: Journal of Personality and Social Psychology 68/1995, S. 1152–1162.

Cooper, J./Fazio, R.H.: The formation and persistence of attitudes that support intergroup conflict. In: Worchel, S./Austin,W.G. (Hrsg.): Psychology of intergroup relations. Nelson-Hall, Chicago 1986, S. 183–195.

Crano, W.D.: Context, comparison, and change: Methodological and theoretical contributions to a theory of minority (and majority) influence. In: Moscovici, S./Mucchi-Faina, A./Maass, A. (Hrsg.): Minority influence. Nelson-Hall, Chicago 1994, S. 17–46.

Crano, W.D./Brewer, M.B.: Einführung in die sozialpsychologische Forschung. Kiepenheuer & Witsch, Köln 1973/1975.

Crocker, J./Major, B./Steele, C.: Social stigma. In: Gilbert, D.T./Fiske, S.T./Lindzey, G. (Hrsg.): Handbook of social psychology, vol. 2. McGraw-Hill, New York 1998, S. 504–553.

Czikszentmihalyi, M.: Flow – The psychology of optimal experience. Harper & Row, New York 1990.

Curall, S.C./Judge, T.A.: Measuring trust between organizational boundary persons. In: Organizational Behavior and Decision Processes 64/1995, S. 151–170.

Dann, H.D./Doise, W.: Ein neuer methodologischer Ansatz zur experimentellen Erforschung von Intergruppen-Beziehungen. In: Zeitschrift für Sozialpsychologie 5/1974, S. 2–15.

Deaux, K./Lewis, L.L.: Structure of gender stereotypes: Interrelationships among components and gender label. In: Journal of Personality and Social Psychology 46/1984, S. 991–1004.

DeJong, W.: An examination of self-perception mediation of the foot-in-the-door effect. In: Journal of Personality and Social Psychology 37/1979, S. 2221–2239.

Deutsch, M.: The resolution of conflict. Yale University Press, New Haven 1973.

Devine, P.G.: Stereotypes and prejudice: Their automatic and controlled components. In: Journal of Personality and Social Psychology 56/1989, S. 5–18.

Devine, P.G.: Prejudice and out-group perception. In: Tesser, A. (Hrsg.): Advanced social psychology. McGraw-Hill, New York 1994, S. 467–524.

Dion, K./Berscheid, E./Walster, E.: What is beautiful is good. In: Journal of Personality and Social Psychology 24/1972, 285–290.

Duckitt, J./Mphuthing, T.: Group identification and intergroup attitudes: A longitudinal analysis in South Africa. In: Journal of Personality and Social Psychology 74/1998, S. 80–85.

Durkheim, E.: Über soziale Arbeitsteilung, Studie über die Organisation höherer Gesellschaften. Suhrkamp, Frankfurt/M. 1988, urspr. 1902.

Eagly, A.H./Chaiken, S.: The psychology of attitudes. Harcourt Brace, Fort Worth 1993.

Eagly, A.H./Wood, W./Chaiken, S.: Causal inferences about communicators and their effects on opinion change. In: Journal of Personality and Social Psychology 36/1978, S. 424–435.

Eisenberg, N.: Altruistic emotion, cognition, and behavior. Erlbaum, Hillsdale 1986.

Eisenberg, N./Miller, P.A./Shell, R./McNally, S./Shea, C.: Prosocial development in adolescence: A longitudinal study. In: Developmental Psychology 27/1991, S. 849–857.

Erber, R./Erber, M.W.: Beyond mood and social judgment: mood incongruent recall and mood regulation. In: European Journal of Social Psychology 24/1994, S. 79–88.

Erdfelder, E./Mausfeld, R./Meiser, T./Rudinger, G. (Hrsg.): Handbuch quantitative Methoden. Psychologie Verlags Union, Weinheim 1996.

Eysenck, M.: Psychology. Psychology Press, Hove 2000.

Fazio, R.H.: How do attitudes guide behavior? In: Sorrentino, R.M./Higgins, E.T. (Hrsg.): Handbook of motivation and cognition. Guilford Press, New York 1986, S. 204–243.

Fazio, R.H./Effrein, E.H./Falender, V.J.: Self-perceptions following social interaction. In: Journal of Personality and Social Psychology 41/1981, S. 232–242.

Feather, N.T.: Values, valences, and choice: The influence of values on the perceived attractiveness and choice of alternatives. In: Journal of Personality and Social Psychology 68/1995, S. 1135–1151.

Festinger, L.: Informal social communication. In: Psychological Review 57/1950, S. 271–282.

Festinger, L.: A theory of cognitive dissonance. Stanford University Press, Stanford 1957. (dt.: Theorie der kognitiven Dissonanz. Bern, Huber 1978).

Festinger, L.: Sampling and related problems in research methodology. In: American Journal of Mental Deficiency 64/1959, S. 358–366.

Festinger, L.: Conflict, decision, and dissonance. Stanford University Press, Stanford 1964.

Festinger, L./Carlsmith, J.M.: Cognitive consequences of forced compliance. In: Journal of Abnormal and Social Psychology 58/1959, S. 203–210.

Fetscher, I.: Zwei Arten Solidarität? In: Ethik und Sozialwissenschaften 10/1999, S. 203–204.

Flick, U.: Qualitative Forschung. Rowohlt, Reinbek [4]1999.

Forgas, J.P.: On bad mood and peculiar people: Affect and person typicality in impression formation. In: Journal of Personality and Social Psychology 62/1992, S. 863–875.

Forgas, J.P.: On making sense of odd couples: Mood effects on the perception of mismatched relationships. In: Personality and Social Psychology Bulletin 19/1993, S. 59–71.

Forgas, J.P.: Mood and judgement: The affect infusion model (AIM). In: Psychological Bulletin 117/1995, S. 39–66.

Forgas, J.P.: On being happy and mistaken: Mood effects on the fundamental attribution error. In: Journal of Personality and Social Psychology 74/1998, S. 565–574.

Forgas, J.P./Bower, G.H./Krantz, S.: The influence of moods on perceptions of social interactions. In: Journal of Experimental Social Psychology 20/1984, S. 497–513.

Forgas, J.P./Levinger, G./Moylan, S.J.: Feeling good and feeling close: Affective influences on the perception of intimate relationships. In: Personal Relationships 1/1994, S. 165–184.

Forgas, J.P./Moylan, S.J.: After the movies: The effects of transient mood states on social judgments. In: Personality and Social Psychology Bulletin 13/1987, S. 478–489.

Francis, L.J./Pearson, P.R.: Empathic development during adolescence: Religiosity, the missing link? In: Personality and Individual Differences 8/1987, S. 145–148.

Freedman, J.L.: Role playing: Psychology by consensus. In: Journal of Personality Social Psychology 13/1969, S. 107–114.

Freedman, J.L./Fraser, S.C.: Compliance without pressure: The foot-in-the-door technique. In: Journal of Personality and Social Psychology 4/1966, S. 195–202.

Frey, D.: Informationssuche und Informationsbewertung bei Entscheidungen. Huber, Bern 1981.

Frey, D./Neumann, R./Schäfer, M.: Determinanten von Zivilcourage und Hilfeverhalten. In: Bierhoff, H.W./Fetchenhauer, D. (Hrsg.): Solidarität: Konflikt, Umwelt und Dritte Welt. Leske + Budrich, Opladen 2001, S. 93–122.

Friebertshäuser, B./Prengel, A. (Hrsg.): Handbuch Qualitative Forschungsmethoden in der Erziehungswissenschaft. Juventa, München 1997.

Friedman, M./Rosenman, R.H.: Rette Dein Herz. Rowohlt, Reinbek 1985, orig. 1974.

Frisch, M.B./Gerrard, M.: Natural helping systems: A survey of Red Cross volunteers. In: American Journal of Community Psychology 9/1981, S. 567–579.

Fuchs, A.: Das Eindrucksdifferential als Instrument zur Erfassung emotionaler Bedeutungsprozesse. In: Bergler, R. (Hrsg.): Das Eindrucksdifferential. Huber, Bern 1975, S. 69–100.

Gamson, W.B./Fireman, B./Rytina, S.: Encounters with unjust authority. Dorsey Press, Homewood 1982.

Gaskin, K./Smith, J.D./Paulwitz, I.: Ein neues bürgerliches Europa (A new civic Europe). Lambertus, Freiburg 1996.

Gerard, H.B./Miller, N. (Hrsg.): School desegregation. Plenum Press, New York 1975.

Gergen, K.J.: Social constructionist inquiry: Context and implications. In: Gergen, K.J./Davis, K.E. (Hrsg.): The social construction of the person. Springer, New York 1985, S. 3–18.

Gergen, K.J.: Realities and relationships. Harvard University Press, Cambridge 1994.

Giddens, A.: Modernity and self-identity. Polity Press, Cambridge 1991.

Gilbert, D.T.: How mental systems believe. In: American Psychologist 46/1991, S. 107–119.

Gilbert, D.T.: Ordinary personology. In: Gilbert, D.T./Fiske, S.T./Lindzey, G. (Hrsg.): The handbook of social psychology. McGraw-Hill, Boston [4]1998, S. 89–150.

Gilbert, D.T./Hixon, J.G.: The trouble of thinking: Activation and application of stereotypic beliefs. In: Journal of Personality and Social Psychology 60/1991, S. 509–517.

Gilbert, D.T./Malone, P.S.: The correspondence bias. In: Psychological Bulletin 117/1995, S. 21–38.

Gilbert, D.T./Osborne, R.E.: Thinking backward: Some curable and incurable consequences of cognitive busyness. In: Journal of Personality and Social Psychology 57/1989, S. 940–949.

Goethals, G.R./Darley, J.M.: Social comparison theory: An attributional approach. In: Suls, J.M./Miller, R.L. (Hrsg.): Social comparison processes. Hemisphere, Washington 1977, S. 259–278.

Gouldner, A.W.: The norm of reciprocity: A preliminary statement. In: American Sociological Review 25/1960, S. 161–178.

Graumann, C.F.: Introduction to a history of social psychology. In: Hewstone, M./Stroebe, W. (Hrsg.): Introduction to social psychology. Blackwell, Oxford 2001.

Greenberg, J./Folger, R.: Controversial issues in social research methods. Springer, New York 1988.

Gregory, W.L./Cialdini, R.B./Carpenter, K.M.: Self-relevant scenarios as mediators of likelihood estimates and compliance: Does imagining make it so? In: Journal of Personality Social Psychology 43/1982, S. 89–99.

Grunwald, W.: Das Prinzip Wechselseitigkeit: Fundament aller Sozial- und Arbeitsbeziehungen. In: Schweer, M.K.W. (Hrsg.): Vertrauen und soziales Handeln. Luchterhand, Neuwied 1997, S. 207–218.

Harris, M.J./Rosenthal, R.: Mediation of interpersonal expectancy effects: 31 meta-analyses. In: Psychological Bulletin 97/1985, S. 363–386.

Hass, R.G./Mann, R.W.: Anticipatory belief change: Persuasion or impression management. In: Journal of Personality and Social Psychology 34/1976, S. 105–111.

Hechter, M.: Theories of group solidarity. University of California Press, Berkeley 1987.

Heckhausen, H.: Motivation und Handeln. Springer, Berlin 1989.

Heider, F.: Psychologie der interpersonellen Beziehungen. Klett, Stuttgart 1958/1977.

Heisig, U.: Vertrauensbeziehungen in der Arbeitsorganisation. In: Schweer, M. (Hrsg.): Interpersonales Vertrauen. Westdeutscher Verlag, Opladen 1997, S. 121–153.

Helmholtz, H. von: Handbuch der physiologischen Optik. Voss, Hamburg [2]1896.

Hendrick, C./Jones, R.A.: The nature of theory and research in social psychology. Academic Press, New York 1972.

Himmelfarb, S.: The measurement of attitudes. In: Eagly, A.H./Chaiken, S. (Hrsg.): The psychology of attitudes. Harcourt Brace, Fort Worth 1993, S. 23–87.

Hirt, E.R./Melton, R.J./McDonald, H.E./Harachiewicz, J.M.: Processing goals, task interest, and the mood-performance relationship: A mediational analysis. In: Journal of Personality and Social Psychology 71/1996, S. 245–261.

Hoffman, M.L.: Varieties of empathy-based guilt. In: Bybee, J. (Hrsg.): Guilt and children. Academic Press, San Diego 1998, S. 91–112.

Hoffman, M.L.: Empathy and moral development. Implications for caring and justice. Cambridge University Press, Cambridge 2000.

Hofstätter, P.R.: Einführung in die Sozialpsychologie. Kröner, Stuttgart 1966.

Hogg, M.A.: The social psychology of group cohesiveness. Harvester, New York 1992.

Holzkamp, K.: Kritische Psychologie. Fischer, Frankfurt/M. 1973.

Hovland, C.I.: Summary and implications. In: Hovland, C.I., u.a. (Hrsg.): The order of presentation in persuasion. Yale University Press, New Haven 1957, S. 129–157.

Isen, A.M./Daubman, K.A.: The influence of affect on categorization. In: Journal of Personality and Social Psychology 47/1984, S. 1206–1217.

Jamieson, D.W./Lydon, J.E./Stewart, G./Zanna, M.P.: Pygmalion revisited: New evidence for student expectancy effects in the classroom. In: Journal of Educational Psychology 79/1987, S. 461–466.

Janis, I.L.: Effects of fear arousal on attitude change: Recent developments in theory and experimental research. In: Berkowitz, L. (Hrsg.): Advances in experimental social psychology, vol. 3. Academic Press, New York 1967, S. 166–225.

Janis, I.L./Feshbach, S.: Effects of fear-arousing communications. In: Journal of Abnormal and Social Psychology 48/1953, S. 78–92.

Johnson-George, C./Swap, W.C.: Measurement of specific interpersonal trusts. Construction and validation of a scale to assess trust in a specific other. In: Journal of Personality and Social Psychology 43/1982, S. 1306–1317.

Jones, E.E./Gerard, H.B.: Foundations of social psychology. Wiley, New York 1967.

Jones, E.E./Nisbett, R.E.: The actor and the observer: Divergent perceptions of the causes of behavior. In: Jones, E.E., u.a. (Hrsg.): Attribution: Perceiving the causes of behavior. General Learning Press, Morristown 1972, S. 79–94.

Jones, E.E./Pittman, T.S.: Toward a general theory of strategic self-presentation. In: Suls, J. (Hrsg.): Psychological perspectives on the self. Erlbaum, Hillsdale 1982, S. 231–262.

Jung, C.G.: Von den Wurzeln des Bewusstseins. Rascher, Zürich 1954.

Kaiser, F.G./Fuhrer, U./Weber, O./Ofner, T./Bühler-Ilieva, E: Responsibility and ecological behaviour – A meta-analysis of the strength and the extent of a causal link. In: Auhagen, A.E./Bierhoff, H.W. (Hrsg.): Responsibility – the many faces of a social phenomenon. Routledge, London 2001, S. 109–126.

Katz, D./Kahn, R.L.: The social psychology of organizations. Wiley, New York [2]1978.

Katz, D./Stotland, E.: A preliminary statement to a theory of attitude structure and change. In: Koch, S. (Hrsg.): Psychology: A study of a science, vol. 3. McGraw-Hill, New York 1959, S. 433–475.

Katz, E.: The two-step flow of communication: An up-to-date report on a hypothesis. Public Opinion Quarterly 21/1957, 61–78.

Kelly, C./Breinlinger, S.: The social psychology of collective action. Taylor & Francis, London 1996.

Koeske, G.F./Crano, W.D.: The effect of congruous and incongruous source-statement combinations upon the judged credibility of a communication. In: Journal of Experimental Social Psychology 4/1968, S. 384–399.

Kohlberg, L.: Stage and sequence: The cognitive-developmental approach to socialization. In: Kohlberg, L. (Hrsg.): Essays on moral development, vol. 2. Harper, San Francisco 1969/1984, S. 7–169.

Kramer, R.M.: The sinister attribution error. Paranoid cognition and collective distrust in organizations. In: Motivation and Cognition 18/1994, S. 199–230.

Kruse, L./Kumpf, M.: Psychologische Grundlagenforschung. In: Ethik und Recht. Huber, Bern 1981.

Küpper, B./Bierhoff, H.W.: Liebe Deinen Nächsten, sei hilfreich ...: Hilfeleistung ehrenamtlicher Helfer in Zusammenhang mit Motiven und Religiosität. In: Zeitschrift für Differentielle und Diagnostische Psychologie 20/1999, S. 217–230.

Latané, B./Nida, S.: Ten years of research on group size and helping. In: Psychological Bulletin 89/1981, S. 308–324.

Latané, B./Rodin, J.: A lady in distress: Inhibiting effects of friends and strangers on bystander intervention. In: Journal of Experimental Social Psychology 5/1969, S. 189–202.

Lennon, R./Eisenberg, N.: Gender and age differences in empathy and sympathy. In: Eisenberg, N./Strayer, J. (Hrsg.): Empathy and its development. Cambridge University Press, Cambridge 1987, S. 195–217.

Lerner, M.J.: The belief in a just world: A fundamental delusion. Plenum Press, New York 1980.

Leventhal, H.: Findings and theory in the study of fear communications. In: Berkowitz, L. (Hrsg.): Advances in experimental social psychology, vol. 5. Academic Press, New York 1970, S. 119–186.

Leventhal, H./Hirschman, R.S.: Social psychology and prevention. In: Sanders, G.S./Suls, J. (Hrsg.): Social psychology of health and illness. Erlbaum, Hillsdale 1982, S. 183–226.

Levine, R.: Waiting is a power game. In: Psychology Today, April 1987, 24–33.

Levine, R.V./Martinez, T.S./Brase, G./Sorenson, K.: Helping in 36 U.S. cities. In: Journal of Personality and Social Psychology 67/1994, S. 69–82.

Levine, S.R./Wyer, R.S./Schwarz, N.: Are you what you feel? The affective and cognitive determinants of self-judgments. In: European Journal of Social Psychology 24/1994, S. 63–77.

Lohmann, K.R.: Aus Cuba – mit solidarischen Grüßen. In: Ethik und Sozialwissenschaften 10/1999, S. 217–219.

Lord, C.G./Lepper, M.R.: Attitude representation theory. In: Zanna, M.P. (Hrsg.): Advances in experimental social psychology, vol. 25. Academic Press, San Diego 1999, S. 265–343.

Luhmann, N.: Vertrauen. Enke, Stuttgart 1973.

Luks, A./Payne, P.: The healing power of doing good. The health and spiritual benefits of helping others. Ballantine, New York 1991.

Macrae, C.N./Bodenhausen, G.V.: Social cognition: Thinking categorically about others. In: Annual Review of Psychology 51/2000, S. 93–120.

Macrae, C.N./Bodenhausen, G.V./Milne, A.B.: The dissection of selection in person perception: Inhibitory processes in social stereotyping. In: Journal of Personality and Social Psychology 69/1995, S. 397–407.

Macrae, C.N./Bodenhausen, G.V./Milne, A.B./Ford, R.L.: On the regulation of recollection: The intention of forgetting of stereotypical memories. In: Journal of Personality and Social Psychology 72/1997, S. 709–719.

Mayntz, R./Holm, K./Hübner, P.: Einführung in die Methoden der empirischen Soziologie. Westdeutscher Verlag, Köln 1969.

McArthur, L.Z./Post, D.L.: Figural emphasis and person perception. In: Journal of Experimental Social Psychology 13/1977, S. 520–535.

McGuire, W.J.: Attitude and attitude changes. In: Lindzey, G./Aronson, E. (Hrsg.): The handbook of social psychology, vol. 3. Random House, New York 1985, S. 223–346.

Meeus, W./Raajimakers, Q.: Obedience in modern society: The Utrecht studies. In: Journal of Social Issues 51/1995, S. 155–175.

Merton, R.K.: Social theory and social structure. Free Press, New York 1957.

Milgram, S.: The experience of living in cities. In: Science 167/1970, S. 1461–1468.

Milgram, S.: Obedience to authority. Tavistock, London 1974.

Milgram, S./Mann, L./Harter, S.: The lost letter technique: A tool of social research. In: Public Opinion Quarterly 29/1965, S. 437–438.

Miller, N./Campbell, D.: Recency and primacy in persuasion as a function of the timing of speeches and measurements. In: Journal of Abnormal and Social Psychology 59/1959, S. 1–9.

Mixon, D.: Understanding shocking and puzzling conduct. In: Ginzburg, G. (Hrsg.): Emerging strategies in social psychological research. Wiley, London 1979, S. 99–115.

Montada, L.: Solidarität mit der Dritten Welt. In: Bierhoff, H.W./Fetchenhauer, D. (Hrsg.): Solidarität: Konflikt, Umwelt und Dritte Welt. Leske + Budrich, Opladen 2001, S. 65–92.

Montada, L./Schmitt, M./Dalbert, C.: Thinking about justice and dealing with one's own privileges. In: Bierhoff, H.W./Cohen, R.L./Greenberg, J. (Hrsg.): Justice in social relations. Plenum Press, New York 1986, S. 125–143.

Moscovici, S.: Social influence and social change. Academic Press, New York 1976.

Moscovici, S.: Innovation and minority influence. In: Lindzey, G./Aronson, E. (Hrsg.): Handbook of social psychology, vol. 2. Random House, New York 1985, S. 347–412.

Moscovici, S./Lage, E./Naffrechoux, M.: Influence of a consistent minority on the responses of a majority in a colour perception task. In: Sociometry 32/1969, S. 365–380.

Moscovici, S./Personnaz, B.: Studies in social influence V: Minority influence and conversion behavior in a perceptual task. In: Journal of Experimental Social Psychology 16/1980, S. 70–282.

Moscovici, S./Zavalloni, M.: The group as a polarizer of attitudes. In: Journal of Personality and Social Psychology 12/1969, S. 125–135.

Mugny, G.: Negotiations, image of the other and the process of minority influence. In: European Journal of Social Psychology 5/1975, S. 209–228.

Muller, E.N./Opp, K.D.: Rational choice and rebellious collective action. In: American Political Science Review 80/1986, S. 471–489.

Müller, G.F./Bierhoff, H.W.: Arbeitsengagement aus freien Stücken – psychologische Aspekte eines sensiblen Phänomens. In: Zeitschrift für Personalforschung 8/1994, S. 367–379.

Mummendey, H.D.: Psychologie der Selbstdarstellung. Hogrefe, Göttingen [2]1995.

Murray, N./Sujan, H./Hirt, E.R./Sujan, M.: The influence of mood on categorization: A cognitive flexibility interpretation. In: Journal of Personality and Social Psychology 59/1990, S. 411–425.

Myers, D.G./Bishop, G.D.: Discussion effects on racial attitudes. Science 169/1970, S. 778–789.

Nemeth, C./Wachtler, J.: Consistency and modification of judgment. In: Journal of Experimental Social Psychology 9/1973, S. 65–79.

Neubauer, W.: Interpersonales Vertrauen und Erziehung: Ein fast vergessenes Forschungsthema. In: Psychologie in Erziehung und Unterricht 38/1991, S. 213–224.

Neubauer, W.: Interpersonales Vertrauen als Management-Aufgabe in Organisationen. In: Schweer, M. (Hrsg.): Interpersonales Vertrauen. Westdeutscher Verlag, Opladen 1997, S. 105–120

Nisbett, R.E./Caputo, C./Legant, P./Marecek, J.: Behavior as seen by the actor and as seen by the observer. In: Journal of Personality and Social Psychology 27/1973, S. 154–164.

Nissen, S.: Zu den Entstehungs- und Geltungsbedingungen von Solidarität. In: Ethik und Sozialwissenschaften 10/1999, 224–226.

Oliner, S.P./Oliner, P.M.: The altruistic personality. Rescuers of Jews in Nazi Europe. Free Press, New York 1988.

Omoto, A.M./Snyder, M.: Sustained helping without obligation: Motivation, longevity of service, and perceived attitude change among AIDS volunteers. In: Journal of Personality and Social Psychology 68/1995, S. 671–686.

Opp, K.D.: Methodologie der Sozialwissenschaften. Rowohlt, Reinbek 1970.

Orbell, J.M./Dawes, R.M.: Social welfare, cooperators' advantage, and the option of not playing the game. American Sociological Review 58/1993, S. 787–800.

Orne, M.T.: Demand characteristics and the concept of quasi-controls. In: Rosenthal, R. (Hrsg.): Artifact in behavioral research. Academic Press, New York 1969, S. 143–179.

Osgood, C.E./Suci, G.J./Tannenbaum, P.H.: The measurement of meaning. University of Illinois Press, Urbana 1957.

Peabody, D.: National characteristics. Cambridge University Press, Cambridge 1985.

Penner, L.A./Finkelstein, M.A.: Dispositional and structural determinants of volunteerism. In: Journal of Personality and Social Psychology 74/1998, S. 525–537.

Perez, J.A./Mugny, G.: Paradoxical effects of categorization in minority influence: when being an outgroup is an advantage. In: European Journal of Social Psychology 17/1987, S. 157–169.

Petermann, F.: Psychologie des Vertrauens. Hogrefe, Göttingen 1992.

Petermann, F./Noack, H.: Nicht-reaktive Messverfahren. In: Roth, E./Heidenreich, K. (Hrsg.): Sozialwissenschaftliche Methoden. Oldenbourg, München [3]1993, S. 440–460.

Petty, R.E./Cacioppo, J.T.: The elaboration likelihood model of persuasion. In: Berkowitz, L. (Hrsg.): Advances in experimental social psychology, vol. 19. Academic Press, Orlando 1986, S. 123–205.

Piliavin, I.M./Piliavin, J.A./Rodin, J.: Costs, diffusion, and the stigmatized victim. In: Journal of Personality and Social Psychology 32/1975, S. 429–438.

Popper, K.R.: Logik der Forschung. Mohr, Tübingen 1934/1969.

Prim, R./Tilmann, H.: Grundlagen einer kritisch-rationalen Sozialwissenschaft. UTB, Heidelberg 1975.

Pruitt, D.G./Kimmel, M.J.: Twenty years of experimental gaming: Critique, synthesis and suggestions for the future. In: Annual Review of Psychology 28/1977, S. 363–392.

Prüller-Jagenteufel, G.M.: Solidarität als spezifisch ethische Grundhaltung. In: Ethik und Sozialwissenschaften 10/1999, S. 229–231.

Raudenbush, S.W.: Magnitude of teacher expectancy effects on pupil IQ as a function of the credibility of expectancy induction: A synthesis of findings from 18 experiments. In: Journal of Educational Psychology 76/1984, S. 85–97.

Rawls, J.: A theory of justice. Harvard University Press, Cambridge 1971.

Reichardt, C.S.: Reinterpreting Seaver's (1973) study of teacher expectancies as a regression artifact. In: Journal of Educational Psychology 77/1985, S. 231–236.

Rempel, J.K./Holmes, J.G./Zanna, M.P.: Trust in close relationships. In: Journal of Personality and Social Psychology 49/1985, S. 95–112.

Rheinberg, F./Vollmeyer, R./Burns, B.D.: Motivation and self-regulated learning. In: Heckhausen, J. (Hrsg.): Motivational psychology of human development. Elsevier, Amsterdam 2000, S. 81–108.

Rogers, R.W.: Cognitive and physiological processes in fear appeals and attitude change. In: Cacioppo, J./Petty, R.(Hrsg.): Social psychophysiology. Guilford, New York 1983, S. 153–176.

Roos, J.: Peinlichkeit, Scham und Schuld. In: Otto, J.H./Euler, H.A./Mandl H. (Hrsg.): Emotionspsychologie. Beltz, Weinheim 2000, S. 264–271.

Rosenberg, N.J.: Discussion: The concept of self. In: Abelson, R.P./Aronson, E./McGuire, W.J./Newcomb, T.M./Rosenberg, M.J./Tannenbaum, P.H. (Hrsg.): Theories of cognitive consistency: A sourcebook. Rand McNally, Chicago 1968, S. 384–389.

Rosenthal, R.: Interpersonal expectations: Effects of the experimenter's hypothesis. In: Rosenthal, R. (Hrsg.): Artifact in behavioral research. Academic Press, New York 1969, S. 181–277.

Rosenthal, R.: Meta-analytic procedures for social research. Sage, Beverly Hills 1984.

Rosenthal, R.: From unconscious experimenter bias to teacher expectancy effects. In: Dusek, J.B. (Hrsg.): Teacher expectancies. Erlbaum, Hillsdale 1985, S. 37–65.

Rosenthal, R./Fode, K.L.: The effect of experimenter bias on the performance of the albino rat. In: Behavioral Science 8/1963, S. 183–189.

Rosenthal, R./Jacobsen, L.: Pygmalion im Unterricht. Beltz, Weinheim 1968/1971.

Rosenthal, R./Rosnow, R.L.: The volunteer subject. In: Rosenthal, R. (Hrsg.): Artifact in behavioral research. Academic Press, New York 1969, S. 59–118.

Roskam, E.E.: Beobachtung und Daten. In: Erdfelder, E./Mausfeld, R./Meiser, T./Rudinger, G. (Hrsg.): Handbuch quantitative Methoden. Psychologie Verlags Union, Weinheim 1996a, S. 3–22.

Roskam, E.E.: Latent-trait-Modelle. In: Erdfelder, E./Mausfeld, R./Meiser, T./Rudinger, G. (Hrsg.): Handbuch quantitative Methoden. Psychologie Verlags Union, Weinheim 1996b, S. 431–458.

Ross, L.: The intuitive psychologist and his shortcomings: Distortions in the attribution process. In: Berkowitz, L. (Hrsg.): Advances in experimental social psychology, vol. 10. Academic Press, New York 1977, S. 173–220.

Ross, M./Olson, J.M.: An expectancy-attribution model of the effects of placebos. In: Psychological Review, 88/1981, S. 408–437.

Roth, E.: Sozialwissenschaftliche Methoden. Oldenbourg, München ^{3}1993.

Roth, S./Simoneit, G.: Vergesellschaftung durch ehrenamtliche Tätigkeit im sozialen Bereich. In: Kohli, M., u.a. (Hrsg.): Engagement und Ruhestand. Leske + Budrich, Opladen 1993, S. 142–179.

Rotter, J.B.: Interpersonal trust, trustworthiness, and gullibility. In: American Psychologist 35/1980, S. 1–7.

Rubovits, P.C./Maehr, M.L.: Pygmalion analyzed: Toward an explanation of the Rosenthal-Jacobson findings. In: Journal of Personality and Social Psychology 19/1971, S. 197–203.

Russell, B.: The analysis of mind. McMillan, New York 1921.

Schachter, S.: Deviation, rejection and communication. In: Journal of Abnormal and Social Psychology 46/1951, S. 190–207.

Schäfer, B.: Konstruktion eines Eindrucksdifferentials zur Erfassung der ideologiespezifischen Bewertung politischer Schlüsselwörter. In: Bergler, R. (Hrsg.): Das Eindrucksdifferential. Huber, Bern 1975a, S. 139–156.

Schäfer, B.: Das Eindrucksdifferential als Instrument zur Einstellungsmessung. In: Bergler, R. (Hrsg.): Das Eindrucksdifferential. Huber, Bern 1975b, S. 101–118.

Schein, E.H.: The Chinese indoctrination program for prisoners of war. A study of attempted brainwashing. Psychiatry 19/1956, S. 149–172.

Schlenker, B.R./Helm, B./Tedeschi, J.T.: The effects of personality and situational variables on behavioral trust. In: Journal of Personality and Social Psychology 25/1973, S. 419–427.

Schmidt, F.L./Hunter, J.E.: The validity and utility of selection methods in personnel psychology: Practical and theoretical implications of 85 years of research findings. In: Psychological Bulletin 124/1998, S. 262–274.

Schneider, D.J.: Social Psychology. Addison-Wesley, Reading 1976.

Schuler, H.: Ethische Probleme psychologischer Forschung. Hogrefe, Göttingen 1980.

Schwartz, S.H./Howard, J.A.: A normative decision-making model of altruism. In: Rushton, J.P./Sorrentino, R.M. (Hrsg.): Altruism and helping behavior. Erlbaum, Hillsdale 1981, S. 189–211.

Schwartz, S.H.: Universals in the content and structure of values: Theoretical advances and empirical tests in 20 countries. In: Berkowitz, L. (Hrsg.): Advances in experimental social psychology, vol. 25. Academic Press, San Diego 1992, S. 1–65.

Schwarz, N.: Feelings as information: Informational and motivational function of affective states. In: Higgins, E.T./Sorrentino, R. (Hrsg.): Handbook of motivation and cognition, vol. 2. Guilford Press, New York 1990, S. 527–561.

Schwarz, N./Clore, G.L.: Mood, misattribution and judgements of well-being: Informative and directive functions of affective states. In: Journal of Personality and Social Psychology 45/1983, S. 513–523.

Schwarz, N./Strack, F.: Reports of subjective well-being: Judgmental processes and their methodological implications. In: Kahneman, D./Diener, E./Schwarz, N. (Hrsg.): Well-being: The foundations of hedonic psychology. Sage, New York 1999, S. 61–84.

Schwarz, N./Strack, F./Mai, H.P.: Assimilation and contrast effects in part-whole questions sequences: A conversational logic analysis. In: Public Opinion Quarterly 55/1991, S. 3–23.

Schweer, M.K.W.: Vertrauen in der pädagogischen Beziehung. Huber, Bern 1996.

Schweer, M.K.W.: Vertrauensaufbau und soziale Interaktion zwischen Lehrenden und Lernenden. In: Schweer, M.K.W. (Hrsg.): Interpersonales Vertrauen. Westdeutscher Verlag, Opladen 1997, S. 203–216.

Seaver, W.B.: Effects of naturally induced teacher expectations. In: Journal of Personality and Social Psychology 28/1973, 333–342.

Sedikides, C.: Incongruent effects of sad mood on self-conception valance: It's a matter of time. In: European Journal of Social Psychology 24/1994, S. 161–172.

Shaver, K.G./Schutte, D.A.: Towards a broader psychological foundation for responsibility: who, what, how. In: Auhagen, A.E./Bierhoff, H.W. (Hrsg.): Responsibility – the many faces of a social phenomenon. Routledge, London 2001, S. 35–47.

Shaver, K.G.: The attribution of blame. Causality, responsibility, and blameworthiness. Springer, New York 1985.

Sherif, M.: The psychology of social norms. Harper, New York 1936.

Sherif, M.: In common predicament. Houghton Mifflin, Boston 1966.

Sherif, M./Hovland, C.I.: Social judgment. Yale University Press, New Haven 1961.

Simon, B.: Self and group in modern society: ten theses on the individual self and the collective self. In: Spears, R./Oakes, P.J./Ellemers, N./Haslam, S.A. (Hrsg.): The social psychology of stereotyping and group life. Blackwell, Oxford 1997, S. 318–335.

Simon, B./Stürmer, S./Steffens, K.: Helping individuals or group members? The role of individual and collective identification in AIDS volunteerism. In: Personality and Social Psychology Bulletin 26/2000, S. 497–506.

Smithson, M./Amato, P.R./Pearce, P.: Dimensions of helping behaviour. Pergamon Press, Oxford 1983.

Snyder, M./Cantor, N.: Testing hypothesis about other people: The use of historical knowledge. In: Journal of Experimental Social Psychology 15/1979, S. 330–342.

Snyder, M./Swann, W.B.: Hypothesis-testing processes in social interaction. In: Journal of Personality and Social Psychology 36/1978, S. 1202–1212.

Snyder, M./Tanke, E.D./Berscheid, E.: Social perception and interpersonal behavior: On the self-fulfilling nature of social stereotypes. In: Journal of Personality and Social Psychology 35/1977, S. 656–666.

Srull, T.K./Wyer, R.S.: The role of category accessibility in the interpretation of information about persons: Some determinants and implications. In: Journal of Personality and Social Psychology 37/1979, S. 1660–1672.

Srull, T.K./Wyer, R.S.: Category accessibility and social perception: Some implications for the study of person memory and interpersonal judgements. In: Journal of Personality and Social Psychology 38/1980, S. 841–856.

Stangor, C./Lange, J.E.: Mental representations of social groups: Advances in understanding stereotypes and stereotyping. In: Zanna, M.P. (Hrsg.): Advances in experimental social psychology, vol. 26. Academic Press, San Diego 1994, S. 357–416.

St.Claire, L./Turner, J.C.: The role of demand characteristics in the social categorization paradigm. In: European Journal of Social Psychology 12/1982, S. 307–314.

Steblay, N.M.: Helping behaviour in rural and urban environments. A meta-analysis. In: Psychological Bulletin 102/1987, S. 346–356.

Stelzl, I.: Fehler und Fallen der Statistik. Huber, Bern 1982.

Stephan, W.G.: A cognitive approach to stereotypes. In: Bar-Tal, D./Graumann, C.F./Kruglanski, A.W./Stroebe, W. (Hrsg.): Stereotyping and prejudice. Springer, New York 1989, S. 37–57.

Stephan, W.G./Feagin, J.R.: School desegregation. Plenum Press, New York 1979.

Stevens, L./Jones, E.E.: Defensive attribution and the Kelley cube. In: Journal of Personality and Social Psychology 34/1976, S. 809–820.

Tajfel, H.: Cognitive aspects of prejudice. In: Journal of Social Issues 25(4)/1969, 79–97.

Tajfel, H.: Gruppenkonflikt und Vorurteil. Huber, Bern 1982.

Tajfel, H./Billig, M.G./Bundy, R.P./Flament, C.: Social categorization and intergroup behaviour. In: European Journal of Social Psychology 1/1971, S. 149–178.

Tajfel, H./Turner, J.: An integrative theory of interpersonal conflict. In: Worchel, S./Austin, W.G. (Hrsg.): Psychology of intergroup relations. Nelson-Hall, Chicago 1986, S. 7–24.

Tangney, J.P.: Moral affect: The good, the bad, and the ugly. In: Journal of Personality and Social Psychology 61/1991, S. 598–607.

Taylor, R.G.: Trust and influence in the work place. In: Organization Development Journal 8/1990, S. 33–36.

Taylor, S.E./Brown, J.: Illusion and well-being: A social psychological perspective on mental health. In: Psychological Bulletin 103/1988, S. 193–210.

Taylor, S.E./Brown, J.: Positive illusions and well-being revisited: Separating fact from fiction. In: Psychological Bulletin 116/1994, S. 21–27.

Taylor, S.E./Fiske, S.T.: Salience, attention, and attribution: Top of the head phenomena. In: Berkowitz, L. (Hrsg.): Advances in Experimental Social Psychology, vol. 11. Academic Press, New York 1978, S. 249–288.

Tesser, A.: The importance of heritability in psychological research: The case of attitudes. In: Psychological Review 100/1993, S. 129–142.

Thibaut, J.W./Kelley, H.H.: The social psychology of groups. Wiley, New York 1959.

Thibaut, J.W./Riecken, A.W.: Some determinants and consequences of the perception of social causality. In: Journal of Personality 24/1955, S. 113–133.

Tietz, W./Bierhoff, H.W.: Motive ehrenamtlicher Helfer: Wie entsteht soziales Engagement und wie wird es aufrechterhalten? In: Mandl, H. (Hrsg.): Bericht über den 40. Kongress der Deutschen Gesellschaft für Psychologie. Hogrefe, Göttingen 1996, S. 470–476.

Trautner, H.M.: Lehrbuch der Entwicklungspsychologie, Bd. 2. Hogrefe, Göttingen 1991.

Turner, J.C./Brown, R.J./Tajfel, H.: Social comparison and group interest in ingroup favouritism. In: European Journal of Social Psychology 9/1979, S. 187–204.

Tversky, A./Kahneman, D.: Judgement under uncertainty: heuristics and biases. In: Science 185/1974, S. 1124–1131.

Tversky, A./Kahneman, D.: Extensional versus intuitive reasoning: The conjunction fallacy in probability judgement. In: Psychological Review 90/1983, S. 293–315.

Voland, E.: Die Natur der Solidarität. In: Bayertz, K. (Hrsg.): Solidarität: Begriff und Problem. Suhrkamp, Frankfurt/M. 1998, S. 297–318.

Walster, E./Berscheid, E./Walster, G.W.: New directions in equity research. In: Journal of Personality and Social Psychology 25/1973, S. 151–176.

Walster, E./Berscheid, E./Abrahams, D./Aronson, V.: Effectiveness of debriefing following deception experiments. In: Journal of Personality and Social Psychology 6/1967, S. 371–380.

Walster, E./Walster, G.W./Berscheid, E.: Equity: Theory and research. Allyn & Bacon, Boston 1978.

Weber, S.J./Cook, T.D.: Subject roles in laboratory research: An examination of subject roles, demand characteristics and valid inference. In: Psychological Bulletin 77/1972, S. 273–295.

Wegner, D.M./Bargh, J.A.: Control and automaticity in social life. In: Gilbert, D.T./Fiske,

S.T./Lindzey, G. (Hrsg.): The handbook of social psychology, vol. 1. McGraw-Hill, Boston 1998, S. 446–496.

Weiner, B.: An attributional approach to perceived responsibility for transgressions: Extensions to child abuse, punishment goals and political ideology. In: Auhagen, A.E./Bierhoff, H.W. (Hrsg.): Responsibility – the many faces of a social phenomenon. Routledge, London 2001, S. 49–59.

Wicker, A.W.: Attitudes versus actions: The relationship of verbal and overt behavioral responses to attitude objects. In: Journal of Social Issues 25(4)/1969, S. 41–78.

Wildt, A.: Solidarität – Begriffsgeschichte und Definition heute. In: Bayertz, K. (Hrsg.): Solidarität. Suhrkamp, Frankfurt/M. 1998, S. 202–216.

Willis, R.H./Willis, Y.A.: Role playing versus deception: An experimental comparison. In: Journal of Personality and Social Psychology 16/1970, S. 472–477.

Witt, L.A./Silver, N.C.: The effects of social responsibility and satisfaction on extrarole behaviors. In: Basic and Applied Social Psychology 15/1994, S. 329–338.

Witte, K.: Putting the fear back into fear appeals: The extended parallel process model. In: Communication Monographs 59/1992, S. 329–349.

Word, C.O./Zanna, M.P./Cooper, J.: The nonverbal mediation of self-fulfilling prophecies in interracial interaction. In: Journal of Experimental Social Psychology 10/1974, S. 109–120.

Yamagishi, T./Sato, K.: Motivational bases of the public goods problem. In: Journal of Personality and Social Psychology 50/1986, S. 67–73.

Zadney, J./Gerard, H.B.: Attributed intentions and informational selectivity. In: Journal of Experimental Social Psychology 10/1974, S. 34–52.

Zahn-Waxler, C./Robinson, J.: Empathy and guilt: Early origins of feelings of responsibility. In: Tangney, J.P./Fischer, K.W. (Hrsg.): Self-conscious emotions. Guilford, New York 1995, S. 143–173.

Zahn-Waxler, C./Radke-Yarrow, M./Wagner, E./Chapman, M.: Development of concern for others. Developmental Psychology 28/1992a, S. 126–136.

Zahn-Waxler, C./Robinson, J.L./Emde, R.N.: The development of empathy in twins. In: Developmental Psychology 28/1992b, S. 1038–1047.

Zand, D.E.: Vertrauen und Problemlösungsverhalten von Managern. In: Lück, H.E. (Hrsg.): Mitleid – Vertrauen – Verantwortung. Klett, Stuttgart 1972/1977, S. 61–74.

Zetterberg, H.L.: Theorie, Forschung und Praxis in der Soziologie. In: König R. (Hrsg.): Handbuch der empirischen Sozialforschung, Bd. 1. Enke, Stuttgart 1973, S. 103–160.

Zimbardo, P.G.: Cognitive dissonance and the control of human motivation. In: Abelson, R.P./Aronson, E./McGuire, W.J./Newcomb, T.M./Rosenberg, M.J./Tannenbaum, P.H. (Hrsg.): Theories of cognitive consistency: A sourcebook. Rand McNally, Chicago 1968, S. 439–447.

Zimbardo, P.G.: The cognitive control of motivation. Scott, Foresman, Glenview 1969.